KB233342

영화 드라마 속

살아있는
일본어 표현
15000

영화 드라마 속
살아있는
일본어 표현 15000

발행일	2015년 3월 20일
3쇄 발행	2022년 1월 3일

저　　자	김가영 편저, 김지영 감수
발 행 인	윤우상
책임편집	윤병호, 최준명
발 행 처	송산출판사
주　　소	서울특별시 서대문구 통일로 32길 14 (홍제동)
전　　화	(02) 735-6189
팩　　스	(02) 737-2260
홈페이지	http://www.songsanpub.co.kr
등록일자	1976년 2월 2일. 제 9-40호
북디자인	DesignDidot 디자인디도

ISBN　　978-89-7780-221-6　13730

이 도서의 국립중앙도서관 출판예정도서목록(CIP)은 서지정보유통지
원시스템 홈페이지(http://seoji.nl.go.kr)와 국가자료공동목록시스템
(http://www.nl.go.kr/kolisnet)에서 이용하실 수 있습니다.
(CIP제어번호 : CIP2015006776)

우리말로 생각하고 바로바로 일본어로!

영화 드라마 속

살아있는
일본어 표현
15000

김가영 편저 · 김지영 감수

송산출판사

눈으로 공부하는 시대는 갔다!

"어떻게 하면 빨리 외국어 실력이 늘까?" "어떻게 하면 현지인처럼 살아있는 외국어를 구사할 수 있을까?" 아마 이 물음은 모든 외국어 학습자의 공통된 마음일 것이다. 필자도 또한 오랜 세월동안 어떤 학습방법이 일본어를 습득하는 데 가장 효과적일까? 라고 끊임없이 고민해 왔다. 수많은 일본어 학습자와 만나고 그들의 다양한 학습법을 지켜보며 내린 결론은 외국어는 이론이 아니라는 것이다. 문제집과 문법서를 정독하며 꼼꼼히 독파해 가는 방법은 적어도 살아있는 언어 앞에서는 무용지물이라는 것이다.

"내가 새라면 너에게 날아갈텐데"

왜 우리는 많은 시간을 영어공부에 투자했음에도 영어를 못한다고 느낄까? 그건 바로 우리가 하고 싶은 말을 영어로 하지 못하기 때문이다. 왜 우리는 외국어가 좀처럼 늘지 않을까? 그건 내가 하고 싶은 말과 동떨어진 빈 표현들만 익히고 있기 때문이다. "If I were a bird, I would fly to you." 중고등학교 시절, 귀에 못이 박히도록 들었던 이 영어 예문. 도대체 우리는 언제 써먹으려고 이런 표현들을 익히는가?

상황과 표현이 동시에 제시되는 드라마가 제격!

드라마는 동시대의 시대상과 인물들을 반영하는 살아있는 교재이다. "맞아 맞아, 정말 그래"우리가 드라마를 보며 공감할 수 있는 것은 우리 주변에 있을 수 있는 소재를 잘 다듬어서 보여주기 때문이다. 이런 상황에서 일본인들은 뭐라고 표현할까? 이 물음에 가장 효율적이고 정확하게 답해줄 수 있는 것이 드라마 속 대사이며, 그러한 점을 감안했을 때, 가장 좋은 외국어 회화 교재는 드라마라 해도 과언이 아닐 것이다. 하지만 드라마를 찾아 볼 시간이 없다는 당신! 그렇다면 드라마 속 표현 중 엑기스만 모아놓은 본 교재를 공략해 봄이 어떨까? 아울러 함께 제공되는 mp3파일을 반복 청취한다면 어느새 일상회화에 귀와 입이 트여있는 나를 발견하게 될 것이다.

끝으로 이 책이 나오는데 많은 도움을 주신 여러 분들에게 감사의 말씀드린다. 일본어 교육에 관심을 갖고 이 책이 출간될 수 있도록 허락해 주신 윤우상 사장님, 꼼꼼하고 따뜻하게 집필 작업을 체크해 주시는 윤병호 과장님, 최준명 대리님께 깊은 감사드린다. 또한, 집필기간 늘 옆에서 지켜봐주고 힘을 주는 가족들에게도 아울러 감사드린다.

2015년 1월 26일
편저자

이 책의
특징

1. **원하는 표현을 찾기 쉽도록 사전식 나열 방식이다.**

   원하는 단어를 사전에서 쉽게 찾는 방법에서 아이디어를 얻어 일본어 회화 표현을 사전식으로 나열하였다. 각 문장에서 군더더기는 제외하고 핵심 단어로 시작함으로 한글 자음, 모음 순으로 찾으면 된다.

2. **수록된 표현은 일본드라마에 쓰이는 생생한 표현이다.**

   그 시대에 사용되는 언어는 TV를 보면 알 수 있다는 말이 있다. 따라서 구어식 즉, 일본에서 생생하게 사용되는 회화식 표현을 배울 수 있도록 현재 케이블, TV에서 방영하는 일본어 표현을 수록하였고, 특히 많이 사용되는 표현은 음영을 처리하여 여러분에게 시각적 효과를 주고자 하였다.

3. **같은 한글 문장도 상황에 따라 다른 일본어 표현이 될 수 있다.**

   "가." 라는 한국말도 상황에 따라서는 다른 의미를 가진다. 즉 일본어 표현이 다르다는 의미이다. 이를 위해 각 한글 표현마다 상황 표시를 하며 그 상황에 다르게 사용되는 일본어 표현을 제시하여 여러분이 잘못된 일본어 표현을 하여 더욱 당황스러운 상황에 빠지지 않도록 하였다.

4. 아주 많은 표현이 수록되었다.

자칫 부담스러운 양으로 받아들여질 수 있겠지만, 공부하는 학생에게 단권화를 강조하는 것처럼 이 책 한 권이면 거의 모든 상황에서 자연스럽게 일본어를 구사할 수 있을 것이라 자신한다. 일본어 사전도 한 권 사서 거의 평생을 이용할 수 있는 것처럼 이 책 역시 여러분을 든든히 지켜주는 일본어회화 사전이 될 것이다.

마지막으로 여러분이 자신 있게 웃으며 일본어로 이야기 할 수 있기를 기원한다.

[영화 드라마 속 살아있는 일본어 표현] 학습방법

Step1 전체내용을 읽으면서 살아있는 언어표현을 느껴보세요.

이 책은 우리말로 생각하고 바로 찾아 일본어로 말하는데 많은 도움이 되는 참으로 방대한 내용을 담고 있습니다. 학습자는 먼저 소설 읽듯이 처음부터 끝까지 한 번 쭉 읽어본 후 사전식 배열을 활용하여 마음에 드는 표현을 읽히면서 원어민의 어감을 느껴보세요.

Step2 한국어 표현을 보고 일본어로 말해보면서 노트에 정리해보세요.

이 책은 영화 드라마 대본을 집중분석하고 이를 우리말 가나다순서로 배열하여 다양한 일본어 표현을 확인할 수 있도록 찾기 쉽게 정리되어 있습니다. 영화 드라마 속에서 보았던 살아있는 표현들처럼 달달 외워서 말해보거나, 그때그때 말하고 싶었던 일본어 표현만 따로 모아서 노트에 정리해 활용해 보세요.

Step3 자투리 시간을 활용하여
한국어-일본어 동시 녹음 Mp3를 꾸준히 들으세요.

15,000여개 예문을 우리말과 일본어를 동시 녹음한 MP3가 제공됩니다. 원어민의 음성을 들어보면 보석 같이 빗나는 표현이 쏟아지며, 한번만 들어봐도 일본어에 빠지는 마력(魔力)이 있습니다. 라디오로 드라마를 듣는 것처럼 부담감 없이 꾸준히 반복해서 들으세요

· 본 교재에 사용된 부호 ·

- ☞ : 찾아보기
- [ ] : 예문의 상황설명
- ➡, ⬅ : 두 사람의 대화연결
- // : 한국어 및 일본어 예문구분

차례

가

가!	① [강한 어투] 行け!
	// 行け! 目障りだ。(~! 눈에 거슬려.)
	② [명령·충고] 行きなさい。
	// 病院に行きなさい。(병원에 가.)
	③ [종용하는 어투] 早く行けよ。※ 남자말투
	= 早く行きなさいよ。※ 여자말투

가겠습니다.	必ず行きます。(꼭~)
가격도 저렴해요.	値段も安いです。
가격이 너무 비싸!	値段高すぎ!
가고 싶어?	明日、どこ行きたい? (내일 어디~) // 次はどこ行きたい? (다음번에는 어디를~) ➡ 慶州に行きたいです。(경주에 가고 싶습니다.)
가고 싶은 데 있어?	行きたいところ、ある? ➡ ⓐ はい、遊園地に行きたいです。 　　(네. 유원지에 가고싶어요.) ⓑ いいえ、特にありません。 　　(아니요. 특별히 없습니다.)
가고 있는 중입니다.	向かっている所です。 = 行っている途中です。
가까스로 목숨은 건졌습니다.	なんとか命は取り留めました。

가까운 병원이 어디에요?	近い病院はどこですか。 ➡ まっすぐ行って一番目の角を左に曲がると、右にあります。(쭉 가다가 첫 번째 길목에서 왼쪽으로 돌면 오른쪽에 있습니다.)
가까운 지하철역이 어디에요?	最寄り駅はどこですか。(가장~) ➡ 東京駅です。
가까이 다가오지 매!	① [방향성] こっちに来ないで! ② [가까이 붙는 경우] 近付くな! = 近付かないで! = 寄らないで! = 近寄るな! ∥ 近寄るな! でないと飛び下りるぞ! (~, 아니면 뛰어내린다!)
가까이 와봐!	側に来て。= 側に寄って。= 近くに来て。 = 近くにおいで。 ∥ もうちょっと側に来て。 = もうちょっと側に寄って。 = もうちょっと近くに来て。 = もうちょっと近くにおいで。(좀더~)
가끔은 같이 한 잔 하는 것도 좋지.	たまには一緒に一杯ってのもいいね。
가는 길에 슈퍼 좀 들려 주세요.	途中でスーパーに寄ってください。
가는 길입니다.	① [목적지] 向かっているところです。 = 今、向かっています。

ㄱ

	// そちらに向(む)かっています。(그리로~) ② [회귀] 帰(かえ)っています。(집으로~)
가는 날이 장날이다.	思(おも)い立(た)ったが吉日(きちじつ)。
가는 말이 고와야 오는 말이 곱다.	売(う)り言葉(ことば)に買(か)い言葉(ことば)。
가능성이 있다면 도전해 보고 싶어요.	可能性(かのうせい)があるならチャレンジしてみたいです。
가다가 우회전 하면 됩니다.	真(ま)っ直(す)ぐ行(い)って右(みぎ)に曲(ま)がります。
가도 되요?	行(い)ってもいいですか。 → 行(い)ってもいいですよ。(가도 됩니다.)
가든 말든 내 맘이잖아.	行(い)こうが行(い)くまいが、俺(おれ)の勝手(かって)だろ! = 行(い)こうが行(い)くまいが、私(わたし)の勝手(かって)でしょ!
가래침에 피가 섞여 나와요.	痰(たん)に血(ち)が混(ま)ざって出(で)ます。

가려고요.	① [의지・바람・생각] 行(い)こうと思(おも)います。
	// ソウルに遊(あそ)びに行(い)こうと思(おも)います。(서울에 놀러 ~)
	② [예정・계획] 行(い)くつもりです。
	= 行(い)く予定(よてい)です。
	③ [진학] 進(すす)むつもりです。
	= 進(すす)む予定(よてい)です。
	// 私(わたし)は医学部(いがくぶ)に進(すす)むつもりです。(저는 의학부에 ~)

가려던 참입니다.	① [행동개시] 行こうとしていたところです。 // 病院へ行こうとしていたところです。(막 병원에 ~) ② [생각] 行こうと思っていたところです。
가려워!	痒い!
가로막아!	① [정지] 止めろ! = 行かせるな! ② [봉쇄] 塞げ! // 出入り口を塞げ! (출입구를 ~) ③ [행위] やめさせろ!

가르쳐주세요.	① [학습·길묻기] 教えてください。
	// 私に日本語を教えてください。
	(저에게 일본어를~)
	// パソコンの使い方を教えてください。
	= コンピューターの使い方を教えてください。(컴퓨터를 어떻게 사용하는지 ~)
	// 東京駅への行き方を教えてください。(동경역까지 가는 길을 ~)
	② [지도·수정·지적] 導いてください。
	= 正してください。
	// 子供を正しく導いてください。
	(아이를 제대로 ~)
	// 間違えた所は正してください。
	(틀린 곳은 ~)
	// ご遠慮なさらずに言ってください。
	(주저마시고 ~)
	➡ ご謙遜を。(겸손하십니다.)

가리지 마세요.	① [시선·빛] カーテンで光を遮らないでください。(커튼으로 빛을 ~) ② [시야·진로·앞길] 前をふさがないでください。(앞을 ~)
가만!	① [상기] あ! = そうだ! ② [멈춰 세움] ちょっと待って! ☞ 잠깐만!

가만두지 않을 거야.	[용서치 않음·보복·위협]
	 ただじゃおかないぞ!
	 = ただでは済まないぞ!
	 = 黙ってないぞ!
	 // お母さんに知れたらただじゃ済まないぞ! (엄마가 아시면~)
	 // 山田が黙ってないぞ! 逃げよう!
	 (야마다가 ~. 도망치자!)

가만있어!	① [동작] じっとして! = じっとしてろ! = 動くな! = 動かないで! ② [온순] 大人しくして! = 大人しくしてろ! = 大人しくしてて! ③ [말참견] 黙ってろ! = 黙ってて!
가만있어 봐!	① [생각·잠시 대기] ちょっと待って。 ② [동작] じっとしてて。 = 動かないで。
가만있지 않을 거야!	☞ 가만두지 않을 거야!

16

가만 좀 내버려 둬!	[혼자 있고 싶음] 放っといて！ = 構わないで！ // 放っといて！うざいよ！(~ 짜증나!)
가망 없어!	見込みがないよ。 = 可能性がないよ。 = 望みがないよ。
가망 있나요?	見込みはありますか。 = 望みはありますか。 = 可能性はありますか。 ➡ 今の段階では何とも言いかねます。 (지금 단계에서는 뭐라고 말씀드릴 수 없습니다.)
가면 될거 아냐!	行けばいいんでしょ！ = 行けばいいんだろ！
가면서 길을 안내해 드리겠습니다.	行きながら道をご案内します。
가면 안 되요!	[금지] 行ってはいけません！ = 行ってはだめです！
가뭄에 콩 나듯~	ごくまれに～ (뜻은 "드물게-하다") // ごくまれにそのような事例が観察さ れることもあります。 (~ 그러한 사례가 관측되는 경우도 있습니다.)
가뭄이 계속되고 있습니다.	日照りが続いています。
가발이라는 소문 있던데?	かつらだって噂だよ。

가방끈이 짧습니다.	① [길이] かばんの紐が短いです。 // かばんの紐が短いです。もうちょっと伸ばしてください。 (~. 좀 더 늘려주세요.) ② [학력] 学歴がないです。
가방은 보관함에 넣어주세요.	[슈퍼, 전시실 등] かばんはロッカーに入れてください。 = かばんはロッカーにお願いします。
가방을 좀 들어주실래요?	かばんを持って頂けませんか。 ➡ そうしましょう。= いいですよ。(그러죠.)
가버려!	行っちまえ! = 行ってしまえ!
가버렸습니까?	行ってしまいましたか。 = 行っちゃいました? ➡ はい、もう行ってしまいました。 (네. 이미 가버렸어요.) ☞ 갔어요.
가버렸어.	もう行ってしまった。 = もう行っちゃった。(벌써~)
가볍게 말하지 마.	軽く言わないで。= 軽く言うな。
가보겠습니다!	[퇴근인사] それではそろそろ失礼します。 (그럼 이만~) ➡ お気を付けて。(살펴가세요.)

가보고 싶은 곳이 있나요?	行ってみたいところはありますか。
	➡ ⓐ はい、お台場に行ってみたいです。(네, 오다이바에 가보고 싶습니다.)
	ⓑ いいえ、有名なところは、もうほとんど行きました。(아니요. 유명한 곳은 이미 대부분 가 보았습니다.)
가보면 압니다.	行ってみれば分かります。
가보지 않을래요?	行ってみない？ ＝ 行ってみませんか。
	∥ リニューアルしたイタリアンレストラン、行ってみませんか。(새단장한 이탈리안 레스토랑 ~?)
가본 적 있습니까?	[경험] 行ったことありますか。
	➡ ⓐ 以前一度だけあります。(전에 한 번 있습니다.)
	ⓑ いいえ、行ったことありません。(아니요. 가본 적 없어요.)
가사가 마음에 와닿네요.	歌詞が心に響きますね。
가서 물어봐!	行って聞いておいで!
	＝ 行って聞いてみて!
	＝ 行って聞いてみなよ!
	＝ 行って聞いてみろよ!
	∥ 君が行って聞いてみなよ。
	＝ お前が行って聞いてみなよ。(네가 좀~)

가서 자!	寝ろ! = 寝なさい!
가서 전하세요.	お伝えください。 = 伝えてください。
가셨습니다.	① [자리를 뜸] ⓐ [출발] 出発しました。 = 行きました。 ⓑ [회귀] 帰りました。 = お帰りになりました。 // その方はもうすでにお帰りになりました。(그분은 벌써 집에~) ② [죽음] お亡くなりになりました。
가슴이 아픕니다.	心が痛いです。 = 心が痛みます。

가야해?	① [시간·의무] 行かなきゃダメ?
	 // 後、どの位行かなきゃダメ?
	 (아직도 얼마나 더~)
	 ➡ 大体10分位です。(대략 10분이요.)
	 // どうしても行かなきゃダメ?(꼭~)
	 ➡ ⓐ はい、大事な用事を思い出しました。(네, 중요한 볼일이 생각나서요.)
	 ⓑ まだ少し時間はあります。
	 (아직 조금 시간은 있어요.)
	 ② [교통수단] どう行くの。
	 // ミョンドンまでどう行くの。
	 (명동에 어떻게~)

ㄱ

→ 地下鉄に乗ってください。
(지하철을 타세요.)

가요!	① [방향성]
	ⓐ [출발] すぐ行きます! (금방~)
	ⓑ [도착] もうすぐ着きます! (곧 도착합니다)
	② [청유] 行こう! = 行きましょう!

가위 눌렸어.

<mark>金縛りにあったよ。</mark>

// 昨日昼寝してたら金縛りにあったよ。
(어제 낮잠자다 ~)

→ うそ。怖いね。(정말? 무섭다.)

가위, 바위, 보!

じゃん、けん、ぽん!

가위, 바위, 보로 정하자.

じゃんけんで決めよう。

관련표현

グー (주먹) // チョキ (가위) // パー (보)

グーはチョキに勝って、パーはチョキに負けて、パーはグーに勝つ。

(주먹은 가위를 이기고, 보는 가위에게 지고, 보는 주먹을 이긴다.)

**가을 단풍이 한창
예쁠 때죠.**

ちょうど紅葉がきれいな時ですよ。

가이드가 필요합니다.

ガイドが必要です。

가장 빠른 길로 가주세요.

一番早い道でお願いします。
= 一番早い道で行ってください。
= 最も早い道でお願いします。

가장 중요한 일이잖아!	一番大事な事でしょ。 = 最も重要な事でしょ。
가전제품 보러 가요.	家電、見に行こう。 = 家電、見に行きましょう。
가정부가 필요합니다.	お手伝いさんが必要です。 = 家政婦が必要です。
가져갑니까?	持って行きますか。 = 持って行くんですか。 // これは何故持って行くんですか。 (이거 왜~) ➡ 使い道があるからです。(쓸데가 있어서요.)
가져다 드릴게요.	お届け致します。= 持って参ります。 = 持って来ます。 // お薬をすぐにお届け致します。 (약을 바로~)
가져 올게.	持ってくる。 // お弁当と飲み物は私が持ってくるね。 (도시락이랑 마실 것은 내가 ~.)
가족분들에게 안부 전해주세요.	ご家族の方々によろしくお伝えください。
가족분들은 모두 편안하시죠?	ご家族の皆さんはお変わりはございませんか。

	→ ありがとうございます。おかげさまで 皆元気に過ごしております。 (고맙습니다. 덕분에 다들 잘 지냅니다.)
가족할인 요금제가 싸고 좋아요.	家族割りが安くていいですよ。
가주세요.	① [출발] 近道で行ってください。(지름길로~) ② [정지] 止まってください。(그만~)
가증스러운 놈!	憎たらしい奴! = 憎らしい奴!
가지고 가세요.	持って行ってください。 = お持ち帰りください。 // 好きなだけお持ち帰りください。 (마음껏~)
가지고 가실 겁니까?	① [예정] 持って行くつもりですか。 ② お持ち帰りですか。 　→ ⓐ はい、持ち帰りです。 　　= はい、持って帰ります。 　　(예, 가지고 갑니다.) 　ⓑ [음식] ここで食べます。 　　(여기서 먹을 거예요.) 　ⓒ [음료] ここで飲みます。 　　(여기서 마실거예요.)
가지고 갈 물건 잘 챙기세요.	明日持って行く物をちゃんと準備して ください。(내일~)

가지고 오겠습니다.	持って来ます。 // もう少し持って来ます。(좀 더~)
가지고 오는 거 깜박했다!	持って来るの忘れた!
가지고 와!	持って来て。= 持って来い。 // 私の分も一緒に持って来て! (내 것도 같이 ~)
가지마.	[이별·출발] 行かないで。 // 置いて行かないで。(나 두고~) ➡ じゃあ、後5分だけ待つよ。 (그럼 앞으로 5분만 더 기다린다.)
가짜야!	偽物だよ! = バッタもんだよ。
가출했습니다.	家出しました。= 家を出ました。 ➡ 家族と何かあったの? (가족이랑 무슨 일 있었어?)

각

각광받고 있습니다.	脚光を浴びています。
각별히 조심하도록!	特に注意するように!
각자 계산하지 뭐.	割り勘でいいじゃん。☞ 더치페이로 합시다.

간

간다!	[구호] 行くよ! = 行くぞ! = 行くね! // 今度は俺の番だ!行くぞ! (이번엔 내 차례다! ~!)
간단하게 말할게.	簡単に言うよ。= 簡単に言うね。
간단한 방법이 있었구나.	簡単な方法があったんだ。 = 簡単な手があったんだ。
간단한 일이 아닙니다.	そんなに簡単なことじゃありません。 (그렇게 ~)
간단합니다.	簡単です。
간덩이가 부었구나!	度胸あるな! = 怖いもの知らずだな!
간섭하지 마세요.	これ以上立ち入らないでください。 = これ以上構わないでください。 = ほっといてください。(더 이상 ~)
간식먹을 시간이다!	おやつの時間だよ!
간에 기별도 안 갑니다.	お腹の足しにもなりません。
간장에 찍어드세요.	お醤油につけて召し上がりください。 = 醤油につけて食べてください。
간장 있습니까?	醤油、ありますか。

25

	➡ⓐ はい、あります。どうぞ。 （예, 있습니다. 여기요.） ⓑ いいえ、ありません。すぐ買って 来ます。（아니요. 없습니다, 바로 가서 사올게요.）
간 좀 더 하세요.	もう少し塩加減をしてください。 // 味が薄いので、もう少し塩加減をし てください。（너무 싱거우니 ~）
간지러워!	くすぐったい！
간지럼 태우지 마세요.	くすぐらないで。

갈 겁니다.	① [가정사실] 行きます。= 行くつもりです。 = 行く予定です。 // 必ず行きます。（꼭~） ② [불확실한 추측] 行くでしょう。
갈 데는 있어요?	行くあてはありますか。 ➡ⓐ あります。（있습니다.） ⓑ ありません。（없어요.）
갈수록 심해지는 것 같아요.	だんだんひどくなっているようです。
갈수록 태산.	一難去って又一難。

| 갈피를 잡을 수 없어. | 見当がつかないよ。
// ああ言ったりこう言ったりして見当
がつかないよ。(이랬다 저랬다 ~) |

감기 걸렸어요.	風邪を引きました。
감기 걸린 것 같아요.	風邪を引いたようです。 // どうやら、風邪を引いたようです。 (아무래도~)
감동 받았습니다.	感動しました。
감사는 제가 해야지요.	こちらこそどうもありがとうございます。
감사합니다!	ありがとうございます。 = ありがとうございました。 = どうもありがとうございます。 ➡ どういたしまして。(천만에요.) ☞ 고맙습니다!
감싸줘서 고마워요.	かばってくれてありがとう。
감자를 으깨서 만들어요.	じゃがいもをすりつぶして作ります。
감히 그런 짓을 하다니!	小賢しい真似しやがって!
감히 그렇게는 못할걸?	そんなことできるわけがない。

갑

갑니까?	行きますか。= 行くつもりですか。 = 行く予定ですか。 ➡ ⓐ 行きます。 　= 行くつもりです。 　= 行く予定です。(갑니다.) ⓑ 行きません。 　= 行かないつもりです。 　= 行かない予定です。 ⓒ 行けません。(못 갑니다.)
갑니다.	① [목적지] 行きます。= 行くつもりです。 　= 行く予定です。 ② [퇴근] お先に失礼します。 ③ [왔던 곳으로 돌아감] 帰ります。= 戻ります。
갑부래.	[복자] お金持ちなんだって。 // 見かけと違って、あの人すごくお金持ちなんだって。 (겉보기와 다르게 그 사람 엄청 ~)
갑시다!	① [목적지] 行きましょう。 ② [회귀] 帰りましょう。= 戻りましょう。
갑자기 비가 오기 시작했어요.	急に雨が降り出しました。

갔

갔다 올게요.	行って来ます。

갔다 왔습니다.	① [귀가] ただいま。
	② [경험] 行ったことがあります。
	// フランスに1度行ったことがあります。 (프랑스에 한 번~)
	③ [과거형] 行って来ました。
	// 朝にもう行って来ました。 (아침에 벌써~)

갔어요.	① [목적지] 行きました。 ② [결과] 彼は行ってしまいました。 (그는 가버렸습니다.)
갔었어요.	① [경험] ☞ 갔다 왔습니다. ② [사실] 行きました。 // 山田さんは昨日野球場に行きました。 (야마다는 어제 야구장에~)

강

강도야!	強盗だ! ※ 남자말투 = 強盗よ! ※ 여자말투

강심장이네!	度胸あるな。※ 남자말투 = 度胸あるね。※ 여자말투
강약을 지켜서 연주하세요.	強弱を守って演奏してください。
강요하지 마세요.	無理強いしないでください。 = 強要しないでください。
강요한 적 없어요.	無理強いしたことありません。
강하게 나가면 찍소리도 못하면서.	強く出たら何も言えないくせに。
강한 척 하긴.	強がってんな。

같

같은 걸로 주세요.	[주문] 同じものでお願いします。
	= 同じものをください。
	// 彼女と同じものでお願いします。
	(그녀와~)
	➡ かしこまりました。少々お待ちくださ
	い。(알겠습니다. 잠시 기다려주세요.)
	// あれと同じものをください。(저것하고~)

같은 학교 출신이었네요.	同じ学校出身だったんですね。
같이 가겠습니까?	ご一緒にいかがですか。 = 一緒に行きませんか。

	= 一緒にどうですか。 // 日曜日に博物館に行く予定ですが、 一緒にどうですか。 (일요일에 박물관에 가려고 하는데 ~) ➡ ⓐ いいですね。一緒に行きましょう。 (좋네요. 함께 갑시다.) ⓑ 日曜日は都合が悪いです。 (일요일은 사정이 있어 안됩니다.)
같이 먹자.	一緒に食べよう。 // お弁当一緒に食べよう。(도시락~)
같잖은 놈!	つまらない奴め! = くだらない奴め! = ばかな奴め!

개

~(몇) 개	1個 (한 개) 2個 (두 개) 3個 (세 개) 4個 (네 개) 5個 (다섯 개) 6個 (여섯 개) 7個 (일곱 개) 8個 (여덟 개) 9個 (아홉 개) 10個 (열 개)
개 같은 놈!	〈속어〉くそたれ! = くそったれ!
개교기념일 입니다.	創立記念日です。 ⬅ 今日はどうして学校に行かないの。 (오늘 왜 학교 안가?)
개그맨이 되고 싶어요.	お笑い芸人になりたいです。

개념 없는 놈!	<ruby>常識<rt>じょうしき</rt></ruby>はずれな<ruby>奴<rt>やつ</rt></ruby>!
개는 좋아해요?	<ruby>犬<rt>いぬ</rt></ruby>は<ruby>好<rt>す</rt></ruby>きですか。 ➡ ⓐ はい、<ruby>家<rt>いえ</rt></ruby>でも<ruby>一匹<rt>いっぴき</rt></ruby><ruby>飼<rt>か</rt></ruby>っています。 (네, 집에서도 한 마리 키우고 있어요.) ⓑ <ruby>動物<rt>どうぶつ</rt></ruby>は<ruby>苦手<rt>にがて</rt></ruby>です。 (동물은 그다지 안 좋아해요.)
개봉했어.	[영화] <ruby>封切<rt>ふうぎ</rt></ruby>られたよ。 // あの<ruby>映画<rt>えいが</rt></ruby>、<ruby>昨日<rt>きのう</rt></ruby><ruby>封切<rt>ふうぎ</rt></ruby>られたよ。 (그 영화 어제~)
개새끼!	〈속어〉 일본에서는 욕이 그다지 발달하지 않았음. 바보 새끼(ばか<ruby>野郎<rt>やろう</rt></ruby>). 멍청이(あほ) 등으로 완곡하게 표현이 됨. ☞ 개 같은 놈!
개소리!	〈속어〉 ばか<ruby>言<rt>い</rt></ruby>え! = ほざけ!
개수작 그만해!	<mark>ふざけんな! = ざけんじゃねぇよ!</mark>
개었습니다.	[날씨] <ruby>晴<rt>は</rt></ruby>れました。 = <ruby>雨<rt>あめ</rt></ruby>が<ruby>上<rt>あ</rt></ruby>がりました。(비가~) ※ <ruby>晴<rt>は</rt></ruby>れ<ruby>上<rt>あ</rt></ruby>がった<ruby>天気<rt>てんき</rt></ruby> (맑게 갠 날씨)

(몇) 개월 정도 됩니다.	<ruby>1ケ月<rt>かげつ</rt></ruby>くらいになります。
	= <ruby>1ケ月<rt>かげつ</rt></ruby>くらい<ruby>経<rt>た</rt></ruby>ちました。(1~)
	
	관련표현
	<ruby>一ケ月<rt>いっかげつ</rt></ruby> (1개월) // <ruby>二ケ月<rt>にかげつ</rt></ruby> (2개월)
	<ruby>三ケ月<rt>さんかげつ</rt></ruby> (3개월) // <ruby>四ケ月<rt>よんかげつ</rt></ruby> (4개월)

五ケ月 (5개월) // 六ケ月 (6개월)
七ケ月 (7개월) // 八ケ月 (8개월)
九ケ月 (9개월) // 十ケ月 (10개월)

개인기 좀 보여줘.	一発芸見せてよ。
개천에서 용 난다.	鳶が鷹を産む。
개판이야!	めちゃくちゃだ!
개판 친 이 꼴 좀 봐라.	このざまを見ろ!
개폼 그만 잡아라.	カッコつけんな!
개학이 언제야?	始業式、いつ?

객

| 객관적으로 평가해 주세요. | 客観的に評価してください。 |
| 객실에는 아무도 없습니다. | 客室には誰もいません。 |

거

| 거기 가만히 있어. | そこでじっとしてて。 = そこで動かないで。 |
| 거기서! | ① [기다림] 待って! = ちょっと待って! = 待て!
② [정지] 止まれ! |

33

거꾸로 매달려 있어요.	逆<ruby>逆<rt>さか</rt></ruby>さまにぶら<ruby>下<rt>さ</rt></ruby>がっています。
거드름 피우기는!	もったいぶりやがって。
거드름 피우지마!	<ruby>偉<rt>えら</rt></ruby>そうにすんな! = <ruby>気取<rt>きど</rt></ruby>んな!
거들어주세요.	[도와줌] <ruby>手伝<rt>てつだ</rt></ruby>ってください。 = <ruby>助<rt>たす</rt></ruby>けてください。
거래량이 그다지 많지는 않습니다.	<ruby>取引量<rt>とりひきりょう</rt></ruby>はさほど<ruby>多<rt>おお</rt></ruby>くありません。
거봐!	ほらみろ! = ほら、やっぱり! ※남자 ほらみろ、<ruby>俺<rt>おれ</rt></ruby>が<ruby>言<rt>い</rt></ruby>っただろ。 ※여자 ほら、やっぱり! <ruby>私<rt>わたし</rt></ruby>が<ruby>言<rt>い</rt></ruby>ったでしょ。(~내가 말했지.)
거수로 정하자!	<ruby>挙手<rt>きょしゅ</rt></ruby>で<ruby>決<rt>き</rt></ruby>めよう。
거스름돈 여기 있습니다.	[계산대] おつりです。 = <ruby>お返<rt>かえ</rt></ruby>しです。 = <ruby>お返<rt>かえ</rt></ruby>しになります。 // 2<ruby>円<rt>えん</rt></ruby>の<ruby>お返<rt>かえ</rt></ruby>しです。(거스름돈 2원입니다.)
거스름돈은 필요 없습니다.	おつりは<ruby>要<rt>い</rt></ruby>りません。
거시기 말인데.	[화제제기] ところでさ。
거의 다됐습니다.	ほとんどできました。 = ほとんど<ruby>完成<rt>かんせい</rt></ruby>しました。 = ほとんど<ruby>終<rt>お</rt></ruby>わりました。

거저 먹으려고!	ただで手<ruby>手<rt>て</rt></ruby>に<ruby>入<rt>はい</rt></ruby>ると<ruby>思<rt>おも</rt></ruby>ってんのか！
거저 주는 거나 다름없네.	ただみたいなもんじゃん。 = ただのようなもんじゃん。
거절합니다.	お<ruby>断<rt>ことわ</rt></ruby>り<ruby>致<rt>いた</rt></ruby>します。
거짓말!	うそ！ = <ruby>冗談<rt>じょうだん</rt></ruby>！
거짓말도 잘만하면 논 닷 마지기보다 낫다.	<ruby>嘘<rt>うそ</rt></ruby>も<ruby>方便<rt>ほうべん</rt></ruby>。
거짓말이야!	① [비난] うそだろ！ = <ruby>冗談<rt>じょうだん</rt></ruby>だろ！ // どうせお<ruby>前<rt>まえ</rt></ruby>の<ruby>言<rt>い</rt></ruby>うことは<ruby>全部<rt>ぜんぶ</rt></ruby>うそ だろ！(어차피 네가 하는 말은 다~) ② [놀림] うそだよ！ = <ruby>冗談<rt>じょうだん</rt></ruby>だよ！ // <ruby>冗談<rt>じょうだん</rt></ruby>だよ。<ruby>信<rt>しん</rt></ruby>じた？(농담이야, 믿었어?)
거짓말하지 마세요.	うそ<ruby>付<rt>つ</rt></ruby>かないでください。 // これ<ruby>以上<rt>いじょう</rt></ruby>うそ<ruby>付<rt>つ</rt></ruby>かないでください。 (더 이상~)
거칠어요!	[행동 · 성질 · 말투] <ruby>荒<rt>あら</rt></ruby>いです！ = <ruby>荒<rt>あら</rt></ruby>っぽいです！
거하게 쏠게.	ごちそうするよ。= おごるよ。

걱

걱정 끼쳐드려서 죄송합니다.	ご<ruby>心配<rt>しんぱい</rt></ruby>をおかけしまして<ruby>誠<rt>まこと</rt></ruby>に<ruby>申<rt>もう</rt></ruby>し<ruby>訳<rt>わけ</rt></ruby>あ りません。

ㄱ

	= 心配をおかけしましてどうもすみませんでした。
걱정도 팔자다.	心配性ね。 = 心配性だな。
걱정됩니다.	心配です。 = 気になります。
걱정안돼?	心配じゃないの？
걱정하지마세요.	心配しないでください。 = ご心配なさらないでください。 = 気にしないでください。 = 気にかけないでください。
걱정할 필요 없습니다.	心配しなくても大丈夫です。 = 心配要りません。 = 心配無用です。
걱정했잖아.	心配したんだよ。

건강은 어떻습니까?	お体の具合はいかがですか。 = 体の具合はどうですか。 // 最近体の具合はどうですか。(요즘~) ➡ ⓐ おかげさまで元気になりました。 　(덕분에 좋아졌습니다.) ⓑ まあまあです。(그저 그렇습니다.)

© あまり良<ruby>良<rt>よ</rt></ruby>くありません。
(그다지 좋지 않습니다.)

건강이 빨리 회복하시길 바랍니다.	お<ruby>大事<rt>だいじ</rt></ruby>に。
건강이 제일입니다.	<ruby>健康<rt>けんこう</rt></ruby>が<ruby>一番<rt>いちばん</rt></ruby>です。 // やっぱり<ruby>何<rt>なに</rt></ruby>よりも<ruby>健康<rt>けんこう</rt></ruby>が<ruby>一番<rt>いちばん</rt></ruby>ですね。 (역시 무엇보다도 ~)
건강하세요.	お<ruby>元気<rt>げんき</rt></ruby>で。
건강하시고 장수하세요.	<ruby>元気<rt>げんき</rt></ruby>に<ruby>長生<rt>ながい</rt></ruby>きしてください。
건담 시리즈를 모으고 있어요.	ガンダムシリーズを<ruby>集<rt>あつ</rt></ruby>めています。
건들지 마세요.	① [나를] ほっといてください。 ② [제3자를] そっとしといてあげてください。 // <ruby>彼<rt>かれ</rt></ruby>、<ruby>落<rt>お</rt></ruby>ち<ruby>込<rt>こ</rt></ruby>んでいるからそっとしといてあげてください。 (그는 침울해하고 있으니까 ~.) ③ [몸이나 물건 등] <ruby>触<rt>さわ</rt></ruby>らないでください。 = <ruby>触<rt>ふ</rt></ruby>れないでください。 ④ [간섭] <ruby>構<rt>かま</rt></ruby>わないで!
건망증이 심해졌습니다.	<ruby>最近物忘<rt>さいきんものわす</rt></ruby>れがひどくなりました。(요즘에~)
건물이 낡았네요.	<ruby>建物<rt>たてもの</rt></ruby>が<ruby>古<rt>ふる</rt></ruby>いですね。
건방져!	なまいきだ!

건방진 것!	なまいきな奴(やつ)め!
건배!	<mark>乾杯(かんぱい)!</mark>
건배합시다.	乾杯(かんぱい)しよう! = 乾杯(かんぱい)しましょう! // 皆(みんな)で一緒(いっしょ)に乾杯(かんぱい)しましょう。 (우리 다같이~)
건조한 날씨가 계속되고 있습니다.	乾燥(かんそう)した天気(てんき)が続(つづ)いております。

걷고 싶어요.	歩(ある)きたいです。 ➡ じゃあ、散歩(さんぽ)がてらしばらく歩(ある)きましょうか。(그럼 산책 겸 잠시 걸을까요?)
걷는다!	[회수] はい、回収(かいしゅう)! (자! ~!)
걷잡을 수 없게 됐어!	どうしようもなくなっちゃった!

걸레로 닦아주세요.	雑巾(ぞうきん)で拭(ふ)いてください。
걸렸다!	[몰래하던일이적발됨] ばれた!
걸립니까?	[시간] どのくらいかかりますか。(얼마나~)

// 東京市内までバスでどのくらいかかり

ますか。(동경시내까지 버스로 얼마나~)

// 空港までどのくらいかかりますか。

(공항까지 얼마나~)

// 後どのくらいかかりますか。

(앞으로 얼마나~)

➡ ⓐ 40分かかります。(40분이요.)

ⓑ 少なくても1時間はかかります。

(적어도 1시간은 걸려요.)

| 걸립니다. | [시간] 歩いて15分くらいかかります。 |

(걸어서 15분쯤~)

// 三日かかります。(3일~)

// 約4～5日くらいかかります。

(약 4~5일쯤~)

// 釜山まで5時間かかります。

(부산까지 다섯 시간~)

// たぶん1時間くらいかかります。

(아마 한 시간쯤~)

| 걸어서 갈거에요. | 歩いて行きます。 |

| 걸어주세요. | ① [전화] かけてください。 |

= お電話お願いします。

// 後でもう1度かけてください。

= 後でもう1度お電話お願いします。

(이따가 다시~)

② [장식물] 掛けてください。

// もう少し上の方に掛けてください。

걸을 수 있습니까?	[도보] 歩_{ある}けますか。 ➡ ⓐ はい、大丈夫_{だいじょうぶ}です。 (네. 괜찮습니다.) ⓑ いいえ、どうも捻挫_{ねんざ}したようです。 (아니요. 아무래도 발을 삔 것 같아요.)

검도 2단이래요.	剣道_{けんどう} 2 段_{だん}だそうです。
검사해 봅시다.	検査_{けんさ}してみましょう。
검색해봐.	検索_{けんさく}してみて。
검정색은 안 어울려요.	黒_{くろ}は似合_{にあ}いません。
검지손가락에 붕대를 감고 있어요.	人指_{ひとさ}し指_{ゆび}に包帯_{ほうたい}を巻_まいています。
검토해 보겠습니다.	検討_{けんとう}してみます。

겁나요.	① [두려움] 怖_{こわ}いです。
	// 彼_{かれ}が来_きそうで怖_{こわ}いです。(그가 올까봐 ~.)
	② [걱정] 心配_{しんぱい}です。
	// 見_みつかったらどうしようかと心配_{しんぱい}です。(발각될까봐 ~.)

겁 먹고 도망갔나보군.	<mark>怖じ気付いて逃げたか。</mark>
겁 안 나요.	怖くありません。 // 何も怖くありません。(아무것도~)
겁쟁이!	怖がり! = 臆病者! = いくじなし!
겁주려고 한 것 뿐인데.	脅かそうとしただけなのに。
겁 하나도 안나!	全然怖くない!

겉

겉돌고 있어.	浮いてる。// 一人浮いてる。(혼자~)
겉만 번지르르하네.	<mark>うわべだけじゃん。</mark>
겉모습 보고 판단하지 마세요.	見た目で判断しないでください。 = 外見で判断しないでください。

게

게 눈 감추듯	あっという間に
게으름 피우지 마세요.	怠けないでください。 = さぼらないでください。

게임 때문에 할일을 소홀히 하지 마세요.	ゲームのせいでやるべきことを怠らないでください。
게임은 끝났습니다.	[승패가 갈림] すでに決着はつきました。
게임은 하루에 3시간만이야!	[경고] ゲームは一日３時間だけよ。
게임이 안 됩니다.	[실력차이] 相手になりません。

겨드랑이에 끼고 있었는데.	脇に挟んでたんだけどなぁ。 ← あれ? 本ないじゃん。 (어라? 책 없네?)
겨뤄보고 싶어요.	[경쟁] 競ってみたいです。
겨우 만났다.	やっと会えた。
겨울 날씨는 춥습니다.	冬は寒いです。
겨울방학은 12월 말에 시작됩니다.	冬休みは12月末からです。
겨울은 많이 춥나요?	冬はものすごく寒いんですか。 → ⓐ はい、雪も降ります。 (네, 눈도 옵니다.) ⓑ いいえ、冬でも零点下になることはほとんどありません。 (아니요, 겨울에도 영하로 떨어지는 일은 거의 없습니다.)

| 겨자를 넣어주세요. | からしを入れてください。 |

견딜 수 없습니다.	[심리·정신] 耐えられません。 = 我慢できません。
견본이 있습니다.	[책자·견본품] こちらにサンプルがございます。= こちらに見本があります。(여기~)
견원지간.	犬猿の仲。
견해가 똑같습니다.	同じ意見です。

결과에만 집착하지 마세요.	結果だけにこだわるのはやめなさい。
결과에 승복해.	① 結果を認めなさい。 // 精一杯頑張ったんだから潔く結果を認めなさい。(최선을 다 했으니 깨끗이 ~) ② [졌을경우] 負けを受け入れなさい。
결국 다 같이 가기로 했어요.	結局みんなで行くことにしました。
결국 이겼습니다.	結局わたしたちが勝ちました。(우리가~)

결론부터 말하자면……	結論から申し上げますと…… = 結論から言いますと……
결론이 뭐야?	だから、何?
결백합니다.	① 私は潔白です。 (전~) ② [은어] 彼はシロです。 (그는~) ➡ 誰がお前なんか信じるか。 (누가 믿어?)
결사반대!	絶対反対!
결석한 사람은 누구입니까?	欠席した人は誰ですか。
결심했습니다.	決心しました。= 決めました。 // 今度は本当に決心しました。 (이번엔 정말~)
결재는 일시불로 하실건가요?	お支払は一括でよろしいですか。
결정내리지 못했습니다.	まだ決めていません。
결정해!	早く決めろ! = 早く決めて! (빨리~!)
결정했습니까?	決めましたか。= 決定しましたか。
결혼을 축하합니다.	ご結婚おめでとうございます。
결혼을 허락해주세요.	結婚させてください。
결혼해주세요.	結婚してください。

결혼해줄래?	結婚してくれる? = 結婚してくれないか。
결혼했어?	結婚したの。 → ⓐ うん、したよ。(응, 했어) 　ⓑ 来月する。(다음달에 해.) 　ⓑ まだしてない。(아직 안했어.)

겸손한 사람입니다.	控え目な人です。= 腰が低いです。
겸하고 있습니다.	兼ねています。 // この画像は気象観測機能も兼ねています。(이 화상은 기상관측기능도 ~)

경고하는데.	言っておきますが = 注意しておきますが = 警告しておきますが // 言っておきますが、これから僕の事に口出ししないでください。 (~앞으로 내 일에 참견하지마세요.) → 俺も口出ししたくねえよ。 (나도 참견하고 싶지 않아.)

경례!	敬礼! = 礼!
경사 났네!	めでたし、めでたし!
경솔하게 그런 말 하지 마!	軽はずみでそんなこと言うな!
경솔하게 판단하지 마세요.	軽率な判断はしないでください。
경찰 불러!	早く警察呼べ! = 早く警察呼んで! (어서~)
경찰에 신고할 거야!	警察に訴えるぞ! = 警察に訴えるわよ! = 警察に通報するぞ! = 警察に通報するわよ!
경치가 참 아름답습니다.	景色がとても美しいです。
경험부족이 가장 큰 요인 이었습니다.	経験不足が一番の要因でした。 = 経験不足が最大の要因でした。
경험을 살려 활약해 주실 것을 기대합니다.	今までの経験を生かして活躍していただきたいと考えています。 (지금까지의~)

곁

곁눈질 하지마.	脇目ふらないでよ。
곁에 있어줘.	側にいてくれ。 = 側にいて。 // これからもずっと側にいてくれ。

= これからもずっと<ruby>側<rt>そば</rt></ruby>にいて。
(앞으로도 쭉 내~)

계

| 계단에서 넘어졌습니다. | <ruby>階段<rt>かいだん</rt></ruby>で<ruby>転<rt>ころ</rt></ruby>びました。 |

계산서가 틀린 것 같습니다.
<ruby>伝票<rt>でんぴょう</rt></ruby>が<ruby>間違<rt>まちが</rt></ruby>っているようです。

계산은 어디서 하나요?
[가게·음식점] レジはどこにありますか。
➡ 1 <ruby>階<rt>かい</rt></ruby>です。(1층입니다.)

계산이 잘못된 것 같습니다.
①[셈] <ruby>計算<rt>けいさん</rt></ruby>が<ruby>間違<rt>まちが</rt></ruby>っているようです。
　cf 덧셈 : <ruby>足<rt>た</rt></ruby>し<ruby>算<rt>ざん</rt></ruby> / 뺄셈 : <ruby>引<rt>ひ</rt></ruby>き<ruby>算<rt>ざん</rt></ruby> /
　곱셈 : かけ<ruby>算<rt>ざん</rt></ruby> / 나눗셈 : <ruby>割<rt>わ</rt></ruby>り<ruby>算<rt>ざん</rt></ruby>
②[금액] お<ruby>会計<rt>かいけい</rt></ruby>が<ruby>間違<rt>まちが</rt></ruby>っているようです。

계산해주세요.
[음식점] お<ruby>会計<rt>かいけい</rt></ruby>お<ruby>願<rt>ねが</rt></ruby>いします。
= お<ruby>勘定<rt>かんじょう</rt></ruby>お<ruby>願<rt>ねが</rt></ruby>いします。

계속해봐!
<ruby>続<rt>つづ</rt></ruby>けて! // <ruby>今<rt>いま</rt></ruby>の<ruby>動作<rt>どうさ</rt></ruby><ruby>続<rt>つづ</rt></ruby>けて! (지금 동작 ~)

계십니까?
①[방문인사] ごめんください。
　// ごめんください。<ruby>宅配便<rt>たくはいびん</rt></ruby>です。
　(~? 택배입니다.)
②[부재여부] いらっしゃいますか。
　// <ruby>山田先生<rt>やまだせんせい</rt></ruby>いらっしゃいますか。
　(야마다 선생님 ~)

	→ ⓐ はい、少々お待ちください。 （예. 잠시만 기다리세요.） ⓑ すみません。ちょっと出かけております が。（죄송하지만 잠깐 나가셨는데요.） ⓒ すみませんがどちら様でしょう か。（죄송하지만 누구시죠?） ③ [거주] ソウルに住んでいますか。 ＝ ソウルにお住まいですか。（서울에~） → はい。（예.）
계약기간은 몇 년 입니까?	契約期間は何年ですか。 → 1年です。（1년입니다.）
계약서에 서명했습니다.	契約書にサインしました。
계약합시다.	契約を結びましょう。＝ 契約しましょう。
계절을 제일 좋아합니까?	どの季節が一番好きですか。（어느~） → ⓐ 春が一番好きです。 （봄을 제일 좋아합니다.） ⓑ 夏が一番好きです。 （여름을 제일 좋아합니다.） ⓒ 秋が一番好きです。 （가을을 제일 좋아합니다.） ⓓ 冬が一番好きです。 （겨울을 제일 좋아합니다.）
계절음식이 뭐가 있나요?	旬の食べ物は何ですか。
계좌를 개설하고 싶습니다.	[은행] 口座を開きたいのですが。

계좌를 개설하려면 어떻게 합니까?	[은행] 口座を開くにはどうすればいいのでしょうか。
계좌번호를 불러주세요.	口座番号をお願いします。
계좌에 잔고가 얼마나 있는지 확인하고 싶습니다.	[은행] 口座残高を確認したいんですが。
계획이 바뀌었습니다.	計画が変更になりました。 = 計画が変わりました。

고개 들어!	顔あげて!
고개를 돌리지 마세요.	① [목] 首を回さないでください。 ② [외면] 目をそらさないでください。
고객님의 전화기가 꺼져 있어 삐소리 이후 음성사서함으로 연결됩니다.	[음성멘트] 只今電話に出ることができません。ご用件のある方はピーという発信音の後に、メッセージをどうぞ。
고기가 너무 질겨!	お肉かたすぎる!
고기가 참 부드럽습니다.	お肉がとてもやわらかいです。
고기는 몇 인분 드릴까요?	お肉は何人前に致しましょうか。 ➡ 2人前お願いします。(2인분이요.)
고단수야!	やり手だよ。

49

// 彼はなかなかのやり手だよ。
(그는 상당한 ~)

고독합니다.	孤独です。
고등법원의 판결이 나왔습니다.	最高裁判所の判決が出ました。
고등학교에 다닙니다.	高校に通っています。
고등학교 몇 학년이냐?	高校何年生ですか。 ➡ 高校 1 年生です。 = 高 1 です。(고등학교 1학년입니다.)
고르겠습니까?	どちらに致しますか。 = どちらにしますか。(어느 것을~) ➡ 左のにします。(왼쪽 것으로 하겠습니다.)
고마운 일이 다 있네!	ありがたいありがたい! (이런~)
고만고만합니다.	[비교] 同じようなものです。
고맙습니다!	ありがとうございます。 = ありがとうございました。 = どうも。 = どうもありがとうございます。 = どうもありがとうございました。 ➡ どういたしまして。(천만에요.) ☞ 감사합니다!
고문선생님이 오셨습니다.	顧問の先生がいらっしゃいました。
고민 있습니까?	何か悩み事でもあるんですか。(무슨~)

→ 実は最近好きな人ができました。
(실은 요즘 좋아하는 사람이 생겼어요.)

고백할 일이 있습니다.

[실토] 打ち明けたいことがあります。

고백해!

① [실토] 白状しろ。 = 白状しなさい。
= 本当の事を言え。
= 本当の事を言いなさい。
= 打ち明けろ。 = 打ち明けなさい。
// 正直に打ち明けなさい。(솔직히 ~)

② [사랑] コクったら？ 告白すれば？
= 告白しなさい。 = 告白しなさいよ。
// 他の人にとられる前にコクれば？
(딴 사람이 채가기 전에 ~)

고생 많았습니다.

☞ 수고하셨습니다!

고소하다!

☞ 쌤통이다!

고속버스는 몇 시에 출발합니까?

高速バスは何時出発ですか。
// 仙台行きの高速バスは何時出発で

すか。(센다이로 가는~)
→ 12時出発です。(12시에 출발합니다.)

고속버스와 기차 중 어느 것이 더 빠릅니까?

高速バスと汽車とどちらの方が速いで
すか。
→ ⓐ 両方とも速いです。(둘 다 빠릅니다.)
ⓑ 時間は同じくらいかかります。
(시간은 비슷하게 걸립니다.)

고의로 그런 게 아닙니다.	わざとじゃありません。 = わざとじゃないです。
고장 났습니다.	こわれました。= 故障^{こしょう}です。 = 動^{うご}かなくなりました。 // パソコンがこわれました。(컴퓨터가 ~)
고장입니까?	こわれましたか。= 故障^{こしょう}ですか。 = 動^{うご}かなくなりましたか。
고정하세요.	落^おち着^ついてください。☞ 흥분하지 마세요.
고지식한 사람입니다.	生真面目^{きまじめ}な人^{ひと}です。= 堅気^{かたぎ}な人^{ひと}です。
고집부리지 마! // 고집피우지 마!	これ以上^{いじょう}意地^{いじ}張^はらないで! (더 이상~)
고집불통!	頑固^{がんこ}だな! = 頑固^{がんこ}ね! = 頑固者^{がんこもの}! = 意地^{いじ}っ張^ぱり! = 強情^{ごうじょう}だな。
고집이 정말 세구나!	本当^{ほんとう}に意地^{いじ}っ張^ぱりね。
고칠 수 있습니다.	① [수리] 直^{なお}せます。 ② [병] 治^{なお}せます。 // 現代医学^{げんだいいがく}なら薬^{くすり}で治^{なお}せます。 (현대의학으로는 약으로 ~)
고통스럽습니다.	苦^{くる}しいです。
고향은 어디입니까?	お国^{くに}はどちらですか。

= 故郷<ruby>ふるさと</ruby>はどちらですか。

= 故郷<ruby>こきょう</ruby>はどちらですか。

➡ 大阪<ruby>おおさか</ruby>です。(오사카입니다.)

곤란하게 해드려 정말 죄송합니다.	ご迷惑<ruby>めいわく</ruby>をおかけしましてどうもすみません。➡ 大丈夫<ruby>だいじょうぶ</ruby>ですよ。(괜찮아요.)
곤란하면 말 안해도 돼.	<mark>言<ruby>い</ruby>いにくいんなら言<ruby>い</ruby>わなくてもいいよ。</mark>

곤란합니다.	① [괴로움 · 궁함 · 대답] 困<ruby>こま</ruby>ります。
	= 困<ruby>こま</ruby>っています。
	// 返事<ruby>へんじ</ruby>に困<ruby>こま</ruby>っています。(대답하기~)
	② [호흡 · 처지 · 대답] 困難<ruby>こんなん</ruby>です。
	// 空気<ruby>くうき</ruby>が薄<ruby>うす</ruby>くて呼吸<ruby>こきゅう</ruby>が困難<ruby>こんなん</ruby>です。
	(공기가 희박해서 호흡하기 ~)
	③ [처치곤란] 始末<ruby>しまつ</ruby>に負<ruby>お</ruby>えません。

곧 도착해.	もうすぐ着<ruby>つ</ruby>く。
곧 얘기 할게.	<mark>近<ruby>ちか</ruby>いうちに話<ruby>はな</ruby>すよ。</mark>

골

골동품을 모으고 있습니다.	骨董品を集めています。
골똘히 무슨 생각해?	何考え込んでんの。
골라봐!	選んで! = 選んでみて! ☞ 선택해!
골라주세요.	選んでください。 = 選択してください。
골목대장이었어요.	ガキ大将でした。
골뱅이(@) 야후쩜(.) 넷.	アットマーク、ヤフー、ドット、コム
골인!	ゴール!
골치 덩어리입니다.	くせものです。 = 困り者です。 = 手におえません。 = 厄介者です。
골치 아파죽겠습니다.	頭が痛いです。 // 息子のことで頭が痛いです。(아들 때문에 ~)
골치 아프게 됐습니다.	[번거로움] 面倒なことになりました。 // 思ったより面倒なことになりました。 (생각보다 ~)
골치 아픈 일입니다.	面倒なことです。 = 困ったことです。 // これは本当に面倒なことです。 = これは本当に困ったことです。 (이 일은 정말 ~)

| 골치 아픕니다. | 頭が痛いです。= 面倒です。
= 厄介です。 |
| 골프 치는 것을
좋아합니다. | ゴルフが好きです。 |

| 곪아서 아파요. | 膿んで痛いです。
// 昨日怪我したところが膿んで痛いです。(어제 다친 데가~) |
| 곪지 않고 나았다. | 傷が膿まずに治った。(상처가~) |

| 곯아 떨어졌습니다. | 眠りこけています。 |

곰곰이 생각해 봤는데요.	よく考えてみたんだけど。 = じっくり考えてみたんだけど。
곰인형이 갖고싶어요!	くまのぬいぐるみがほしいです。(봉제~)
곰팡이 났다!	カビ生えてる!

곱

곱게 단장하고 어디가니?	おめかししてどこ行くの。 = おしゃれしてどこ行くの。
곱빼기로 주세요.	大盛りでお願いします。 = 大盛りにしてください。
곱슬머리에요.	くせ毛です。= 天パです。 = 天然パーマです。 // かなり強いくせ毛です。(꽤 심한~)
곱창 먹으러 가자!	ホルモン焼き食べに行こう!

공

공과 사는 구별합시다.	公私は区別しましょう。
공돈 생겼어!	棚ぼたのお金が入ったんだ。
공들여 만든거란 말이야.	頑張って作ったんだから。
공부는 죽을 때까지 계속되는 것.	勉強は死ぬまで続くもの。
공부를 열심히 해야 한다.	学生は勉強に励まなければいけない。 = 学生は一生懸命勉強すべきだ。 (학생은~)
공부한 셈 쳐!	(사고를 통해 교훈을 터득함) ひとつ学んだと思え。

	= 勉強になったと思え。
공부합니까?	1日何時間勉強しますか。(하루에 몇 시간~)
	➡ 10時間勉強します。(10시간이요.)
공사 중이라 길이 막혀요.	工事中で道が混んでいます。
	= 工事中で道が渋滞しています。
공연은 몇 시에 시작합니까?	公演は何時に始まりますか。
	➡ 午前10時に始まります。(오전 10시에요.)
공연이 시작됩니다.	もうすぐ公演が始まります。(곧~)
공원에 산책하러 갑니다.	公園に散歩に行きます。
공자 앞에서 문자 쓴다.	釈迦に説法。
공장에서 화재가 발생했습니다.	工場で火事が発生しました。
공정하게 해 주세요.	公正にしてください。
	= 公正にお願いします。
공중도덕을 지키세요!	マナーを守ってください。
공중전화가 어디에 있습니까?	公衆電話はどこにありますか。
	= 公衆電話はどこですか。
	➡ あそこにあります。
	= あそこです。(저기 있습니다.)
공짜로 줘도 싫어요.	ただでも嫌です。

	= ただでくれてもいらん。
공짜 밥 먹으려고 온거냐!	ただ飯食いに来たのか！ ➡ 違うよ。相談に来たんだよ。 (아니야. 상의하러 온거야.)
공처가입니다.	彼は恐妻家です。(그는~) *恐妻家 ↔ 愛妻家 애처가
공쳤네.	全然ダメだったな。
공포스러우니까 그만해!	超怖いからやめて。
공항까지 가는 지하철은 몇 번 홈에서 타면 되나요?	空港行きの電車は何番ホームで乗れ ばいいんですか。
공항까지 얼마나 걸려요?	[시간] 空港までどれくらいかかりますか。 ➡ 1時間くらいかかります。 (1시간 정도 걸립니다.)
공항까지 얼마나 듭니까?	[비용] 空港までいくらくらいかかりますか。 ➡ 5千円くらいかかります。 (5천엔 정도 듭니다.)
공항버스를 타야합니까?	リムジンバスはどこで乗りますか。 (어디서~) ➡ 20メートル先にバス停があります。 (앞쪽으로 20미터 가시면 버스 정거장이 있습니다.)
공항에 갑니까?	このバスは空港に行きますか。(이 버스는~) ➡ 行きます。(공항에 갑니다.)

| 공항에 어떻게 갑니까? | 空港まではどうやって行けばいいです
か。
➡ ⓐ まっすぐ行ってください。
（앞으로 곧장 가세요.）
ⓑ あのバスに乗ってください。
（저 버스를 타세요.） |

과거가 없는 사람이 어딨니?	過去のない人がどこにいるのよ。
과로로 쓰러져 입원중 입니다.	過労で倒れ、入院中です。
과묵한 사람입니다.	口の重い人です。＝無口な人です。
과속으로 면허정지 30일입니다.	スピード違反で免停30日です。
과속했습니다.	スピード違反しました。
과식했습니까?	食べ過ぎたの。＝食べ過ぎたんですか。 ➡ ⓐ どうやらそのようです。 （아무래도 그런 것 같습니다.） ⓑ いいえ、まだまだ食べれます。 （아니오. 충분히 더 먹을 수 있습니다.）
과연 너 답다!	お前らしいな！ ※ 남자말투 ＝あなたらしいわね。※ 여자말투
과연 듣던 대로입니다.	なるほど、噂通りですね。

= なるほど、お聞きした通りですね。

과외선생님이 일주일에 세 번 오세요.	週3回、家庭教師の先生が来ます。
과음하셨습니다.	飲みすぎです。
과일 드세요.	果物をどうぞ。
과자 사러 가자.	お菓子買いに行こう！
과장으로 승진했어요.	課長に昇進しました。
과제 제출이 오늘까지에요.	課題の提出が今日までなんです。
과찬이십니다!	[과분한 칭찬에 대해] 恐れ入ります。
과학적 근거는 없어요.	科学的根拠はありません。
과한데?	[지나침] やり過ぎっしょ。

관

관객이 많아요.	観客が多いです。
관계없는 일입니다.	関係のない事です。 // これは私とは関係のない事です。 (이건 저와~)
관계입니까?	関係ですか。= 間柄ですか。 // あなたは彼とどういう関係ですか。

= あなたは彼とどういう間柄ですか。
(당신은 그 사람과 무슨~)

➡ 赤の他人です。(생판 남입니다.)

관계자 외 출입금지!	[경고문] 関係者以外立ち入り禁止!
관광명소를 가르쳐주세요.	観光名所を教えてください。
관광안내도는 어디에 있습니까?	観光案内図はどこにありますか。

➡ あちらの方に配置されております。
(저쪽에 배치되어 있습니다.)

관두겠습니다.	① [중지] やめます。 = やめさせて頂きます。 ② [사퇴] 辞退します。 = 辞退させて頂きます。
관두세요.	[제지·중지] やめなさい。

// そんなにいやならやめなさい。
(그렇게 싫으면~)

관리자에게 책임을 묻게 됩니다.	管理者が責任を問われることになります。
관심 없습니다.	興味ありません。= 関心がありません。 = 興味ないです。

// これからどうなろうが、興味ありません。(앞으로 어떻게 되든 ~)

관심 있어요?	① どんな事に興味がありますか。(무엇에~)

➡ サッカーに興味があります。
(축구에 관심이 있습니다.)
② [좋아하는 마음] 彼に気がありますか。
(그에게~)

관여할 일이 아니야!
口出しするような事じゃない!
// これは君が口出しするような事じゃ
ない! (이건 당신이~)

관절이 안좋아요.
関節が弱いです。

관점이 틀렸습니다.
観点が間違っています。

괘씸한 놈!
けしからん奴め! = ふらち者!

괘씸합니다.
けしからん。 = ふらち者です。

괜찮습니까?
① [사태·부상·건강·질병] 怪我は大丈夫です
か。(상처는 ~)
➡ まだ少し痛みます。 (아직 조금 아픕니다.)
② [허가] 大丈夫ですか。 = いいですか。
= 構いませんか。

// 明日は 10 時に待ち合わせという
ことで構いませんか。
(내일은 10시에 만나는 것으로 해도 ~)

➡ 構いません。(괜찮아요.)

③ [맛] お口に合いますか。

// このレストランのメニューはお口
に合いますか。(이 레스토랑의 메뉴는 ~)

➡ はい。とてもおいしいです。
(네. 매우 맛있습니다.)

④ [시간] 間に合いますか。

// 12時の締め切りまで間に合いま
すか。(12시 마감까지 ~)

➡ ぎりぎり間に合いそうです。
(빠듯하지만 시간 안에 될 것 같습니다.)

⑤ [양, 준비정도, 시간배당] 十分ですか。

// お水の量はこれくらいで十分です
か。(물의 양은 이 정도로 ~)

➡ 十分です。(충분합니다.)

⑥ [지장] 差し支えございませんか。

// この程度で質疑を打ち切って討論
に入って差し支えございませんか。
(이 정도로 질의를 마치고 토론에 들어가도 ~)

괜찮습니다.

① [사태·부상] 大丈夫です。

= たいしたことありません。

// 全然大丈夫です。(전혀 ~)

➡ならいいんですが。
(그럼 조금 마음이 놓입니다만..)

② [건강·기분] いいです。= 悪くありません。

③ [허가] 構いません。

// 彼が同行しても全然構いません。
(그가 동행해도 전혀 ~.)

④ [시간제한] 間に合います。

// 明日の締め切りまでは間に合います。(내일 마감까지는 괜찮습니다(맞출 수 있습니다).)

⑤ [신경 안 씀] 気にしていません。

☞ 신경 쓰지 않아요.

⑥ [동의·칭찬·만족] いいです。

= いいですね。= いいですよ。

// なかなかいいですね。(아주~)

⑦ [거절] 結構です。= いいです。

괜찮으면 메일주소 교환하지 않을래요?

よかったらメアド交換してもらえませんか。

괜찮지요?

① [확인] 大丈夫ですよね。= いいですよね。

= 構いませんよね。

② [시간] 間に合いますね。(시간 안에~)

③ [수준] いいですよね。

➡ はい、上出来です。(네. 우수합니다.)

④ [준비정도] これだけあれば十分ですね。
(이 만큼 있으면~)

➡ 少し足りないかもしれません。
(조금 부족할 수도 있습니다.)

⑤ [외모] いいですよね。
// 森さんはなかなかスタイルもいい
ですよね。(모리씨는 꽤 스타일도 ~)
⑥ [지장] お差し支えなければ私がやって
みます。(괜찮으시다면 제가 해 보겠습니다.)

괜한 걱정 마세요.

心配要りません。
= 心配しないでください。

괜한 걱정했습니다.

① [긍정적 태도] 要らん心配でした。
// こんな素晴らしい作品が出来上が
るなんて、要らん心配でした。
(이렇게 멋진 작품이 탄생하다니 ~)
② [부정적 태도] 心配して損した!
// 何、あの態度! 心配して損した。
(뭐야 저 태도는! ~)

괜한 소리하지마세요.

変なこと言わないでください。

괜히 물어봤네.

聞いて損した。

괜히 좋아했네.

[기대에 어긋남] 期待して損した。

 괴

괴로워하지 마세요.

苦しまないで。= 悩まないで。
// その事でこれ以上苦しまないで。

65

	= その事<ruby>事<rt>こと</rt></ruby>でこれ<ruby>以上<rt>いじょう</rt></ruby><ruby>悩<rt>なや</rt></ruby>まないで。 (그 일로 더 이상~)
괴롭습니다.	① [심정] <ruby>辛<rt>つら</rt></ruby>いです。 // <ruby>飼<rt>か</rt></ruby>っていた<ruby>子犬<rt>こいぬ</rt></ruby>が<ruby>死<rt>し</rt></ruby>んでとても<ruby>辛<rt>つら</rt></ruby>いです。(키우던 강아지가 죽어서 매우 ~) ② [건강] <ruby>苦<rt>くる</rt></ruby>しいです。 // <ruby>風邪<rt>かぜ</rt></ruby>で<ruby>熱<rt>ねつ</rt></ruby>が40<ruby>度<rt>ど</rt></ruby>も<ruby>出<rt>で</rt></ruby>て、とても<ruby>苦<rt>くる</rt></ruby>しいです。(감기 때문에 열이 40도에 달해 너무 ~)
괴롭히면 안 됩니다.	いじめてはいけません。 = <ruby>苦<rt>くる</rt></ruby>しめてはいけません。 // <ruby>友達<rt>ともだち</rt></ruby>をいじめてはいけません。(친구를~)
괴롭히지 마세요.	① [정신적, 신체적] いじめないでください。 ② [정신적] <ruby>苦<rt>くる</rt></ruby>しめないでください。 ③ うるさく<ruby>付<rt>つ</rt></ruby>きまとわないで。 (귀찮게 따라다니지 마)
괴물이다!	バケモンだ!

굉장하다!	① [칭찬·탄복] すごい! = <ruby>素晴<rt>すば</rt></ruby>らしい! = <ruby>立派<rt>りっぱ</rt></ruby>! = すげえ! ② [소감] すごいね。= すごいな。 = <ruby>素晴<rt>すば</rt></ruby>らしいね。= <ruby>素晴<rt>すば</rt></ruby>らしいな。 = <ruby>立派<rt>りっぱ</rt></ruby>ね。= <ruby>立派<rt>りっぱ</rt></ruby>だな。

③ [상대가 모르는 사실전달] すごいわよ。

= すごいぞ。= すごいぜ。
= 素晴らしいわよ。= 素晴らしいぞ。
= 素晴らしいぜ。= 立派よ。
= 立派だぜ。☞ 대단하다!

④ [기대했던대로] さすが!

교

교무실로 내려와!	[호출] 職員室に来い!

교사입니다.	教師です。
	// 数学の教師です。(수학~)
	// 日本語の教師です。(일본어~)

교생실습 나가요.	教育実習に出ます。
교실에서 기다리세요.	教室でお待ちください。
교양이 없네요.	教養がないですね。 = 教養がありませんね。
교통사고가 났습니다.	① [관찰자 입장] 交通事故が発生しました。 ② [피해자 입장] 交通事故に遭いました。
교통은 편리합니까?	交通は便利ですか。 // この辺りは交通は便利ですか。(이 근처~) ➡ はい、便利です。(네. 편리합니다.)

교통편을 이용해야 합니까?	ソウルまでは何(なに)に乗(の)って行(い)けばいい
	ですか。(서울까지 가려면 어떤~)
	➡ 電車(でんしゃ)で行(い)くのが一番(いちばん)楽(らく)です。
	(지하철이 제일 간편합니다.)
교활한 놈!	ずるい奴(やつ)め! = ずる賢(がしこ)い奴(やつ)め!

구

구경 갈까요?	一緒(いっしょ)に見(み)に行(い)きませんか。(같이~)
	➡ ⓐ そうしましょう。(같이 가지요.)
	ⓑ 用事(ようじ)がありますので。(볼일이 있어서요.)
구경하고 싶습니다.	① [견학] 見学(けんがく)したいです。
	// ビール工場(こうじょう)を見学(けんがく)したいです。
	(맥주공장을 ~.)
	② [단순구경] 見物(けんぶつ)したいです。
	= 見(み)に行(い)きたいです。
	// 景福宮(キョンボックン)を見物(けんぶつ)したいです。(경복궁을 ~)
	③ [삼가봄] 拝見(はいけん)したいです。
	// バレー部(ぶ)の練習(れんしゅう)を拝見(はいけん)したいです。
	(배구부 연습을~)
	④ ~見(み)がしたいです。
	// お花見(はなみ)がしたいです。
	(꽃구경 하고 싶습니다.)
	// お月見(つきみ)がしたいです。
	(달구경 하고 싶습니다.)

구급차를 불러주세요.	救急車を呼んでください。
구두쇠!	**けち!**
구렛나루는 남자의 생명이지.	もみあげは男の命だよ。
구름이 많이 꼈어요.	どんよりと曇っています。 = 曇り空が広がっています。
구면입니다.	会ったことがあります。
구(9) 번을 누르세요.	[전화] 9番を押してください。 // 先に9番を押してください。(먼저~)
구별이 안가요.	区別がつきません。 // 一見区別がつきません。(언뜻 봐서는~)
구분해서 기억해두세요.	区別して覚えておいてください。
구역질나!	吐きそう。= 吐気がする。 // マジ吐きそう。(진짜~) ☞ 토할 것 같아요.
구입은 어디에서 합니까?	どこで購入すればいいのですか。 ➡ 全国の何何売り場でお買い求め頂 けます。(전국의 **매장에서 구입하실 수 있습니다.)
구제불능이야!	**どうしようもないなぁ** = どうしようもないね。 // お前って本当どうしようもないなぁ。

= あんたって本当どうしようもないね。
（년 정말~）

구질구질하게 왜 이래! <mark>[집착] しつこいな！</mark>

구질구질한 날씨가 계속
되고 있습니다.

ぐずぐずした天気が続いております。

구체적으로 말씀해
주실래요?

具体的に言って頂けますか。
= 具体的に言ってもらえますか。
➡ そうしましょう。= そうですね。（그러죠.）

구체적인 얘기는
하지마세요.

あまり具体的な話はしないでください。
= あまり具体的なことは話さないでく
ださい。（너무~）

구취가 심합니다.

口臭がひどいです。
= お口の臭いがひどいです。

구태여 그럴 필요
있겠습니까!

何もそんな必要ないでしょう！

구해주세요.

助けてください。
// 早く来て助けてください。（빨리 와서~）

구했습니까?

① [입수] 手にいれましたか。
// これ、どこで手にいれましたか。
（이거 어디서~）
② [양해] 得ましたか。
// 相手方にきちんと了解は得ました
か。（제대로 상대측에 양해는 ~）

국경일입니다.	<ruby>祝<rt>しゅく</rt></ruby><ruby>日<rt>じつ</rt></ruby>です。
국민투표가 실시됩니다.	<ruby>国<rt>こく</rt></ruby><ruby>民<rt>みん</rt></ruby><ruby>投<rt>とう</rt></ruby><ruby>票<rt>ひょう</rt></ruby>が<ruby>行<rt>おこな</rt></ruby>われます。 = <ruby>国<rt>こく</rt></ruby><ruby>民<rt>みん</rt></ruby><ruby>投<rt>とう</rt></ruby><ruby>票<rt>ひょう</rt></ruby>が<ruby>実<rt>じっ</rt></ruby><ruby>施<rt>し</rt></ruby>されます。
국비장학생으로 유학중입니다.	<ruby>国<rt>こく</rt></ruby><ruby>費<rt>ひ</rt></ruby><ruby>奨<rt>しょう</rt></ruby><ruby>学<rt>がく</rt></ruby><ruby>生<rt>せい</rt></ruby>として<ruby>留<rt>りゅう</rt></ruby><ruby>学<rt>がく</rt></ruby>しています。
국산품입니까, 수입품입니까?	<ruby>国<rt>こく</rt></ruby><ruby>産<rt>さん</rt></ruby><ruby>品<rt>ひん</rt></ruby>ですか<ruby>輸<rt>ゆ</rt></ruby><ruby>入<rt>にゅう</rt></ruby><ruby>品<rt>ひん</rt></ruby>ですか。 ➡ <ruby>輸<rt>ゆ</rt></ruby><ruby>入<rt>にゅう</rt></ruby><ruby>品<rt>ひん</rt></ruby>です。(수입품입니다.)
국수먹으러 가자.	そば<ruby>食<rt>た</rt></ruby>べに<ruby>行<rt>い</rt></ruby>こう。
국어책 읽는 것 같아.	[말투]<ruby>棒<rt>ぼう</rt></ruby><ruby>読<rt>よ</rt></ruby>みだよ。
국자로 떠서 먹어.	お<ruby>玉<rt>たま</rt></ruby>でとって<ruby>食<rt>た</rt></ruby>べてね。
국제전화는 어떻게 겁니까?	<ruby>国<rt>こく</rt></ruby><ruby>際<rt>さい</rt></ruby><ruby>電<rt>でん</rt></ruby><ruby>話<rt>わ</rt></ruby>はどのようにかけたらいいですか。 ➡ あちらの<ruby>方<rt>ほう</rt></ruby>でお<ruby>聞<rt>き</rt></ruby>きください。 (저쪽에 가서 물어 보세요.) // あちらの<ruby>方<rt>ほう</rt></ruby>でお<ruby>問<rt>と</rt></ruby>い<ruby>合<rt>あ</rt></ruby>わせください。 (저쪽에서 문의해 주세요.)
국제전화를 걸고 싶은데요.	<ruby>国<rt>こく</rt></ruby><ruby>際<rt>さい</rt></ruby><ruby>電<rt>でん</rt></ruby><ruby>話<rt>わ</rt></ruby>をかけたいんですが。

군고구마 먹자!	焼き芋食べよう!
군대 간대.	軍隊に行くらしいよ。
군살이 하나도 없어!	[몸매] 贅肉が全然ないの!
군침이 도네요.	よだれが出ますね。

| 굴러들어온 복이네요! | 棚からぼたもちですね!
// 正に棚からぼたもちですね! (그야말로 ~)
// 宝くじが当たったなんて、棚からぼたもちですね! (복권이 당첨되다니~) |
| **굴욕적이야.** | 屈辱的だよ。 |

| 굶어 죽을 것 같습니다. | 飢え死にしそうです।
☞ 배고파 죽겠어요. |
| 굶었어요. | 何も食べていません。 |

굿

| 굿 아이디어! | グッドアイデア! |

궁

궁금한 게 있습니다.	<ruby>気<rt>き</rt></ruby>になることがあります。 // ひとつ<ruby>気<rt>き</rt></ruby>になることがあります。 (한 가지~)
궁금합니까?	<ruby>気<rt>き</rt></ruby>になりますか。= <ruby>知<rt>し</rt></ruby>りたいですか。 ➡ はい、<ruby>是非<rt>ぜ ひ</rt></ruby><ruby>教<rt>おし</rt></ruby>えてください。 (네, 꼭 알려주세요.)
궁금했습니다.	① [의아함] <ruby>不思議<rt>ふ し ぎ</rt></ruby>に<ruby>思<rt>おも</rt></ruby>っていました。 // <ruby>何故<rt>な ぜ</rt></ruby><ruby>彼女<rt>かのじょ</rt></ruby>いないのかなぁってずっと<ruby>不思議<rt>ふ し ぎ</rt></ruby>に<ruby>思<rt>おも</rt></ruby>っていました。 (왜 여자친구가 없는지 줄곧~) ② [걱정] <ruby>気<rt>き</rt></ruby>になっていました。 = <ruby>気掛<rt>き が</rt></ruby>かりでした。 // その<ruby>後<rt>ご</rt></ruby>どうしているのかずっと<ruby>気<rt>き</rt></ruby>になっていました。 (그 후에 어떻게 지내는지 계속 ~.)
궁상맞게 뭐하는거야!	<ruby>貧乏<rt>びんぼう</rt></ruby>くさいなぁ。
궁시렁거리지마.	ぶつぶつ<ruby>言<rt>い</rt></ruby>うな。
궁시렁궁시렁 뭐라는거야.	<ruby>何<rt>なに</rt></ruby>ぶつぶつ<ruby>言<rt>い</rt></ruby>ってんの。

권

(몇) 권

① [책의 총 권수] 一冊 (한 권) // 二冊 (두 권) // 三冊 (세 권)

② [책의 순서] 一巻 (일권) // 二巻 (이권) // 三巻 (삼권)

궤

궤도를 이탈했습니다.

軌道を離れました。
= 軌道を外れました。
= 軌道を離脱しました。

귀

귀가가 늦습니까?

帰りが遅くなりますか。
➡ たぶん遅くなります。(그럴 겁니다.)

귀가가 늦어질 것 같아.

遅くなりそう。➡ 分かりました。(알았어요.)

귀걸이 귀엽다.

ピアス、かわいい!

귀공자 스타일이야?

お坊っちゃんって感じ?

귀국하다니 섭섭합니다.

もう戻られるなんて残念です。
= もう帰国なさるなんて残念です。(벌써~)

귀국합니까?	いつ韓国に戻られますか。 = いつ韓国に帰国しますか。(언제 한국에~) ➡ 来年戻ります。 = 来年帰国します。(내년이요.)
귀국합니다.	帰国します。
귀동냥으로 좀 알고 있습니다.	耳学問で少し知っています。
귀 막아!	耳塞いで!
귀먹었어?	① [말귀를 못 알아들음] 分からないのか。 ② [안들림] 聞こえないのか。
귀신같이 아네.	[모르는게 없음] 何でも知ってるね。
귀신 봤대.	幽霊見たんだって。= 幽霊見たって。 ※ 幽霊 = お化け
귀신의 집 가봤어?	お化け屋敷、行ったことある?
귀여운 녀석!	かわいい奴め!
귀염둥이!	[여자아이|에게] かわい子ちゃん!
귀엽다!	かわいい! // この熊のぬいぐるみ、本当にかわい い! (이 봉제 곰인형 정말~)
귀 좀 그만 패!	いいかげん耳ほじるのやめなさい!

75

귀중품을 여기에 맡길 수 있습니까?	貴重品はこちらに預けてもよろしいですか。 ➡ はい、お預かり致します。 (네. 보관해드릴깨요.)
귀중한 의견을 많이 보내주세요.	貴重なご意見、どしどしお送りください。
귀찮게 굴지 마라!	うざいことしないで!
귀찮게 하지마세요.	うるさく聞かないでください。 (귀찮게 묻지 마세요.) // うるさく付きまとわないでください。 (귀찮게 따라다니지 마세요.)
귀찮게 해서 죄송합니다.	[수고] お手数をお掛けしまして申し訳ありませんでした。 ➡ 大丈夫ですよ。(괜찮아요.)
귀찮아!	① [일·작업] 面倒くさい! ② [사람] うざい! = うっとうしい! ③ [잔소리] うるさい! // うるさい! ちょっと黙ってて! (~! 좀 조용히 하고 있어!)
귀찮아! 저리 가!	うざいなぁ! あっち行け!
귀찮아 죽겠네.	<mark>面倒くさいなぁ、もう。</mark> // 誰が電話かけてんのよ。面倒くさいなぁ、もう。(누가 전화하는 거야? ~)

귀청 떨어지는 줄 알았네.	鼓膜が破れるかと思った。
귀한 자식 매로 키워라.	かわいい子には旅をさせよ。

귤이 무척 달아요.	みかんがとても甘いです。

그건 그렇습니다.	それはそうです。
그건 내가 할 말이야.	それはこっちのセリフ。
그건 맞는데.	それはそうだが。= それはそうだけど。
그건 문제가 안 됩니다.	[걱정할 일이 아님] それはたいしたことじゃありません。
그건 안 됩니다.	それはダメです。= それはいけません。
그것도 그러네.	[듣고 보니 일리가 있음] それもそうだな。 = それもそうね。
그것 봐라!	[비난] ほら、みろ!
그것뿐이야?	それだけ?
그게 가능할까요?	そんな事が可能だと思います？

그게 그거지 뭐?	[동일함] それがそれでしょう。
그게 꼭 그런 건 아닙니다.	必ずそうだとは限りません。
그게 무슨 뜻입니까?	どういう意味ですか。
그게 아닙니다.	① [사실과 다름] そうじゃありません。 = そうじゃないです。= 違います。 ② [특정 사물] それじゃありません。 = それじゃないです。
그게 어디 되겠습니까?	[반문] そんな事、上手くいくでしょうか。
그게 어쨌다는 거야?	[시비] それがどうした。= だから何だよ。
그냥 그대로 두세요.	そのままにしといてください。
그냥 그대로야.	[변화 없음] いつも通りだよ。
그냥 그래요.	[상황·병세] 相変わらずです。
그냥 해본 소리야.	ただ言ってみただけ。
그놈하고 같이 있냐?	奴と一緒にいるのか。
그는 안 됩니다.	[반대] 彼はだめです。= 彼はいけません。
그늘에서 쉬자.	陰で休もう。
그대로네.	[상황·모습] そのまんまだね。 = 変わってないね。

그동안 대단히 감사했습니다.	今_{いま}までどうもありがとうございました。

今^{いま}までどうもありがとうございました。

그동안 대단히 감사했습니다.	今までどうもありがとうございました。
그동안 어디 갔었니?	今までどこ行ってたの。
그때그때 달라요.	場合によって違います。
그때그때 얘기해!	その時その時ちゃんと言って。 // 我慢しないでその時その時ちゃんと 言って。(참지 말고, ~)
그때는 그때고, 지금은 지금입니다.	そん時はそん時で今は今だよ。
그때는 그때지.	その時はその時だよ。
그때 봅시다!	じゃあ、また後で。 = それじゃあ、また後で。
그래그래!	① [마지못해 하는 동의] わかったわかった。 ② [오옹] そうそう。
그래 그럼.	[동의] じゃあ、わかった。
그래 봬도 꽤 인기 많아.	あれでも結構モテるのよ。
그랬구나!	そうだったのか。= そうだったんだ。 ☞ 어쩐지!
그랬어요.	① [사실을 인정함] そうです。= そうでした。 ② [행위] 私がやりました。 = 私がしました。(제가 ~)

그랬으면 좋겠네요.	① [사실] そうだといいですね.
	  = そうだといいね.
	② [예정] そうなるといいですね.
	  = そうなるといいね.

그러게 말이야.	[상대의견에 동의] まったくそうだよ. = その通_{とお}りだよ. ☞ 그렇고말고요!
그러네요.	[어떤 상황이나 일에 대한 판단] そうですね.
그러는 게 좋겠습니다.	それがいいですね. = そうするのがいいですね.
그러니까 속는 거야.	だから騙_{だま}されるんだよ.
그러지 마세요.	① [행위] やめてください. = やめなさい. = よしなさい. ② [말] そんなこと言_いわないでください.
그러지 뭐!	そうしよう. // わかった. そうしよう. (그래. ~)

그러지 않겠습니다.	しません.
	// もう二度_{にど}としません. (두번 다시~)
	// これからは絶対_{ぜったい}にしません.
	  (다음부터는 절대로~)

그러지요.	① [수락] 分_わかりました. = かしこまりました. ② [지시에 따름] そうします.

그럭저럭.	①[시간] かれこれ = いつの間にか
	= そうこうするうちに
	// 引っ越して来てからかれこれ 1 年が経ちました。
	(이사온 이후로 ~ 1년이 지났습니다.)
	②[상황] どうにか = どうにかこうにか
	= なんとか = なんとかかんとか
	= どうやら
	// どうにかここまではこぎつけましたね。 (~ 여기까진 왔네요.)
	③[정도] まあまあ.
	// ルックスはまあまあかな。 (외모는 ~?)
그럭저럭 지냅니다.	相変わらずです。
그런가 봐요.	[추측] そのようです。
그런 거야.	そんなもんだよ。
	// どうせ全部そんなもんだよ。 (어짜피 다~)
그런 거였군요.	そうだったんだ。
	= そうだったんですね。
그런 거지 뭐.	そんなもんだろ。 (다~)
그런 것 같습니다.	そのようです。
그런 게 아닙니다.	①[부정] そうじゃありません。
	= そうではありません。

	② [의도하지 않음] そんなつもりじゃありません。= そんなつもりではありません。
	③ [대상] そんなことじゃありません。= そんなことではありません。// 君_{きみ}の思_{おも}っているようなそんなことじゃありません。(당신이 생각하는~)
그런 게 어디 있어!	そんなことあるか！= そんなことあるもんか！
그런 눈으로 쳐다보지 마세요.	そんな目_めで見_みないでください。= そんな目_めで見_みつめないでください。
그런대로 괜찮은 것 같아요.	それなりにいいと思_{おも}います。= まあまあいいと思_{おも}います。
그런대로 버티고 있습니다.	なんとか持_もち堪_{こた}えています。= どうにか持_もち堪_{こた}えています。
그런데?	① [다음 대화를 유도] それで？② [배째기] それがどうした。← お前_{まえ}が泣_なかしたんだろ！(네가 울렸잖아!)
그런데(말이야)	[대화시작] ところで。= ところでさ。
그런데요?	[상대방의 말을 긍정하며 다음말을 촉구함] そうですけど？
그런 뜻으로 말한 게 아닙니다.	そんな意味_{いみ}で言_いったんじゃありません。= そんな意味_{いみ}じゃありません。

	// 彼は決してそんな意味で言ったんじゃありません。(그는 결코~)
그런 뜻이었구나.	そういう意味だったんだ。
그런 소리하지 마세요.	そんなこと言わないでください。 = そんなことおっしゃらないでください。
그런 식으로 말하지 마세요.	そんなふうに言わないでください。 = そんなふうにおっしゃらないでください。
그런 식으로 키운 기억은 없어!	そんな風に育てた覚えはない！
그런 일 없습니다.	そんなことありません。 = そんなことないです。
그런 표정 짓지 마.	そんな顔しないで。 = そんな顔すんなよ。
그럴 가치도 없습니다.	そんな価値もありません。
그럴거라고 생각했어.	[반정거림] そんなこっだろうと思ったよ。
그럴 겁니다.	[추측] たぶんそうでしょう。
그럴 기분 아니에요.	そんな気分じゃありません。 = そんな気分じゃありませんから。 = そんな気分じゃないです。
그럴 리가요?	そんなはずないでしょう。= まさか。

83

그럴 리 없습니다.	[추측] そんなはずありません。 = ありえません。 = そんなわけありません。 // 彼に限ってそんなはずありません。 (그는 절대~)
그럴 시간 없어요.	そんな暇ありません。
그럴 줄 알았어.	[예상] そんなことだろうと思った。 = そんなことだろうと思ったよ。
그럴 지도 모릅니다.	そうかもしれません。
그럴 필요 없습니다.	そんな必要ありません。
그럴 필요 있을까요?	そんな必要あるでしょうか。
그럼 그렇게 합시다.	[결정] じゃ、そうしましょう。
그럼 됐어요.	じゃ、いいです。= じゃ、結構です。
그럼(요)!	① [동의] そうよ。= そうですよ。= そうとも。 = そうですとも。 ② [당연] 当たり前です。= 当然です。
그럼 이만!	① [자리를 뜨며 하는 작별인사] それじゃあ。 = お先に。 ② [정중한 작별인사] さようなら。 ③ [전화대화의 맺는 말] それじゃあ、失礼します。
그렇게나 빨리!	そんなに早く!

	// そんなに早く出発するんですか。 (~ 출발해요?)
그렇게 놀랄 일도 아니잖아.	そんなに驚くほどのことでもないでしょ。
그렇게는 생각하지 않습니다.	そうは思いません。
그렇게는 안 되지요.	そうはいきません。
그렇게 부르지 말라니까.	その呼び方、やめろって。
그렇게 비쌉니까?	そんなに高いんですか。 // 何故そんなに高いんですか。(왜 ~?) ➡ 品質がよく、機能も充実しているからです。 (품질이 우수하고, 기능도 잘 갖추어져있기 때문입니다.)
그렇게 생각 안 합니다.	そう思いません。 = そう思っていません。
그렇게 생각해요?	どうしてそう思うんですか。 = 何故そう思うんですか。(어째서 ~) ➡ 何故だか知らないんですか! (왜 그런지 몰라요?!)
그렇게 안 보입니다.	そう見えません。
그렇게 잘났냐?	[교만] そんなにえらいのか。
그렇게 좋으냐?	そんなにいいか。 = そんなに嬉しいか。

85

	➡ はい、信じられないです。 （예. 믿기지 않아요.）
그렇게 하겠습니다.	[분부·지시] そうします。= そう致します。 = 承知しました。
그렇게 하세요.	[처리] そうしなさい。= そうしてください。
그렇게 합시다.	[제안에 동의] そうしましょう。 // いいですね。そうしましょう。（좋아요. ~）
그렇고말고요!	① [동의] そうとも！= そうだとも！ = そうですとも！ ② [호응] まさにそうだ！= まさにそうです。 ☞ 그럼!
그렇군요.	[사실을 듣고 나서] そうですか。
그렇다고도 할 수 있죠.	そうとも言えます。
그렇다고 뭐가 달라지는 건 아니야.	だからと言って何か変わる訳でもない。
그렇다고 봐야죠.	そうだと思っても差し支えないでしょう。
그렇다고 생각합니다.	そうだと思います。
그렇다고 할 수 있습니다.	そうだと言えます。
그렇습니까?	[확인] そうですか。 ➡ はい、そうです。（네. 그렇습니다.） // 本当にそうですか。（정말~）

그렇습니다.	そうです。= その通^{とお}りです。
그렇지 뭐!	[변함없음] 相変^{あいか}わらずだよ。 = 相変^{あいか}わらずよ。(그냥 ~) ← 最近^{さいきん}どうしてる? (요즘 어떻게 지내?)
그렇지 않습니까?	そうだと思^{おも}いませんか。 → ⓐ 思^{おも}います。(그래요!) 　ⓑ 思^{おも}いません。(그렇게 생각하지 않습니다.)
그렇지 않습니다.	そうじゃありません。 = そうではありません。
그리고요?	それから?
그리 비싸지 않습니다.	そんなに高^{たか}くありません。
그림은 봐도 잘 모르겠어요.	絵^えは見^みてもよく分^わかりません。
그림의 떡.	高嶺^{たかね}の花^{はな}。
그만 끊겠습니다.	[전화 끊을 때 인사말] では、失礼^{しつれい}します。 = じゃあ、失礼^{しつれい}します。
그만두겠습니다.	やめます。
그만 두세요.	そんなに嫌^{いや}ならやめてください。 (그렇게 싫으면~)
그만두지 못해?!	[제지] いい加減^{かげん}にして! = いい加減^{かげん}にしろ!

그만둡시다.	やめましょう。
그만둬!	やめろ!
그만뒀습니다.	① やめました。 // 彼は去年学校をやめました。 (그는 작년에 학교를 ~) ② [회사] 辞めました。
그만뒀어.	[중지·사퇴] やめたよ。
그만 마셔요.	[제지] ほどほどに飲んでください。 // ほどほどに飲んでください。酔ってしまいますよ。(~취합니다.)
그만 울어!	泣くな!

그만 좀 해!	もうやめろ! = もうやめてくれ!
	// もうやめてくれ! もうこりごりだ。
	(~이제 지겨워.)
	// お願いだからもうやめてくれ! (제발~)
	➡ そうはいきません。(그럴 순 없어요.)

그만하라니까?!	やめろって! ※ 남자말투 やめてってば! ※ 여자말투
그만합시다.	やめましょう。
그만해!	やめろ!
그밖에 다른 것 있습니까?	他に何かありますか。 ➡ こういうのはどうですか。(이런 건 어때요?)

그 분도 한국 사람입니다.	彼も韓国人です。
그 분에게 볼 일이 있으십니까?	彼に用事がありますか。
그 분은 중국인입니까?	彼は中国人ですか。
	➡ ⓐ はい、そうです。(예. 그렇습니다.)
	ⓑ いいえ、彼は韓国人です。
	(아니오. 그는 한국사람 입니다.)
그 시간, 그 장소에서 만나!	[약속] じゃあ、待ち合わせのところで。
그저 그렇습니다.	まあまあです。
	// 良くも悪くもありません。まあまあです。(좋지도 나쁘지도 않아요. ~)
그 정도는 아닙니다.	それほどではありません。

극단적인 행동은 삼가해 주세요.	極端な行動は慎んでください。
극복할 수 있어.	乗り越えられるよ。 = 克服できるよ。

근거 없이 함부로 말하지 마세요.	根拠もないのに勝手なこと言わないでください。

근데.	[화제제기] ところで。= ところでさ。
근무시간 아닙니까?	勤務時間じゃないんですか。
근무 중입니다.	① [근무시간] 勤務中です。 ② [직장] 勤めております。 // 彼は現在パソコンメーカーで勤めて おります。(그는 현재 컴퓨터 업체에서 ~.)
근처에 삽니다.	近くに住んでいます。
근처에 운동장이 있습니까?	近くにグラウンドはありますか。 → はい。まっすぐ200メートルほど行く と左にあります。 (네, 쭉 200m정도 가시면 왼편에 있습니다.)
근처에 있을 겁니다.	① [확신] 〈사물·건물〉この辺にあるはずです。 = 〈사람·동물〉この辺にいるはずです。 ② [추측] 〈사물·건물〉近くにあるでしょう。 = 〈사람·동물〉近くにいるでしょう。

글

글 남겼어.	[인터넷] 書き込みしといたよ。
글쎄요.	① [확답을 피함] さあ。= どうでしょう。 ② [생각 중] そうですね。
글씨를 쓸 줄 모릅니다.	字が書けません。

글씨체가 깔끔하네요.	字がきれいですね。
글자가 깨져서 안 보여요.	<mark>文字化けして見えません。</mark>

긁어 부스럼 만들지 마.	触らぬ神にたたりなしよ。 = 触らぬ神にたたりなしだよ。
긁어 부스럼이군.	薮蛇だね。
긁어줄래?	掻いてくれる? // 悪いけど、ちょっと背中掻いてくれる? (미안한데 등 좀~)
긁혔어.	引っかかれた。
긁힌 자국이 있어요.	引っ掛かれた跡があります。

금강산도 식후경.	花より団子。
금방 갑니다.	①[출발] すぐ行きます。 ②[도착] すぐ着きます。
금방 오겠습니다.	すぐ戻ります。

	// お茶だけ飲んですぐ戻ります。 (차만 마시고 ~)
금시초문입니다.	初耳です。
금액은 약간 비싸집니다.	金額は若干高くなります。
금연!	[경고문] 禁煙 = 終日禁煙
금연석으로 주세요.	禁煙席でお願いします。 = 禁煙席にしてください。
금연석 있습니까?	禁煙席ありますか。
금지합니다.	① [행위] おやめください。 = ご遠慮ください。 = 堅くお断り致します。 ② [사용] ご使用になれません。 = 禁止します。= お控えください。

급성 맹장염입니다.	急性盲腸炎です。
급속도로 확산되고 있습니다.	急速に広まっています。
급식시간이다!	給食の時間だ!

급한 용건입니까?	お急ぎの御用ですか。
	= お急ぎの件ですか。
	= 急用ですか。
	➡ いいえ、後でも大丈夫です。
	(아니요, 나중에라도 괜찮습니다.)
급한 일이 생겨서 먼저 가보겠습니다.	急用でお先に失礼します。
급한 일이 아니라면 관두세요.	急ぎの用でなければやめたほうがいいですよ。
급할수록 돌아가라.	急がば回れ。
급해!	① [상황] 急いでるの！
	⬅ どうしたの、ドタバタして。
	(허둥지둥 왜 그래?)
	② [성격] せっかちね。= せっかちだな。
급행은 몇 시입니까?	急行は何時に出発ですか。
	➡ 5時半出発です。(5시 반입니다.)
급히 가야 합니다.	急いで行かなければなりません。

ㄱ

| 긍정적으로 생각하세요. | 前向きに考えてください。 |
| | = 肯定的に考えてください。 |

기막히다!	[기발함] 素晴らしい！ // そのアイデアは本当に素晴らしい！ (그 아이디어는 정말로 ~)
기막히다!	[한심] あきれた！ // そんなことをしでかすなんて。あきれた！ (그런 일을 저지르다니. ~)
기간만료까지 아직 멀었습니다.	期間満了日はまだ先です。 = 期間満了までまだ当分あります。
기간을 연장할 수도 있습니까?	期間を延長することもできますか。 ➡ その場合、申込書をひとつ書いて頂くことになります。 (그러한 경우 신청서를 한 부 작성해 주셔야 합니다.)
기계치라 잘 모르겠어요.	機械音痴でよく分かりません。
기권하겠습니다.	棄権します。
기내에서는 핸드폰 사용이 금지되어 있습니다.	機内では携帯電話のご使用が禁止されております。 = 機内では携帯電話のご使用はお控えください。 = 機内では携帯電話はご使用になれません。

	= 機内での携帯電話のご使用は堅く きない　けいたいでんわ　　しよう　かた お断り致します。 ことわ いた
기내에서 파는 물건은 모두 면세품입니까?	機内で売っているものは全て免税で きない　う　　　　　　すべ　めんぜい すか。
기념일을 축하합니다.	記念日、おめでとうございます。 き ねん び
기념품 좀 사고 싶습니다.	① 記念品が買いたいんですが。 きねんひん　か ② [여행기념] お土産が買いたいんですが。 みやげ　か
기다려보세요.	ちょっと待ってください。 ま = しばらくお待ちください。 ま = 少々お待ちください。 (좀~) しょうしょう　ま
기다려봅시다.	待ってみましょう。 ま // もう少し待ってみましょう。 (좀 더~) すこ　ま
기다려야합니까?	待ち時間はどのくらいですか。 ま　じ かん = どのくらい待ちますか。 ま = どのくらい待たなきゃいけないんで ま すか。 = どのくらい待てばいいですか。 (얼마나~) ま ➡ ⓐ 2時間くらいです。 (약 두 시간이요.) じ かん ⓑ すぐ済みますよ。 (잠깐이면 됩니다.) す
기다려요.	待って。= 待ってよ。= 待てよ。 ま　　　　　ま　　　　　ま = 待ってください。 ま

기다려주세요.	① 待^まってください。= お待^まちください。 ② [기한연장] 延^のばしてください。 = 延期^{えん き}してください。 // 1日^{にち}だけ延^のばしてください。(하루만 ~.)
기다리게 해서 미안합니다.	① [사과] 待^またせてすみません。 ➡ 大丈夫^{だいじょうぶ}です。(괜찮습니다.) ② [인사말] おまたせしました。

기다리고 있겠습니다.	① [기다림] 待^まっています。
	= お待^まちしています。
	= お待^まちしております。
	② [기대] 楽^{たの}しみにしています。
	= 楽^{たの}しみにしております。
	// 来週^{らいしゅう}のピクニック、楽^{たの}しみにしてい
	ます。(다음 주 피크닉 ~)
	② [강한의지] 待^まちます。
	// 来^くるまで待^まちます。(올 때까지~)

기다리고 있어!	① [계속] 待^まってて。= 待^まっといて。 = 待^まっとけ。 ② [대기] じっとしてて。 // 戻^{もど}って来^くるまでここでじっとしてて ね。(돌아올 때까지 여기서 가만히 ~)
기다리고 있었습니다.	① [계속] お待^まちしておりました。 = 待^まっていました。

	② [국면] 待っていたところです。
기다리다가 방금 갔습니다.	[한참기다림] 待ちくたびれてたった今帰りました。
기다리세요.	[전화 · 접대표현] 少々お待ちください。 = しばらくお待ちください。(잠깐만~)
기다린 보람이 있네요.	待ったかいがありますね。

기다릴 겁니다.	① [완곡한 표현] 待っています。
	= 待っております。
	= お待ちしております。
	// たとえ遅くなってもずっと待っています。(설령 늦더라도 계속 ~)
	② [강한의지] 待ちます。
	// それでも待ちます。(그래도 ~)
	← 俺は絶対行かないからな。
	(난 절대 안나갈꺼야.)

기대가 큰 만큼 실망도 큽니다.	期待してただけすごくがっかりしました。
기대하지마세요.	あまり期待しないでください。(너무 크게~)
기르는 중이에요.	[머리카락] 伸ばしています。 // ボブに飽きたので今は髪の毛を伸ばしています。 (단발머리 싫증나서 지금은 머리카락~)
기름을 가득 채워주세요.	満タンお願いします。

기름이 떨어졌어요.	[자동차] ガソリン切れです。
기름진 요리에 익숙하지 않습니다.	脂っこい料理は苦手です。
기묘한 일이 있었습니다.	妙な事がありました。 = 不思議な事がありました。
기부금을 모으고 있습니다.	寄付金を集めています。
기분 나쁩니까?	気分が悪いんですか。 // どうして気分が悪いんですか。(왜~) ➡ ほっとけ! (냅뒤!)

기분 나쁩니다.	① [징그러움] 気持悪いです。
	// 毛虫は見ただけで気持悪いです。
	(송충이는 보기만해도~)
	② [컨디션] 気分が悪いです。
	// 朝食べたのが悪かったのか気分が悪いです。(아침에 먹은게 안좋았는지 ~)

기분 상했어?	気分悪くした? = 気にさわったかな。
기분이 좋아 보이네요.	上機嫌ですね。 = 気分がいいようですね。 // 今日はとても上機嫌ですね。(오늘 아주~)
기분 잡치네.	おもしろくねぇ! = おもしろくねぇな! = おもしろくないわね!

기분 좋습니까?	① [마음 · 감정] 気持いいですか。 ➡ はい、気持いいです。(네. 기분 좋아요.) ② [컨디션] 気分はいいですか。 ∥ 気分はいいですか。だいぶ回復して明日には退院できますよ。 (~? 상당히 회복되어서 내일은 퇴원할 수 있습니다.)
기분 좋습니다.	① [마음] 気持ちがいいです。 ∥ 運動した後はとても気持ちがいいです。(운동한 뒤엔 무지~) ② [신체] 気分がいいです。
기뻐요.	嬉しいです。 ∥ 遠い所までわざわざ来てくれて嬉しいです。(먼 곳까지 일부러 와줘서~)
기사 아저씨!	運転手さん!
기숙사가 밝고 깨끗합니다.	寮が明るくてきれいです。
기억났습니까?	思い出しましたか。 ➡ ⓐ はい、思い出しました。(네. 기억났습니다.) ⓑ いいえ、覚えていません。 (아니요. 기억나지 않습니다.)
기억에 남는 것은 무엇입니까?	一番記憶に残っているのは何ですか。 (가장~) ➡ キムチを食べたことです。(김치 먹은 겁니다.)

기억이 없는데요.	覚^{おぼ}えていません。 = 記憶^{きおく}に残^{のこ}っていません。 = 記憶^{きおく}にありません。
기억하고 있나요?	覚^{おぼ}えていますか。 // 私^{わたし}のこと、覚^{おぼ}えていますか。(절~) ➡ ⓐ もちろん覚^{おぼ}えています。(당연히 기억하죠.) ⓑ いいえ。すみません。(아니요. 죄송합니다.) ⓒ 思^{おも}い出^だせそうです。(기억날 것 같습니다.)
기온은 몇 도입니까?	今日^{きょう}の気温^{きおん}は何度^{なんど}ですか。(오늘~) ➡ 最高気温^{さいこうきおん}は18度^どで、最低気温^{さいていきおん}は10度^どです。(최고기온은 18도이고, 최저기온은 10도입니다.)
기온이 내려가 쌀쌀합니다.	気温^{きおん}が下^さがって肌寒^{はだざむ}いです。
기온이 올라 찌는 듯한 더위가 계속되고 있습니다.	気温^{きおん}が上^あがり、蒸^むし暑^{あつ}い日々^{ひび}が続^{つづ}いています。
기와 한 장 아끼려다 대들보까지 썩힌다.	一文惜^{いちもんお}しみの百知^{ひゃくし}らず。
기운 내!	① [격려] 元気出^{げんきだ}して! 元気出^{げんきだ}せ! ② [응원] 頑張^{がんば}って! 頑張^{がんば}れ! ③ [환자에게] 早^{はや}く良^よくなってね。 ≒ お大事^{だいじ}に。
기입해주세요.	記入^{きにゅう}してください。

	// この用紙に記入してください。 (이 용지에 ~)
	// この表に記入してください。(이 표에~)
기적 같은 게 아냐!	奇跡なんかじゃねぇよ。
기절했습니다.	気絶しました。= 気を失いました。
기죽지 마세요.	へこたれないで。= へこまないで。
기차를 놓치겠습니다.	汽車に乗り遅れそうです。
기차를 타는 게 좋을까요, 고속버스가 좋을까요?	汽車がいいでしょうか、高速バスがい いでしょうか。 ➡ 汽車の方が早いと思いますよ。 (기차가 더 빠를 거에요.)
기차 타고 갑니까, 비행기 타고 갑니까?	汽車で行きますか、飛行機で行きま すか。 ➡ 汽車で行きます。(기차 타고 갑니다.) ※ 전철 : 電車 지하철 : 地下鉄
기차표 두 장 주세요.	切符 2 枚、ください。
기침과 콧물이 심하며 머리도 아픕니다.	咳、鼻水がひどく、頭も痛いです。
기침도 나고 목도 아픕니다.	咳も出て、喉も痛いです。
기침약을 먹었습니다.	咳止め薬を飲みました。

기침약 주세요.	咳止め薬ください。 （せき・ど・ぐすり）
기침을 심하게 해요.	咳がひどいです。 （せき）
기침이 멈추지 않아요.	咳がとまりません。 （せき）
기회는 많습니다.	チャンスはまだまだあります。
기회를 놓치지 마세요.	チャンスを逃さないでください。 （のが）
기회를 엿보고 있습니다.	チャンスを見計らっています。 （みはか）
기회를 주세요.	[간청] どうかチャンスをください。(제발~)
기회잖아!	**チャンスじゃん！**
기후는 어떻습니까?	気候はどうですか。 （きこう） ➡ ⓐ 湿気が多いです。(습기가 많습니다.) 　　（しっけ・おお） 　 ⓑ 一年中春のようです。 　　（いちねんじゅうはる） 　　(1년 내내 봄 같습니다.)

긴급 상황입니다.	緊急事態です。 （きんきゅう・じ・たい）
긴밀히 연락을 취합시다.	緊密に連絡を取り合いましょう。 （きんみつ・れんらく・と・あ）
긴장됩니다.	緊張します。 （きんちょう） // 成績表を受け取る時が一番緊張します。(성적표 받을 때가 제일~) （せいせきひょう・う・と・とき・いちばんきんちょう）

긴장 풀어요.	緊張（きんちょう）しないでください。 // 緊張（きんちょう）を解（と）いてくつろいでください。 (긴장을 풀고 편히 쉬세요.)
긴장하지마.	上（あ）がらないで。= 緊張（きんちょう）しないで。

길

길 맞은편에서 타세요.	渡（わた）ったところで乗（の）ってください。
길바닥에서 뭐하는거야?	道端（みちばた）で何（なに）やってんの。
길에서 우연히 만났습니다.	道（みち）で偶然（ぐうぜん）会（あ）いました。 = 道（みち）でばったり会（あ）いました。
길옆에 세워주세요.	[자동차] 脇（わき）に止（と）めてください。
길을 안내하겠습니다.	ご案内（あんないいた）致します。 ➡ 一人（ひとり）で大丈夫（だいじょうぶ）です。(혼자 갈 수 있습니다.)
길을 압니까?	道（みち）は分（わ）かりますか。 = 道（みち）は知（し）っていますか。 = 行（い）き方（かた）はご存（ぞん）じですか。 ➡ よく知（し）っています。(잘 압니다.)
길을 잃었습니다.	道（みち）に迷（まよ）いました。 = 迷子（まいご）になっちゃいました。

길이는 이 정도가 적당합니다.	長さはこれぐらいがちょうどいいです。
길이 미끄러우니, 조심하세요.	滑りやすいので、気を付けてください。 = 滑りやすくなっておりますので、お気を付けください。
길 좀 묻겠습니다.	すみません。ちょっとお伺いしますが。 (실례합니다. ~)
길치에요.	方向音痴です。

김 묻었어.	のり付いてる。 // 唇にのり付いてる。(입술에~)
김밥 먹고 싶다.	のり巻き食べたいなあ。
김빠져.	[기운]気が抜ける。
김빠졌어.	[탄산]炭酸抜けちゃった。
김치는 입에 맞으세요?	キムチはお口に合いますか。 ➡ はい、とてもおいしいです。 (네. 너무 맛있어요.)
김치찌개 주세요.	キムチチゲ、お願いします。
김칫국부터 마신다.	捕らぬ狸の皮算用。

깁

깁니까?	[길이] 長_{なが}いですか。 // どのくらい長_{なが}いですか。(얼마나~) ➡ 5メートルです。(5미터입니다.)
깁스하고 있어요.	ギブスをはめています。

까

까놓고 말해서~	正直_{しょうじき}に言_いって~
까다롭게 굴긴!!	気難_{きむずか}しいこと言_いうなよ。 = かたいこと言_いうなよ。
까르르!	[웃음소리] きゃっきゃっ。
까맣게 잊고 있었다!	すっかり忘_{わす}れてた!
까먹었습니다.	[망각] 忘_{わす}れました。 = 忘_{わす}れてしまいました。 = 忘_{わす}れちゃいました。 = うっかりしました。
까버린다!	[걷어차다] 蹴飛_{けと}ばすぞ!
까부냐?	調子_{ちょうし}に乗_のってんのか?

까부는군!	<ruby>調<rt>ちょう</rt></ruby><ruby>子<rt>し</rt></ruby>に<ruby>乗<rt>の</rt></ruby>りやがって！ ＝<ruby>調<rt>ちょう</rt></ruby><ruby>子<rt>し</rt></ruby>に<ruby>乗<rt>の</rt></ruby>っちゃって！
까불지 마!	〈속어〉ふざけんな！＝ふざけんなよ！ ＝ふざけんじゃねぇよ！ ＝<ruby>調<rt>ちょう</rt></ruby><ruby>子<rt>し</rt></ruby>に<ruby>乗<rt>の</rt></ruby>るな！＝いい<ruby>気<rt>き</rt></ruby>になるな！
까치집 지었어.	[머리모양] <ruby>寝<rt>ね</rt></ruby><ruby>癖<rt>ぐせ</rt></ruby>ついてるよ。

깎 🌸 🌼 🌸

깎듯하네요.	[예의바름] <ruby>礼<rt>れい</rt></ruby><ruby>儀<rt>ぎ</rt></ruby><ruby>正<rt>ただ</rt></ruby>しいですね。

깎아주세요.	① [머리카락·사물] <ruby>切<rt>き</rt></ruby>ってください。
	// この<ruby>写<rt>しゃ</rt></ruby><ruby>真<rt>しん</rt></ruby>のように<ruby>切<rt>き</rt></ruby>ってください。
	(이 사진처럼~)
	② [껍질] <ruby>剥<rt>む</rt></ruby>いてください。
	// りんごを<ruby>剥<rt>む</rt></ruby>いてください。(사과를~)
	③ [연필] <ruby>削<rt>けず</rt></ruby>ってください。
	// <ruby>色<rt>いろ</rt></ruby><ruby>鉛<rt>えん</rt></ruby><ruby>筆<rt>ぴつ</rt></ruby>を<ruby>削<rt>けず</rt></ruby>ってください。(색연필을 ~)
	④ [가격] まけてください。
	// 5000ウォンにまけてください。
	(5000원으로~.)

깎아줄래요?	① [껍질] りんごを<ruby>剥<rt>む</rt></ruby>いてもらえますか。 ＝ りんごを<ruby>剥<rt>む</rt></ruby>いて<ruby>頂<rt>いただ</rt></ruby>けますか。(사과 좀 ~)

② [연필] 色鉛筆を削ってもらえますか。

= 色鉛筆を削って頂けますか。
(색연필 좀~)

➡ いいですよ。(좋아요.)

③ [가격] もう少しまけてもらえますか。

= もう少しまけてもらえませんか。(좀더~)

➡ ⓐ これ以上まけたら何も残りません。(더 깎아드리면 남는 게 없습니다.)

ⓑ だめです。(안됩니다.)

깔

깔깔!

[웃음소리] キャハハ。

깜

깜깜해서 아무것도
안보여요.

真っ暗で何も見えません。

깜박할 뻔 했네요.

うっかりするところでした。

깜박했습니다.

うっかり忘れてしまいました。

// 用事があるのをうっかり忘れてしまいました。(용건이 있는 걸~)

// 教科書を持って来るのをうっかり忘れてしまいました。(교과서를 가져오는 걸~)

| 깜짝이야! | びっくりした！ |

깨끗이 닦아주세요.	① [걸레 · 행주] きれいに拭いてください。 ② [세척] きれいに洗ってください。
깨우지 마세요.	起こさないでください。 // ぐっすり休みたいので朝まで起こさないでください。(푹 쉬고싶으니까 아침까지~)
깨워주세요.	[모닝콜] 起こしてください。 // 明日の朝６時に起こしてください。 (내일은 아침 6시에~)

꺼내지 마세요.	出さないでください。
꺼 두세요.	① [전등 · 전자기기] 消しといてください。 ② [핸드폰] 電源を切っといてください。
꺼리는 눈치더라구.	嫌がってるみたいだったよ。
꺼림칙하단 말이야.	気が引けるんだよね。
꺼벙하긴!	まぬけだなぁ。 ＝ あほだなぁ。

꺼억!	[트림소리] げっぷ ＝ げぷっ
꺼져!	① [옆에 있지 말고] 消^きえろ。 ＝ 失せろ。 ② [멀리 쫓아냄] あっち行^いけ! ＝ どっか行^いけ!

꺽다리는 싱겁다잖아.	のっぽはつまんないって言^いうじゃん。

껄껄!	[웃음소리] ガハハ。

껌 값이지!	安^{やす}いもんだよ。

껴안아주세요.	抱^だきしめてください。
껴입고 와.	厚着^{あつぎ}で来^きてね。

ㄱ

꼬

꼬끼오!	[닭소리] コケコッコー
꼬락서니가 그게 뭐냐?	なんちゅう格好（かっこう）してんだよ！
꼬르륵!	[배고픔] グー
꼬마야!	①[남·녀] おちびちゃん！ ②[남] ぼく！
꼬박꼬박 말대답하지마!	いちいち口答（くちごたえ）すんな！
꼬장꼬장하진 않아.	気難（きむずか）しくはないよ。
꼬치꼬치 캐묻지 마!	根（ね）ほり葉（は）ほり聞（き）くな!

꼭

꼭 그래야 속이 시원하냐!	そこまでしないと気（き）がすまないわけ？
꼭꼭 씹어서 먹으세요.	よく噛（か）んで食（た）べなさい。
꼭 나쁜 것만은 아니네.	まんざらでもないじゃん。
꼭 나오세요.	[약속] 必（かなら）ず来（き）てください。 = 絶対（ぜったい）来（き）てください。
꼭 돌아와야 합니다.	必（かなら）ず戻（もど）って来（き）てください。 = 絶対（ぜったい）戻（もど）って来（き）てください。 = 必（かなら）ず帰（かえ）って来（き）てください。 = 絶対（ぜったい）帰（かえ）って来（き）てください。

| 꼭두새벽부터 어디가? | 朝っぱらからどこ行くの。 |
| 꼭지가 돌았네. | [만취] 酔っぱらってるよ。 |

꼴값 떨고 있네.	〈속어〉 ざけんじゃねぇよ。
	= ふざけてんじゃねぇよ。
	= ふざけんなよ。
꼴같지 않은게 까불고 있어.	このろくでなしがざけんじゃねぇよ。
꼴도 보기 싫어!	顔も見たくない。 = 二度と会いたくない。
꼴불견이야.	みっともない!
꼴 좋다!	ざまあみろ!
꼴찌헸어.	びりだった。

꼼꼼해서 이런거 잘 할거야.	几帳面だからこういうの得意だと思うよ。
꼼지락거리지 마!	もぞもぞすんな!
꼼짝 마!	[협박] 動くな!

꼼짝없이 잡혀갔어요.	否応なく連れて行かれました。

꽁

꽁꽁 묶어주세요.	しっかり結んでください。
꽁꽁 얼었어.	カチンコチンにこおってる。
꽁무니를 빼고 달아나더라.	しっぽを巻いて逃げていったよ。
꽁지가 빠지게 도망갔어.	あわてふためいて逃げて行ったよ。
꽁초 아무데나 버리지 마세요.	タバコのポイ捨てはご遠慮ください。
꽁해가지고 왜그래?	何ぶすっとしてんの。

꽃

꽃가루 알러지가 있어요.	花粉症なんです。
꽃무늬가 더 낫다.	[선택]花柄のほうがいいよ。
꽃에 물 좀 주세요.	花に水をやってください。

짝

짝 물어!	しっかりくわえて!

| 꽉 잡아! | しっかり掴んで。 = しっかり握って。
= しっかり持って。 |

꽝

| 꽝! | ①[문] ばたん! (여닫이문) // ぴしゃり! (미닫이문)
②[폭탄] どかん。
③[뽑기] はずれ! |
| 꽝이야! | ①[이득] ゼロだよ。
// 今日の収穫ゼロだよ。(오늘은 수확 ~)
②[분위기] 最悪だよ。
// 今日は雰囲気最悪だよ。(오늘은 분위기 ~)
③[뽑기] ☞ 꽝! |

꾀

꾀병 부리지 마.	仮病使わないで。
꾀부리지 말고 열심히 해!	さぼらないで頑張れよ!
꾀죄죄하네.	薄汚いなぁ。

꾸

| 꾸며대지 마. | でたらめなこと言うな。 |

꾸물대지 마!	ぐずぐずするな! = ぐずぐずすんな!
꾸민 이야기에요.	① 作り話です。 ② [픽션] フィクションです。
꾸밈없는 태도가 좋더라구요.	率直な態度が気に入りました。
꾸벅꾸벅 졸지마세요.	居眠りしないで。 = うとうとしないで。
꾸준히 운동하고 있어요.	結構長いこと運動しています。
꾸중을 들었습니다.	怒られました。 = 叱られました。

꿀

꿀꺽꿀꺽!	[마시는 소리] ゴクゴク
꿀꿀!	[돼지 울음소리] ブヒブヒ = ブーブー
꿀꿀해!	[기분이 우울함] ブルー。 = 憂鬱。
꿀맛이야!	超おいしい! = 超うまい!
꿀 먹은 벙어리가 됐냐?	何故黙りこくってるんだ? (왜~)
꿀밤맞기 전에 조용히 있어!	黙ってないとゲンコツだよ!
꿀밤먹었어.	ゲンコツくらっちゃった。

114

꿇어!	土下座しろ! (무릎~)

꿈 깨!	[주의] 目を覚ませ!
꿈꾸고 있네!	[비난] 寝惚けるな。= 寝惚けんな。
꿈에도 생각지 못했습니다.	夢にも思いませんでした。 // ここで林さんに会うなんて夢にも思いませんでした。 (여기에서 하야시씨를 만날 줄은~)
꿈은 이뤄진다.	夢は叶う。
꿈인지 생시인지?	夢かうつつか。
꿈적도 안해요.	びくともしません。

꿍꿍이속이 뭐야?	何を企んでいるんだ。 // いったい何を企んでいるんだ。(도대체~)

115

꿔

| 꿔줘. | お金貸して。(돈좀~) |

꿩

| 꿩 먹고 알 먹기네. | 一石二鳥 = 一挙両得。 |

끄

| 끄덕끄덕하는거 보니
알아들은 것 같아. | 頷いたの見たら分かったみたい。 |
| **끄떡없다니까!** | [자신감] 全然大丈夫ってば! |

끈

끈기가 없어!	根気がないな!
끈적거려.	① [접착력] ねばねばする。 = ねちねちする。 ② [땀·액체] べとべとする。 = べたべたする。
끈 좀 묶어주세요.	紐を結んでください。 = 紐をくくってください。

116

| 끈질기게 왜이래! | しつこい！ |

끊는다!	[전화·전달] 先に切るよ。= 先に切るね。 = 先に切るぞ。(먼저~)
끊임없이 손님이 오네요.	お客さんがひっきりなしに来るんですね。
끊지 마세요.	[전화] 切らないでください。

끌고 가!	[연행] 連れて行け!
끌리는 사람 있어요?	気に入った人、います？
끌어당기는 매력이 있죠.	惹き付ける魅力がありますね。
끌어들이지 마세요.	巻き込まないでください。

| 끝끝내 안나타났어요. | とうとう現れませんでした。 |

끝나갑니다.	[종료] もうすぐ終わります。(곧~)
끝납니까?	終わりますか。 // 何時に終わりますか。(몇 시에~) ➡ 8時に終わります。(8시에 끝납니다.)
끝났습니까?	終わりましたか。 ➡ ⓐ もうすぐ終わります。(곧 끝납니다.) ⓑ まだです。(아직요.)
끝내준다!	すごい! = すげぇ!
끝마무리까지 완벽해!	最後の仕上げまで完璧!
끝이 없네.	きりがないなぁ。 // 夏休みの宿題はやってもやってもきりがないよ。(여름방학 숙제는 해도해도 끝이 없어.)
끝장났어!	[경고] おしまいだよ。 = 終わりだよ。 // お前は今日でおしまいだよ。 = お前は今日で終わりだよ。(넌 오늘로~)
끝장내자.	けりをつけよう。 = 終わりにしよう。 = 決着をつけよう。 // いっそここでけりをつけよう。 (차라리 여기서 ~)

끼

끼가 있습니다.	才能があります。
끼는데요.	[작은 사이즈] タイトです。
끼니 거르지 마!	ご飯はちゃんと食べてよ!
끼어들어 죄송합니다.	割り込んですみません。
끼어들지 마세요.	①[대화중에] 割り込まないでください。 ②[간섭] 口出ししないでください。 = 手出ししないでください。
끼워주세요.	[게임이나 경기에] 一緒にやろう。= 入れて。 = まぜて。 // 私も入れて。 = 俺も入れろ。(나도 좀 껴줘)
끼익!	[차가 멈추는 소리] キキィーッ

나가!	① [앞·밖으로] 出ろ! = 出て行け! ② [경기에] 出場しろ!
나가 뒈져!	〈속어〉 死ね! = 死んじまえ!

나가보세요.	① [퇴실명령] 戻りなさい。= 出て行きなさい。
	// 言うことはこれだけです。戻りなさい。(할얘긴 다 끝났습니다. ~)
	② [특정 장소에 가볼 것 권유] 行ってみてください。
	// お客様です。ロビーに行ってみてください。(손님 오셨어요. 로비에 ~)

나가지 마세요.	出ないでください。 = 出て行かないでください。 // 裸足で外に出ないでください。 (맨발로 밖에~)
나갔다 올게요.	ちょっとそこまで行って来ます。 (잠깐 요앞에~)
나갔습니다.	① [외출] 出ました。= 出て行きました。 = 出かけました。 // 彼は用事があって出かけました。 (그는 일이 있어서~) ② [소속] 出て行きました。= 辞めました。 ③ [참가·참여·참석] 出ました。 = 参加しました = 出席しました。

120

こうこうやきゅうせんしゅけん　で
// 高校野球選手権に出ました。
(고교야구선수권에 ～)

④ [팔리다] 売れました。
う
すうじつかん
// ここ数日間はこのアイテムがよく売
う
れました。(요 몇일간은 이 아이템이 제일 잘 ～)

⑤ [비용지출] かかりました。
しんはつばい　　　　　　　　か
// 新発売のデジカメを買うのに
まん
50万ウォンもかかりました。
(새로 나온 디지털카메라를 사는데 50만원이나 ～)

(몇) 나누기 3은 2입니다.	わ 6 割る3は2です。(6～)
나눗셈은 잘해요.	わ　ざん　　とくい 割り算は得意です。
나눠서 찾아보자.	て わ　　　さが 手分けして探してみよう。
나대지 마.	でしゃばんな。
나도 그래.	わたし　　　　　　　わたし 私もそうだよ。- 私もそうよ。※ 여자말투 ぼく　　　　　　　おれ 僕もそうだよ。= 俺もそうだよ。※ 남자말투
나도 사랑해!	わたし　す　　　わたし　あい 私も好き! = 私も愛してる! わたし ぼく おれ ※ 1인칭 호칭 : 私、僕、俺
나도 압니다.	わたし　し　　　　　　　　ぼく　し 私も知ってます。= 僕も知ってます。 おれ　し = 俺も知ってます。
나도 잘 지냅니다.	わたし　げんき　　　　　　ぼく　げんき 私も元気です。= 僕も元気です。 おれ　げんき = 俺も元気です。

나란히 서 있는거 보니 엄청 잘 어울리네.	並んで立ってんの見たら超お似合いじゃん。
나랑 상관없잖아?	私と関係ないでしょ。 = 俺と関係ないだろ。
나르는 것 좀 도와줘.	運ぶの手伝って。
나른해.	だるいよ。
나무라지 마세요.	責めないでください。 = 叱らないでください。 = 怒らないでください。 = 咎めないでください。 // この子も頑張ろうとしてやったことですし、あまり責めないでください。 (이 아이도 열심히 하려다 그런건데 너무 ~)
나무랄데 없는 솜씨입니다.	申し分のない出来栄えです。 = 結構な出来栄えです。
나무를 보고 숲은 보지못한다.	木を見て森を見ず。
나무젓가락을 사용해주세요.	割り箸を使ってください。
나불나불 시끄러워 죽겠네.	ぺちゃくちゃとうるさいな。 = ぺちゃくちゃとうっせ〜な。
나빠지는건 시간문제야.	悪くなるのは時間の問題だよ。 = 悪化するのは時間の問題だよ。

나사 풀린 애같애.	<mark>どっか抜<ruby>ぬ</ruby>けてるみたい。</mark>

나아질겁니다.	①[상황·품질] よくなるでしょう。
	// 今<ruby>いま</ruby>は生活<ruby>せいかつ</ruby>が大変<ruby>たいへん</ruby>だけど来年<ruby>らいねん</ruby>はよくなるでしょう。(지금은 생활이 힘들지만 내년엔 ~)
	②[실력] うまくなるでしょう。
	= 向上<ruby>こうじょう</ruby>するでしょう。
	// ずっと練習<ruby>れんしゅう</ruby>すればすぐうまくなるでしょう。(계속 연습한다면 금방 ~)

나야!	私<ruby>わたし</ruby>よ! = 僕<ruby>ぼく</ruby>だよ! = 俺<ruby>おれ</ruby>だよ! ← 誰<ruby>だれ</ruby>? (누구야?)
나약한 소리하지마.	弱音<ruby>よわね</ruby>を吐<ruby>は</ruby>かないでよ。= 弱音<ruby>よわね</ruby>吐<ruby>は</ruby>くなよ。
나오지 마세요.	[밖으로] 出<ruby>で</ruby>ないでください。
나와!	[밖으로] 出<ruby>で</ruby>て来<ruby>こ</ruby>い! = 出<ruby>で</ruby>ておいで。
나와 무슨 상관입니까?	それが俺<ruby>おれ</ruby>と何<ruby>なん</ruby>の関係<ruby>かんけい</ruby>があるんですか。 (그게~) * 私<ruby>わたし</ruby> = 僕<ruby>ぼく</ruby> = 俺<ruby>おれ</ruby>
나 원 참!	①[불평이나 어이가 없음] 話<ruby>はなし</ruby>になんねぇ! = 話<ruby>はなし</ruby>にならねぇよ! ②[웃김] あほか。
나이가 어떻게 되요?	何才<ruby>なんさい</ruby>ですか。= おいくつですか。 ➡ 今年<ruby>ことし</ruby>18になります。(올 해 18살입니다.)
나이 값 좀 해라.	<mark>歳<ruby>とし</ruby>をわきまえろ。</mark>

// お前は子供か。ちょっとは歳をわきまえろ。(네가 애냐. 조금은 ~)

나이들어서 그런가봐.

もう年だから。

나이스 볼!

ナイスボール!

나이스 플레이!

ナイスプレー!

나 좀 보자.

〈속어·협박〉 ちょっと面かせ。

나 좀 봐요.

① [눈으로 응시] 私を見て。= 私の目を見て。
= ちゃんと私を見て。= こっち向いて。
② [불러냄] ちょっと出てきて。
= ちょっと会いましょう。

나중에 다시 전화하겠습니다.

また電話します。
= 後でまた電話します。
= 折り返しお電話致します。
// お名前、電話番号をお残しください。折り返しお電話致します。
(성명, 전화번호를 남겨주세요. ~)

나중에 봅시다.

① 後で会いましょう。
// ３０分後に公園で会いましょう。
(30분 후에 공원에서 봅시다.)
② [후일을 기약] また会いましょう。

나중에 얘기합시다.

後で話しましょう。

나 참 어이가 없어서.	呆れてものが言えないよ。
나태해진 것 같아.	気が緩んだみたい。
나하고 무슨 상관이야?	私と何の関係があんのよ。 = 僕と何の関係があるんだよ。 = 俺と何の関係があんだよ。 ➡ 関係大有りだよ。(큰 상관이 있지.)

낙

낙관적으로 생각하자.	前向きに考えよう。
낙담하지마.	気を落とさないで。
낙서하지 마세요.	落書きしないでください。
낙천적이구나.	能天気だね。
낙태는 절대 안돼!	おろすのは絶対だめだよ!
낙하산 인사래.	天下り人事なんだって。

낚

낚시하러 갑니다.	釣に行きます。
낚았다!	[미끼로 사람을 유인] 食い付いてきた!

난

난감한 부탁드려 죄송해요.	む り　　　　　　ねが 無理なことお願いしてすみません。
난다긴다하는 사람들이 다 모였어.	や つ すげぇ奴ばっかだよ。
난데없이 무슨 소리야.	きゅう　なに い 急に何言ってんの。 きゅう　なに い = 急に何言ってんだよ。
난리가 났구먼.	[소란스러움] さわ えらい騒ぎだな。
난리 났어!	たいへん　　　　たいへん　　　　　たいへん 大変だ! = 大変よ! = 大変だよ! ☞ 야단났네!
난처해 죽겠어요!	ほんとう　　こ ま 本当に困ります。 こ ま = すごく困っています。

날

날강도같으니라구.	[폭리를 취함] ぼったくりめ!
날건 잘 못먹어요.	なまもの　　にが て [해산물 등] 生物は苦手です。
날림으로 해도 돼.	て ぬ [대충함] 手抜きでいいよ。

날씨는 어떻습니까?	てん き
	天気はどうですか。
	てん き
	// そちらの天気はどうですか。(그 쪽~)
	きょう　てん き
	// 今日の天気はどうですか。(오늘~)
	は
	➡ ⓐ 晴れです。(맑습니다.)
	くも
	ⓑ 曇りです。(흐려요.)

	ⓒ雨です。(비가 옵니다.) ⓓ晴れ時々曇りです。 (맑고 한 때 구름이 낍니다.)
날씨 좋다!	天気いいね!
날씨 좋아요?	天気いいですか。
날씬해졌네!	<mark>痩せたね! ≒ スリムになったね!</mark>
날이 저물었습니다.	日が暮れました。
날짜는 언제까지인데?	① いつまで? ② [마감]締め切りはいつまで?
날치기야!	ひったくりよ! = ひったくりだ! ※ 소매치기: すり
날치기 조심하세요.	ひったくりにお気をつけください。
날카로운 질문이군요.	鋭い質問ですね。

남기지 말고 다먹어.	残さず食べてね。
남남도 아니고.	<mark>赤の他人じゃあるまいし。</mark>
남녀공학에 다녔어요.	男女共学に通ってました。

남동생이 있어요.	弟 がいます。 ※ 여동생 : 妹
남몰래 사귀고 있었대.	ひそかに付き合ってたんだって。
남아도냐?	[비난·야유] 有り余ってんの。
남의 눈이 신경쓰여서.	人目が気になって。
남의 떡이 커 보인다.	隣の花は赤い。
남의 속도 모르고.	人の気も知らないで。
남의 일에 참견하지마.	人事に口出ししないでよ。 = 人事に口出しすんな。
남이사!	私が何しようが知ったことじゃないでしょ。 = 僕が何しようが知ったことじゃないだろ。 = 俺が何しようが知ったことじゃないだろ。 ☞ 내버려둬요.
남자는 다 늑대야.	男はみんな狼だよ。
남자다운 사람이 좋아요.	男らしい人が好きです。
남자입니다.	僕も男です。 = 俺も男です。(저도~)
남자친구하고는 이미 깨졌습니다.	彼氏とはもう別れました。 = ボーイフレンドとはもう別れました。

| 남편분은 무슨일하세요? | ご主人は何をなさってるんですか。 |
| 남학교라 그런 일은 별로 없어요. | 男子校だからそういう事はめったにないです。 |

| 납득이 안가요! | 納得できません! |
| 납작해졌어. | [부주의] ぺちゃんこになっちゃった。 |

| 낫긴 하나요? | [병·상처] 治りますか。= 治るんですか。 |

낭만적이야!	ロマンチック!
낭비하지마.	無駄遣いしないで。 = 無駄遣いはやめて。
낭패 봤어.	ひどい目にあったよ。

낮말은 새가 듣고 밤말은 쥐가 듣는다.	壁に耳あり、障子に目あり。
낮잠 자고 있었어?	お昼寝してたの。
	➡ ⓐ はい、ちょっと疲れてまして。
	(네. 좀 피곤해서요.)
	ⓑ いいえ、うるさくて結局眠れません
	でした。(아니요. 시끄러워서 결국 못 잤습니다.)

낯가림이 심해요.	人見知りが激しいです。
	= 人見知りがひどいです。
낯간지러워서 그러는구나?	照れてるんだ。
낯두꺼운 것도 정도가 있지!	ずうずうしいにもほどがあるでしょ！
낯이 익은 것 같은데?	見覚えがあるような気がするんだけど。

| 낳은 정보다 기른 정. | 生みの親より育ての親。 |
| | = 生みの恩より育ての恩。 |

내것이 아닙니다.	私のじゃありません。 = 僕のじゃありません。 = 俺のじゃありません。
내것입니다.	私のです。 = 僕のです。 = 俺のです。
내겠습니다.	[접대] おごります。
내기할래?	賭ける? = 賭けようか? ➡ いいよ。 = いいぞ。(좋아.)
내년에 결혼할 생각입니다.	来年結婚するつもりです。 = 来年結婚する予定です。
내년에 졸업합니다.	来年卒業します。
내놔요!	①[꺼냄] 出せ! = 出してください。 ②[반환] 返せ! = 返してください! ③[갈취] よこせ!
내 눈 똑바로 보고 말해!	①[남] 俺の目を見て言え! ②[여] 私の目を見て言って!
내동댕이치고 놀러갔어.	[방치] ほったらかしにして遊びに行ったよ。
내딛는게 어려운거지 뭐.	[시작] 踏み出すのが難しいだけだよ。
내려놓으세요.	[물건] 下ろしてください。 = 下ろしなさい。

내려오세요.	降りなさい。= 降りてください。 = 降りて来てください。
내려주세요.	[정차] 降ろしてください。
내리막길에선 뛰면 안돼!	坂道では走っちゃだめだよ。
내뱉은 말엔 책임을 져야지.	言ったことには責任持ってよ。

내버려둬요.	① [방임·무관심] ほっといてください。
	// そんな気分じゃないからほっといてください。(그럴 기분 아니니~.)
	② [건들지 말고] そのままにしといてください。
	// 私が片付けるからそのままにしといてください。(제가 치울테니~.)

내성적이신가봐요.	内気な性格なんですね。
내숭떨고 있네!	猫かぶってるよ。 ➡ 誰が猫かぶってるって? (누가 떨었다고!)
내심 기대했는데.	ひそかに期待してたのに。
내용이 부실하네요.	内容が乏しいですね。
내일 봅시다.	① [작별인사] じゃ、また明日。= また明日。 ② [약속] 明日会いましょう。
내일은 내일의 태양이 뜬다.	明日は明日の風が吹く。

내일 저녁 어떻습니까?	① [시간] 明日の夜はどうですか。 = 明日の晩はどうですか。 ② [저녁식사] 明日の夕食、一緒にどうです か。(내일 저녁 함께 어떻세요?) ➡ ⓐ いいですよ。(좋습니다.) ⓑ 先約があります。(선약이 있습니다.)
내친김에 청소까지 해 뒀어.	ついでに掃除もしといたよ。
내키지 않는데.	気が向かないなぁ。
내 편 좀 돼주면 덧나냐.	見方になってくれてもいいでしょ。 = 見方になってくれてもいいだろ。

냄

냄비가 작은 것밖에 없어.	鍋が小さいのしかないよ。
냄새가 고약합니다.	ひどいにおいです。
냄새가 역겹습니다.	臭いです。
냄새 좀 맡아봐!	においかいでみて。
냄새 좋다!	① いいにおい！ ② [향기] いい香り！

냅

| 냅둬! | ほっといて! = ほっとけ! |
| 냅킨은 어디에 있습니까? | ナプキンはどこにありますか。
➡ テーブルの上にあります。
(테이블 위에 있습니다.) |

냉

냉동식품밖에 없네.	冷凍食品ばっかじゃん。
냉면 두 그릇 주세요.	冷麺二人前ください。
냉장고에 음료수가 있습니다.	冷蔵庫に飲み物があります。
냉큼 받냐.	[비난] ここぞとばかりに受け取らないでよ。 = ここぞとばかりに受け取んなよ。
냉큼 안와?	さっさと来い!

너구나!	※남자말투 お前か! = あんたか! = 君か! ※여자말투 あなたね!
너그럽게 봐주십시오.	[용서를 구함] 大目にみてください。
너도 참!	※남자말투 お前なぁ。

너 때문이야.	[비난] ※남자말투 お前のせいだぞ。= 君のせいだよ。
너 말이야!	[지목] ※남자말투 お前だよ! = お前だよ、お前! *お前 = 君
너무 한다!	ひどいよ!
너 없이 못살아!	※남자말투 君なしでは生きていけないよ! ※여자말투 あなたなしでは生きていけないわ!
너였구나!	※남자말투 お前だったのか! = 君だったのか! ※여자말투 あんただったの!

넌

넌 누구냐?	誰だ、お前? − あんた、誰? = 君、誰?
넌더리가 내!	うんざりだよ! = こりごりだよ!
넌 모를거야!	お前は知らねぇよ。 = あんたは知らないわよ。 = 君は知らないよ。
넌 뭐야?	[시비] お前、誰だよ! = お前、何もんだよ! *お前 = あんた = 君

| 넌지시 물어봐줄래? | それとなく聞いてくれる？ |

  널

널리 양해바랍니다.	ご了承お願い致します。
널부러져 있지 말고 공부 좀 해!	ごろごろしてないで勉強しなさい！
널어놨어요.	[세탁물] 干しときました。

  넘

| 넘어질 뻔했습니다. | 転ぶところでした。
= 転びそうになりました。 |
| 넘었습니다. | ① [시간] 7時を過ぎました。
 = 7時を回りました。(7시가~)
② [수준] 越えました。
 // 中級レベルを越えました。
 (중급 레벨을~) |

  넣

| 넣어두세요. | 入れといてください。
= しまっといてください。
// 無くさないようちゃんとしまっといてください。(잃어버리지 않도록 잘 ~.) |

136

네

네.	[응답] はい。
네꺼야?	あなたの? = お前の^{まえ}か? = あんたの? = 君^{きみ}の?
네모난 상자에 들어있어요.	四角^{しかく}い箱^{はこ}に入^{はい}っています。

넥

| 넥타이가 삐뚤어졌습니다. | ネクタイが曲^まがっています。 |
| 넥타이를 매었습니다. | ネクタイを締^しめました。 |

노

노골적으로 싫어하는 티 내면 상처받는단 말야.	露骨^{ろこつ}に嫌^{いや}な顔^{かお}されると傷付^{きずつ}くんですけど。
노닥거리고 있겠지 뭐.	油^{あぶら}でも売^うってるんでしょ。
노래 못해요.	歌^{うた}は苦手^{にがて}です。
노래방가자!	カラオケ行^いこう!
노래 부르는 것 좋아합니까?	歌^{うた}うの、好^すきですか。

➡ ⓐ 好^すきです。 (좋아합니다.)

	ⓑ好_すきじゃありません。^(좋아하지 않아요.)
	ⓒ嫌_{きら}いです。(싫어합니다.)
노래자랑 한 번 나가보지그래?	のど自慢_{じまん}にでも出_でてみれば?
노래 잘한다!	[칭찬]歌_{うた}うまいね。= 歌上手_{うたじょうず}だね!
노려보면 어쩔건데?	[시비·싸움]何睨_{なにら}んでんの。 = 何睨_{なにら}んでんだよ。
노력이 부족했던 것 같아요.	努力_{どりょく}が足_たりなかったみたいです。
노력해도 안되는건 안되는거야!	いくらやってもダメなものはダメなの!
노리고 있나봐.	ねらってるみたい。
노망났어?	ぼけてんの。
노약자석은 가능한 한 비워두세요.	シルバーシートはなるべく空_あけておい てください。
노천탕을 좋아해요.	露天風呂_{ろてんぶろ}が好_すきです。
노출이 심한 옷을 입지 마세요.	露出_{ろしゅつ}の多_{おお}い服_{ふく}は着_きないでください。
노크하는 것 같은데.	ノックしてるみたいだよ。
노티나보여.	老_ふけて見_みえる。
노후대책도 세워야 하는데.	老後_{ろうご}の対策_{たいさく}も立_たてなきゃ。

녹

녹슬어서 못쓰겠다.	さびついて使^{つか}いものにならないな。
녹차 한잔 주세요.	日本茶^{にほんちゃ}、お願^{ねが}いします。
녹초가 됐어.	へとへとだよ。= くたくただよ。

놀

놀다 가세요.	[권유] 夕方^{ゆうがた}までくつろいで行^いってください。(저녁때까지 편히 ~) ➡ ありがとうございます。(고맙습니다.)
놀라게 해드려 죄송합니다.	驚^{おどろ}かせてすみません。 = びっくりさせてすみません。
놀라지 마세요.	驚^{おどろ}かないでください。 = びっくりしないでください。
놀랐잖아요.	びっくりしたじゃないですか。 = 驚^{おどろ}いたじゃないですか。
놀러 갑시다.	遊^{あそ}びに行^いきましょう。
놀러 오세요.	遊^{あそ}びに来^きてください。
놀려먹으니 재밌나?	人^{ひと}のことからかって楽^{たの}しい？

139

놀리는 거야?	からかってんの? = からかってんのか?
	➡ ⓐ からかうだなんて、そんな。 (놀리다니요.)
	ⓑ そんなわけないでしょう? (그럴 리가요?)
	ⓒ 私がなんでよ。 (내가 왜요?)
	ⓓ からかってないよ。 (놀리는 거 아니야.)
놀리지 마세요.	からかわないでください。
놀림감이 된 것 같아 기분나빠요.	笑いものにされたみたいで気分が悪 いです。
놀아줘요.	遊んでください。 // 一日だけこの子と遊んでください。 (하루만 이 애하고~)
놀자판이구나.	遊び放題だね。

농구를 잘합니다.	① [타인] バスケが上手です。
	= バスケがうまいです。
	// 森先輩はバスケがめちゃうまいで す。(모리 선배는 농구를 엄청 잘합니다.)
	② [본인] バスケが得意です。
	// 僕はスポーツの中でバスケが 一番得意です。 (나는 운동 중에서 농구를 제일 잘합니다.)

농담 그만하세요.	冗談やめてください。 = 冗談よしてください。 ← 二階から飛び降りられるよ。 (2층에서 뛰어내릴 수 있어요.)
농담 아닙니다.	冗談じゃありません。 = 冗談じゃないです。
농땡이 피우지마.	さぼんなよ。= なまけんなよ。

누

누가 그랬어!	①[말] 誰が言ったの! = 誰がそんなこと言ったの! = 誰が言ったんだ! = 誰がそんなこと言ったんだ! ②[행동] 誰がしたの! = 誰がこんなことしたの! = 誰がしたんだ! = 誰がこんなことしたんだ!
누구냐?	お前一体誰だ。(넌 대체~)
누구누구입니까?	誰々ですか。 → 森さん、林さん、山田さんと私です。 (모리씨, 하야시씨, 야마다씨 그리고 저입니다.)
누구를 닮았습니까?	誰に似ていますか。

= 誰<ruby>だれ</ruby>に似<ruby>に</ruby>てますか。

→ ⓐ 歌手<ruby>かしゅ</ruby>のカゴちゃんに似<ruby>に</ruby>ています。
(가수인 카고짱을 닮았어요.)

ⓑ お父<ruby>とう</ruby>さん似<ruby>に</ruby>です。(아버지를 닮았어요.)

누구를 찾습니까?

誰<ruby>だれ</ruby>を探<ruby>さが</ruby>しているんですか。

= 誰<ruby>だれ</ruby>をお尋<ruby>たず</ruby>ねでしょうか。

→ 森先生<ruby>もりせんせい</ruby>にお会<ruby>あ</ruby>いしたいのですが。
(모리 선생님을 뵙고 싶은데요.)

누구세요?

誰<ruby>だれ</ruby>ですか。= どなたですか。

= どなた様<ruby>さま</ruby>ですか。= どちら様<ruby>さま</ruby>ですか。

= どちら様<ruby>さま</ruby>でしょうか。

누군가가 찔렀나봐.

[선고] 誰<ruby>だれ</ruby>かちくったみたい。

누누히 얘기했잖아!

何回<ruby>なんかい</ruby>も言<ruby>い</ruby>ったでしょ!

= 何回<ruby>なんかい</ruby>も言<ruby>い</ruby>っただろ!

누룽지를 좋아합니다.

おこげが好<ruby>す</ruby>きです。

누명을 벗었어요.

疑<ruby>うたが</ruby>いが晴<ruby>は</ruby>れました。

누명을 썼습니다.

濡<ruby>ぬ</ruby>れ衣<ruby>ぎぬ</ruby>を着<ruby>き</ruby>せられました。

누우세요.

横<ruby>よこ</ruby>になってください。

// 疲<ruby>つか</ruby>れてるでしょうから早<ruby>はや</ruby>く横<ruby>よこ</ruby>になってください。(피곤할텐데 빨리 ~)

142

누워서 떡먹기야.	<ruby>朝飯前<rt>あさめしまえ</rt></ruby>だよ。 = おちゃのこさいさいだよ。 = ちょろいもんだよ。

눅눅해졌어.	しけてる。

눈가리고 아웅한다.	<ruby>臭<rt>くさ</rt></ruby>い<ruby>物<rt>もの</rt></ruby>に<ruby>蓋<rt>ふた</rt></ruby>。
눈감아 보세요.	<ruby>目<rt>め</rt></ruby>をつぶってください。
눈감아주는 것도 한계가 있지.	<ruby>大目<rt>おおめ</rt></ruby>に<ruby>見<rt>み</rt></ruby>てやるのにもほどがある。
눈물 닦아.	<ruby>涙拭<rt>なみだぬぐ</rt></ruby>って。 // <ruby>元気出<rt>げんきだ</rt></ruby>して<ruby>涙拭<rt>なみだぬぐ</rt></ruby>って。(힘내고 ~)
눈속임은 안통해.	ごまかしは<ruby>利<rt>き</rt></ruby>かないよ。
눈앞이 캄캄해요.	<ruby>お先真<rt>さきま</rt></ruby>っ<ruby>暗<rt>くら</rt></ruby>です。
눈에 띕니다.	<ruby>目<rt>め</rt></ruby>につきます。
눈에 콩깍지가 씌다.	<ruby>痘痕<rt>あばた</rt></ruby>もえくぼ。
눈엣가시처럼 생각하나봐.	<ruby>目<rt>め</rt></ruby>の<ruby>敵<rt>かたき</rt></ruby>にしてるみたい。

눈이 나빠서 잘 안보여.	目が悪くてよく見えない。
눈이 내립니다.	① [현재] 雪が降っています。 ② [일기예보] 雪が降る見込みです。
눈이 삐었구나!	目がおかしいよ。 = 目がどうにかしてるよ。
눈치없게!	気が利かないなぁ! = 気が利かないんだから!
눈치챘구나!	気付いたんだ!
눈코뜰새없이 바빠요.	目が回るほど忙しいです。

눕고 싶습니다.	横になりたいです。

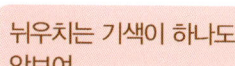

뉘우치는 기색이 하나도 안보여.	全然反省の気配がない。

느긋하게 쉬다 가자.	のんびり休んで行こう。

느끼합니다.	[요리] 脂^{あぶら}っこいです。

느낌이 어떻습니까?

どんな感^{かん}じですか。

➡ ⓐ いいですね。

= なかなかですね。(괜찮네요.)

ⓑ まあまあです。(그런대로요.)

ⓒ あまりよくありません。

= あんまりです。(별로입니다.)

ⓓ よくありません。

= よくないです。(안 좋습니다.)

느닷없이 무슨 소리야?	急^{きゅう}に何^{なに}言^いってんの。
느려터졌다니까!	のろいんだから!
느림보야!	のろま!
느슨하게 묶어주세요.	緩^{ゆる}く結^{むす}んでください。 = 緩^{ゆる}くしばってください。

늑장부리지마.	ぐずぐずしないで。

늘 그래요.	いつもそんな感^{かん}じです。

늘 바쁩니다.	いつも忙しいです。
늘씬하네.	すらっとしてるね。
늘어놓지좀 마.	[정리정돈] 散らかさないで。
늘 운동합니다.	① [매일] 毎日運動します。 = 毎日運動しています。 ② [항상] いつも運動しています。

능력이 그것밖에 안돼?!	それしかできないのか!
능률이 오르질 않아요	能率が上がりません。
능숙하네.	上手だね。 = 達者だね。
능청떨지 마세요.	とぼけないでください。 = 白を切らないでください。

늦게와서 미안합니다.	遅くなってすみません。 = 遅れてすみません。
늦겠다.	[지각] 遅刻だ! = 遅れる! = 遅れそう!

늦어서 먼저 갈게!	遅れたから先行くね。 = 遅れたから先行くな。
늦었습니다.	遅れました。= 遅くなりました。 // 30分遅れました。(30분~)
늦잠 자면 안됩니다.	寝坊したらだめですよ。 = 寝坊しちゃいけませんよ。 *寝坊 = 朝寝坊
늦장부리지 좀 마.	ぐずぐずしないで。 = ぐずぐずすんなよ。

다

다가오지 마!	<ruby>近寄<rt>ちかよ</rt></ruby>らないで!
다그치면 역효과야.	[재촉] <ruby>催促<rt>さいそく</rt></ruby>したら<ruby>逆効果<rt>ぎゃくこうか</rt></ruby>だよ。
다 끝나갑니다.	[완성] ほとんど<ruby>終<rt>お</rt></ruby>わりました。(거의~)
다 나 때문이야!	<ruby>全部<rt>ぜんぶ</rt></ruby><ruby>私<rt>わたし</rt></ruby>のせいよ! = <ruby>全部<rt>ぜんぶ</rt></ruby><ruby>僕<rt>ぼく</rt></ruby>のせいだ! = <ruby>全部<rt>ぜんぶ</rt></ruby><ruby>俺<rt>おれ</rt></ruby>のせいだ! * <ruby>全部<rt>ぜんぶ</rt></ruby> = <ruby>全<rt>すべ</rt></ruby>て
다 내 잘못입니다.	<ruby>全部<rt>ぜんぶ</rt></ruby><ruby>私<rt>わたし</rt></ruby>の<ruby>過<rt>あやま</rt></ruby>ちです。 = <ruby>全部<rt>ぜんぶ</rt></ruby><ruby>私<rt>わたし</rt></ruby>の<ruby>落<rt>お</rt></ruby>ち<ruby>度<rt>ど</rt></ruby>です。 = <ruby>全部<rt>ぜんぶ</rt></ruby><ruby>私<rt>わたし</rt></ruby>の<ruby>手落<rt>てお</rt></ruby>ちです。 = <ruby>全部<rt>ぜんぶ</rt></ruby><ruby>私<rt>わたし</rt></ruby>の<ruby>過失<rt>かしつ</rt></ruby>です。 = <ruby>全部<rt>ぜんぶ</rt></ruby><ruby>私<rt>わたし</rt></ruby>の<ruby>失策<rt>しっさく</rt></ruby>です。 = <ruby>全部<rt>ぜんぶ</rt></ruby><ruby>私<rt>わたし</rt></ruby>のミスです。 ➡ あまり<ruby>気<rt>き</rt></ruby>になさらないでください。 (너무 신경쓰지 마세요.)
다 내 탓입니다.	<ruby>全部<rt>ぜんぶ</rt></ruby><ruby>私<rt>わたし</rt></ruby>のせいです。 = <ruby>全<rt>すべ</rt></ruby>て<ruby>私<rt>わたし</rt></ruby>のせいです。 * <ruby>私<rt>わたし</rt></ruby> = <ruby>僕<rt>ぼく</rt></ruby> = <ruby>俺<rt>おれ</rt></ruby>
다 너 때문이야!	[원망] <ruby>全部<rt>ぜんぶ</rt></ruby><ruby>お前<rt>まえ</rt></ruby>のせいだ! = <ruby>全部<rt>ぜんぶ</rt></ruby><ruby>君<rt>きみ</rt></ruby>のせいだ! = <ruby>全部<rt>ぜんぶ</rt></ruby>あんたのせいよ!

다녀오겠습니다.	行って来ます。
다녀왔습니다.	ただいま。
다다익선 아니야?	多ければ多いほどいいんじゃないの。
다단계(판매)에 빠져있대.	マルチ商法にはまってるって。
다 되어갑니다.	もうすぐです。
다들 잘 지내십니까?	みんな元気ですか。 = みなさんお元気ですか。 ➡ おかげさまでみんな元気です。 　= おかげさまでみんな元気にやって 　　おります。(덕분에 다들 잘 있습니다.)
다들 조심해.	みんな気を付けて!
다락방에서 살아요.	屋根裏部屋に住んでいます。
다래끼 났어.	[눈병] ものもらいができた。
다려야될 것 같은데?	[다림질] アイロンがけしたほうがいいん じゃない?
다른거 더 필요한 것 없어요?	他に必要なものはありませんか。 = 他に必要なものはございませんか。 ➡ ありません。(아니요.)
다른건 없습니다.	他のはありません。

다른 약속이 생겼습니다.	他の約束ができました。 = 他の用事ができました。
다른 약속이 있습니까?	他の約束がありますか。 = 他の用事がありますか。 ➡ ないです。= ありません。(없습니다.)
다리가 부러졌습니다.	足の骨が折れました。 = 足を骨折しました。
다리가 부었어요.	足が腫れています。
다리가 아파요.	足が痛いです。
다리 떨지 마.	貧乏ゆすりすんな。
다리를 삐었어요.	足をくじきました。
다리미질하고 있었어요.	アイロンをかけていました。 = アイロンがけしていました。
다리에 쥐가 납니다.	足がつりました。
다리에 타박상을 입었습니다.	足に打撲傷を負いました。
다리 저려!	足、しびれる!
다 보여.	丸見えだよ。= 全部見えてるよ。
다수결로 정하자.	多数決で決めよう。

다시 말해서.	①[즉] つまり ②[환언] 言い替えれば
다시 한 번 해보자.	もう1回やってみよう。
다시 해 봐!	もう1回やってみて! = もう1回やってみろ!
다신 보지 말자.	[이별·설교] もう会うのやめよう。
다 썼습니다.	①[작성] 全部書きました。 ②[고갈] 使い切りました。 // サンプルは1週間で使い切りました。(샘플은 1주일만에~.)
다양한 의견이 나왔습니다.	様々な意見が出ました。 = 色んな意見がありました。
다 왔습니다.	[도착] ほとんど着きました。 = もうすぐ着きます。(기의 ~)
다음에 다시오겠습니다.	また来ます。= 出直します。
다음에 또 모이자.	またみんなで会おう。= また集まろう。
다음에 또 오십시오!	[음식점] またお越しくださいませ。 = またお越しください。
다음에 또 봐요!	じゃ、また。= では、また。= また今度。
다음엔 뭐 해야돼?	次は何したらいいの。

다음역에서 내립니다.	次の駅で降ります。
다음주 금요일 걸로 예약됩니까?	来週の金曜日に予約できますか。 ➡ ⓐ はい。できます。 = はい。できますよ。(그럼요.) ⓑ もちろんです。 = もちろんできます。(물론이죠.)

다음주라면 시간이 될 것 같네요.	来週なら時間が空きそうです。
	
	관련표현
	来週 (다음 주)
	// 来週の月曜日 (다음 주 월요일)
	// 来週の火曜日 (다음 주 화요일)
	// 来週の水曜日 (다음 주 수요일)
	// 来週の木曜日 (다음 주 목요일)
	// 来週の金曜日 (다음 주 금요일)
	// 来週の土曜日 (다음 주 토요일)
	// 来週の日曜日 (다음 주 일요일)

다음회는 몇시에 합니까?	[공연·영화·연극] 次回は何時に始まりますか。➡ 六時半に始まります。(6시 반입니다.)
다 이를꺼야.	全部言い付けるからね。 = 全部言い付けてやる。
다이어트 중이에요?	ダイエット中ですか。 ➡ はい、ダイエット中です。 (네, 다이어트중입니다.)

다 준비됐습니다.	<ruby>全<rt>すべ</rt></ruby>て<ruby>用意<rt>ようい</rt></ruby>できました。 = <ruby>全<rt>すべ</rt></ruby>て<ruby>整<rt>ととの</rt></ruby>いました。 = <ruby>全<rt>すべ</rt></ruby>て<ruby>準備<rt>じゅんび</rt></ruby>できました。
다짜고짜 그게 무슨 말이야?	<ruby>急<rt>きゅう</rt></ruby>に<ruby>何<rt>なに</rt></ruby><ruby>言<rt>い</rt></ruby>ってんの。 = <ruby>急<rt>きゅう</rt></ruby>に<ruby>何<rt>なに</rt></ruby><ruby>言<rt>い</rt></ruby>ってんだよ。
다짜고짜 때렸다니까요.	いきなり<ruby>殴<rt>なぐ</rt></ruby>りつけてきたんですよ。
다쳤어요?	<ruby>怪我<rt>けが</rt></ruby>したんですか。 ➡ いいえ。<ruby>大丈夫<rt>だいじょうぶ</rt></ruby>です。(아니요. 괜찮아요.) // どこを<ruby>怪我<rt>けが</rt></ruby>したんですか。(어디~) ➡ どこも<ruby>怪我<rt>けが</rt></ruby>してません。 (아무데도 안다쳤어요.)
다크서클이 생겼어요.	クマができました。
다크서클 장난이 아니야.	クマがすごいよ。 // あの<ruby>人<rt>ひと</rt></ruby><ruby>疲<rt>つか</rt></ruby>れてるのかな。クマがすごいよ。(저 사람 피곤한가봐. ~)
다투었구나?	ケンカしたんだ。
다투지 마세요.	ケンカしないでください。 = <ruby>争<rt>あらそ</rt></ruby>わないでください。
다행이네.	よかったね。= よかったな。
다혈질이라니까.	すぐカッとなるんだから。

| 닥쳐! | <ruby>黙<rt>だま</rt></ruby>れ! |
| 닥치는대로 먹어대고 있습니다. | <ruby>手当<rt>てあ</rt></ruby>たりしだいに<ruby>食<rt>た</rt></ruby>べています。 |

| 닦아 주세요. | ① [훔치다] <ruby>拭<rt>ふ</rt></ruby>いてください。
// テーブルの<ruby>上<rt>うえ</rt></ruby>を<ruby>拭<rt>ふ</rt></ruby>いてください。
(테이블 위 좀~.)
② [광을 내다] <ruby>磨<rt>みが</rt></ruby>いてください。
// <ruby>寝<rt>ね</rt></ruby>る<ruby>前<rt>まえ</rt></ruby>は<ruby>必<rt>かなら</rt></ruby>ず<ruby>歯<rt>は</rt></ruby>を<ruby>磨<rt>みが</rt></ruby>いてください。
(자기 전에는 꼭 이를~.) |

단거리 달리기는 자신 있습니다.	<ruby>短距離走<rt>たんきょりそう</rt></ruby>は<ruby>得意<rt>とくい</rt></ruby>です。
단 것을 무지 좋아해요.	<ruby>甘党<rt>あまとう</rt></ruby>です。
단계는 지났다고 생각합니다.	そういう<ruby>段階<rt>だんかい</rt></ruby>は<ruby>過<rt>す</rt></ruby>ぎたと<ruby>思<rt>おも</rt></ruby>います。(그럴~)
단골집이에요.	<ruby>行<rt>ゆ</rt></ruby>き<ruby>付<rt>つ</rt></ruby>けの<ruby>店<rt>みせ</rt></ruby>です。 = <ruby>馴染<rt>なじ</rt></ruby>みの<ruby>店<rt>みせ</rt></ruby>です。
단념하시지.	<ruby>諦<rt>あきら</rt></ruby>めなさい。= <ruby>諦<rt>あきら</rt></ruby>めろ。= <ruby>諦<rt>あきら</rt></ruby>めるんだな。

단단히 화났구나.	<ruby>相当<rt>そうとう</rt></ruby><ruby>怒<rt>おこ</rt></ruby>ってるね。
단도직입적으로 말하겠습니다.	<ruby>単刀直入<rt>たんとうちょくにゅう</rt></ruby>に<ruby>申<rt>もう</rt></ruby>します。 = <ruby>単刀直入<rt>たんとうちょくにゅう</rt></ruby>に<ruby>言<rt>い</rt></ruby>います。
단둘이서 어디 갔던거야?	<ruby>二人<rt>ふたり</rt></ruby>きりでどこ<ruby>行<rt>い</rt></ruby>ってたの？
단맛 쓴맛 다 맛보다.	<ruby>辛酸<rt>しんさん</rt></ruby>をなめる。
단면이 날카롭습니다.	<ruby>断面<rt>だんめん</rt></ruby>が<ruby>鋭<rt>するど</rt></ruby>いです。
단무지 있습니까?	たくあん、ありますか。 = たくあん、ありませんか。
단박에 베스트셀러가 됐어요.	<ruby>立<rt>た</rt></ruby>ちどころにベストセラーになりました。
단발이 더 잘 어울려.	ボブのほうが<ruby>似合<rt>にあ</rt></ruby>ってるよ。
단서가 하나도 없어요.	<ruby>全然<rt>ぜんぜん</rt></ruby><ruby>手<rt>て</rt></ruby>がかりがありません。
단속을 강화하고 있대요.	<ruby>取<rt>と</rt></ruby>り<ruby>締<rt>し</rt></ruby>まりを<ruby>強化<rt>きょうか</rt></ruby>してるそうです。
단순하게 생각해!	<ruby>単純<rt>たんじゅん</rt></ruby>に<ruby>考<rt>かんが</rt></ruby>えろ！ = <ruby>単純<rt>たんじゅん</rt></ruby>に<ruby>考<rt>かんが</rt></ruby>えなさい。
단점없는 사람이 어딨어?	[반어법] <ruby>短所<rt>たんしょ</rt></ruby>のない<ruby>人<rt>ひと</rt></ruby>なんかいないよ。
단짝이라면서 그런 것도 몰라?	<ruby>親友<rt>しんゆう</rt></ruby>のくせにそんなことも<ruby>知<rt>し</rt></ruby>らないの。
단체로 갈 겁니까? 배낭여행으로 갈 겁니까?	<ruby>団体<rt>だんたい</rt></ruby>で<ruby>行<rt>い</rt></ruby>きますか。それともバックパッカーで<ruby>行<rt>い</rt></ruby>きますか。 ➡ バックパッカーで<ruby>行<rt>い</rt></ruby>きます。(배낭여행이요.)

단체전에는 강해.	団体戦には強いよ。
단추 채워!	ボタンしめて!
단풍놀이 가지 않을래요?	紅葉狩りに行きませんか。
단풍이 정말 아름답습니다.	紅葉が本当にきれいです。 = 紅葉がとても美しいです。
단행본인가요?	単行本ですか。

달

달갑지 않은 모양이네.	嬉しくないみたいだね。
달걀요리 조리법을 소개합니다.	卵料理のレシピをご紹介致します。
달고 맛있습니다.	甘くておいしいです。
달랑 이거야?	これっぱち?
달러로 지불하겠습니다.	ドルで払います。
달러를 엔화로 환전해 주세요.	ドルを円に両替してください。
달력에 생일을 적어놓았습니다.	カレンダーに誕生日を記しておきました。
달리기는 자신있어요.	かけっこは得意です。 = かけっこは自信あります。

달리 방법이 없습니다.	他_{ほか}に方法_{ほうほう}がありません。 = 他_{ほか}に手_てがありません。 // これ以外_{いがい}は他_{ほか}に方法_{ほうほう}がありません。 (이것 말고는~)
달빛이 마당을 환히 비치고 있습니다.	月光_{げっこう}が庭_{にわ}を明_{あか}るく照_てらしています。
달아나!	逃_にげろ! // 早_{はや}く逃_にげろ! (어서~)
달아나지마!	逃_にげないで! = 逃_にげるな! = 逃_にげんな!
달팽이를 키우고 있습니다.	カタツムリを飼育_{しいく}しています。

닭고기는 못먹어요.	鶏肉_{とりにく}は苦手_{にがて}です。
닭살 돋아!	鳥肌_{とりはだ}立_たつ!

닮았습니까?	誰_{だれ}に似_にていますか。 = 誰_{だれ}に似_にてますか。(누굴~) ➡ ⓐ お父_{とう}さん似_にです。 　 = お父_{とう}さんに似_にています。 　 (아빠를 닮았습니다.) ⓑ お母_{かあ}さん似_にです。

= お母さんに似ています。
(엄마를 닮았습니다.)

담당자를 불러주세요.	担当者を呼んでください。
담배 꽁초가 눈에 띕니다.	タバコの吸殻が目につきます。
담배 끊었습니다.	タバコは止めました。
담배 피우면 안됩니다.	[허가] タバコを吸ってはいけません。
담배 피우지 마세요.	タバコを吸わないでください。
담배 피워도 됩니까?	タバコを吸ってもいいですか。 ➡ ご自由にどうぞ。(편하실 대로요.) // ここでタバコを吸ってもいいですか。 (여기에서~) ➡ ⓐ 構いません。= いいですよ。(됩니다.) ⓑ いけません。= だめです。(안 됩니다.) ⓒ ここは禁煙です。(여기는 금연입니다.)
담백한게 좋아요.	[요리] あっさりしたものがいいです。 = あっさりしたものがいいですね。 // 暑い時はやっぱりあっさりしたもの がいいですね。(더울 때에는 역시~) ➡ そうですね。(맞아요.)

담요 한장 갖다 주세요.	[기내] 毛布 1 枚お願いします。 = 毛布 1 枚お願いできますか。
담이 작습니다.	肝が小さいです。

답답하지 않습니까?	① [마음이 쓰임] 気がかりじゃないですか。
	= 心配じゃないですか。
	② [숨막힘] 息苦しくないですか。
	// 空気が悪いのかな。ちょっと息苦
	しくないですか。(공기가 안좋은건가? 좀~)
	③ [짜증남] いらいらしませんか。
	// あの人は何を聞いても答えがなく
	ていらいらしませんか。
	(그 사람은 뭘 물어봐도 대답이 없어서~)
	④ [감정] 憂鬱じゃないですか。
	// 毎日部屋の中にばかりいると憂鬱
	じゃないですか。(매일 집에만 있으면~)
	➡ⓐ 全然そう感じません。
	(전혀 그렇게 느끼지 않아요.)
	ⓑ ちょっとはそうかも知れないで
	すね。(조금은 그래요.)

답답해 죽겠어요!	① [마음이 쓰임] 心配でたまりません。

// 旅行に行ったきり連絡が途切れて
心配でたまりません。
(여행을 떠난 후로 연락이 끊겨~)

② [숨막힘] 息が詰まって死にそうです。
// 彼といると何もしゃべらないし、息
が詰まって死にそうです。
(그와 함께 있으면 아무말도 하지 않아~)

답안지를 배부하겠습니다.	答案用紙を配ります。
답장 기다리고 있을게요.	返事、待ってます。
답지않게 왜그래?	らしくないじゃん。どうしたの。

당

당구나 치러 갈까?	ビリヤードでもしに行こうか。 // 暇だし、ビリヤードでもしに行こうか。 (할 일도 없는데~)
당근은 못 먹어요.	にんじんは苦手です。
당뇨병 진단을 받았습니다.	糖尿病と診断されました。
당당히 합격했어요!	堂々と合格しました！
당번 누구야?!	当番誰だよ。
당분간 떨어져 지내자.	しばらくの間、離れて過ごそう。

당사자가 아니면 모르는거지.	本人じゃないと分からないよ。
당신거지요?	あなたのですね。= 君のですね。 ➡ はい、私のです。どうもありがとう。 (제겁니다. 고맙습니다.)
당신만 믿습니다.	[부탁] 頼みます! = 頼みますよ! = 頼りにしてます! = 頼りにしてますよ!
당연히 그도 가야 합니다.	当然彼も行くべきです。
당일에 도착할 수 있습니다.	1日で着きます。= 当日に着きます。
당일치기로 다녀오려고.	日帰りで行って来るつもり。
당장 나가!	早く出て行け! = 今すぐ出て行け! = 直ちに出て行け!
당장 시작하겠습니다.	すぐ始めます。= 今すぐ始めます。

당첨됐습니다.	当たりです。= 当たりました。
	// 宝くじが当たりました。(복권에서~)
	// くじびきで当たりました。(제비뽑기로~)

당했다!	やられた!
당황하지 마세요.	慌てないでください。 = うろたえないでください。

대

대금결제는 카드세요?	お支払いはカードでよろしいですか。
대금결제는 현금이세요?	お支払いは現金でよろしいですか。 = お支払いはキャッシュでよろしいですか。
대낮부터 술마시게?	真っ昼間から飲むつもり?
대놓고 뭐라고 할 수 없잖아.	面と向かって言えないじゃん。
대단하긴 뭐가 대단해.	[상대를 펌하] 別にすごくないじゃん。 = どうってことないじゃん。
대단하다!	[사물·경치] すごい! = すばらしい! [사람] すごい! = すばらしい! = えらい! // これ、一人でやったの? えらいね。 (이거 혼자한거야? ~)
대단히 감사합니다.	どうもありがとうございます。 = どうもありがとう。 = ありがとうございます。 = どうも。 // どうもありがとうございました。 = ありがとうございました。

대답해봐!	答えてみてよ! = 答えてみろよ!
대략 몇 시간 걸립니까?	大体何時間くらいかかりますか。 = およそ何時間くらいかかりますか。 = ざっと何時間くらいかかりますか。 = 約何時間かかりますか。 ➡ 2時間くらいかかります。(2시간 정도요.)
대략 몇 시입니까?	大体何時ですか。 // 新幹線の始発と最終時刻は大体 何時ですか。(신칸센의 첫차와 막차의 시간은~)
대리점에서도 취급하고 있습니다.	代理店でも扱っています。
대머리랑은 절대 결혼 못 해!	はげとは絶対結婚できない!
대문짝만하게 실렸어.	[인쇄물] どデカく載ってるよ。
대반전이다!	大どんでん返し!
대사관은 어디에 있습니까?	大使館はどこにありますか。 ➡ この近くにあります。(부근에요.)
대식가입니다.	大食いです。 // 見かけによらず大食いです。 (보기와달리~)
대접하겠습니다.	おもてなし致します。

대중목욕탕에서 때를 밀면 신기한 눈으로 쳐다봅니다.	銭湯で垢すりをすると珍しがられます。
대청소하던 중이었어요.	大掃除をしてたところです。
대출받았어요.	[부채] ローンを組みました。
대충대충합시다.	適当にしましょう。 = 適当にしましょうよ。
대충 치워놨어.	おおざっぱに片付けといたよ。
대통령은 누구입니까?	大統領は誰ですか。
대학교에 다니고 있습니다.	大学に通っています。 = 大学に行っています。
대학에 떨어졌습니다.	大学に落ちました。
대학을 졸업했습니다.	大学を卒業しました。 // 大阪大学を卒業しました。(오사카~)
대한항공 카운터는 어디에 있습니까?	大韓航空のカウンターはどこにありますか。 ➡ 一番奥にあります。(제일 안쪽에요.)
대합실에서 잠시만 기다려주세요.	待合室でしばらくお待ちください。
대화중에 끼어들어 죄송합니다.	お話の途中すみません。

164

	= お話の途中申し訳ありません。
	= お話の途中申し訳ございません。
대환영이에요!	大歓迎です!

더 기다려야 합니다.	もう少し待たなければいけません。(좀〜)
더 놀다가 가세요.	もっと遊んで行ってください。
더는 못 참겠습니다.	もう我慢できません。
	= これ以上は我慢できません。
	= これ以上は耐えられません。
더러워!	汚い! = 汚いわね! = 汚いなぁ!
더러워졌습니다.	汚れてしまいました。
	// 転んでおニューの服がすっかり汚れ
	てしまいました。(넘어져서 새옷이 완전히〜)
더럽게 쪼잔하네.	超ケチくさい!
더부살이 하고 있어요.	居候中です。
더워요!	暑い! = 暑いよ!
	= 暑いっすよ! = 暑いです!
	// 暑すぎる! (너무〜)

더워죽겠어요.	暑くて死にそう。
더위를 엄청 타요.	すごく暑がりなんです。
더위 먹었어요?	<mark>夏バテですか。</mark> ➡ いいえ。まだ大丈夫です。 (아니요. 아직 괜찮습니다.)
더 이상 괴로워하지 마세요.	もう苦しまないでください。 = これ以上苦しまないでください。
더 이상 드릴 말씀이 없네요.	これ以上言うことはありません。
더 이상 마음쓰지 마세요.	これ以上気を使わないでください。
더 좋은 생각이 있습니까?	これよりいい考えがありますか。 = これよりいい考えがございますか。 ➡ ありません。(없습니다.)
더치페이로 합시다.	<mark>[음식값] 割り勘にしましょう。</mark>
더 크게 좀 말씀해 주세요.	もう少し大きな声で言ってください。 = もっと大きな声で言ってください。 = もう少し大きな声でおっしゃってください。

덕

덕분에 많은 도움이 됐습니다.	おかげ様でとても助かりました。

덕분에 아주 잘 끝냈어요.	= おかげ様でとても役に立ちました。 [행사를] おかげ様で無事終わらせることができました。
덕분에 잘 지내고 있습니다.	おかげ様で元気にやっております。
덕분입니다.	あなたのおかげです。(당신~)

덜 떨어지긴!	ばかなんだから。= あほなんだから。 // まったく! ばかなんだから。(정말~) ➡ なんだと。この野郎! (뭐라고, 이 자식이!)
덜 떨어진것들!	ばかな奴らめ! = あほな奴らめ!
덜렁대긴!	そそっかしいなぁ!
덜어주세요.	[줄임] 減らしてください。

덤벙거린다니까!	そそっかしいんだから。
덤벼!	かかって来い!
덤으로 받았어.	おまけでもらったんだ。

덥

덥석덥석 받아오지 말라니까!	何^{なん}でももらって来^こないの!
덥습니다.	暑^{あつ}いです。
덥지는 않아요.	暑^{あつ}くはないです。

덧

덧니가 귀엽네요.	八重歯^{やえば}がかわいいですね。
덧셈은 자신 있습니다.	足^たし算^{ざん}は自信^{じしん}あります。
덧입을 것도 갖고 오세요.	上^{うえ}に着^きるものも持^もってきてください。

덩

덩달아 웃어버렸어.	つられて笑^{わら}っちゃった。
덩치에 안어울려.	図体^{ずうたい}に似合^{にあ}わないよ。

데

데굴데굴!	① [물건이 구르는 소리] 〈작은 것〉 ころころ ② 〈큰 것〉 ごろごろ

데려다 주시는 거에요?	<ruby>送<rt>おく</rt></ruby>ってくれるんですか。
	➡ はい。<ruby>心配<rt>しんぱい</rt></ruby>ですから。(네. 걱정이 되서요.)
데려다 줄게요.	<ruby>家<rt>いえ</rt></ruby>まで<ruby>送<rt>おく</rt></ruby>ります。(집까지~)
	➡ いいです。バスに<ruby>乗<rt>の</rt></ruby>って<ruby>行<rt>い</rt></ruby>きますから。(아니에요. 버스 타고 갈게요.)
데려다 줘서 고마워, 조심해서 가.	<mark><ruby>送<rt>おく</rt></ruby>ってくれてありがとう。<ruby>気<rt>き</rt></ruby>を<ruby>付<rt>つ</rt></ruby>けて<ruby>帰<rt>かえ</rt></ruby>ってね。</mark>
데리고 가!	<ruby>連<rt>つ</rt></ruby>れて<ruby>行<rt>い</rt></ruby>け。 = <ruby>連<rt>つ</rt></ruby>れてって。
	= <ruby>連<rt>つ</rt></ruby>れてけ。
데었습니까?	[화상] <ruby>火傷<rt>やけど</rt></ruby>したんですか。
	➡ はい。でもすぐ<ruby>応急手当<rt>おうきゅうてあて</rt></ruby>したんで<ruby>大丈夫<rt>だいじょうぶ</rt></ruby>です。
	(네. 하지만 금방 응급조치해서 괜찮아요.)
데워주세요.	[음식을] <ruby>温<rt>あたた</rt></ruby>めてください。
	= あっためてください。
	// もう<ruby>一度<rt>いちど</rt></ruby><ruby>温<rt>あたた</rt></ruby>めてください。(다시 한 번~)
데이트가 있습니다.	デートがあります。
데이트합시다.	デートしましょう。
데이트했습니다.	デートしました。
데인 상처가 심합니까?	<ruby>火傷<rt>やけど</rt></ruby>がひどいですか。

→ かなりひどいです。(상당히 심합니다.)

도

도금이 벗겨졌어요.	めっきがはげました。
도깨비불을 봤어요!	人魂を見ました！
도난 당했습니다.	盗まれました。
도대체 무슨 난리야?	一体何の騒ぎだ。 = 一体何の騒ぎよ。 → なんでもないよ。= なんでもないわよ。 = なんでもないわ。(아무 일도 아니야.)
도덕관념이 희박한 사람입니다.	道徳観念の薄い人です。
도둑 고양이가 있네.	野良猫がいる。= 野良猫がいるよ。 = 野良猫がいるね。
도둑 맞았습니다.	盗まれました。= 盗られました。
도둑이야!	① どろぼう！ ② [소매치기] すりよ！= すりだ！
도둑 잡아라!	泥棒を捕まえろ！
도로 갖다놔.	元どおりに戻しといて。
도로아미타불이야.	[원점복귀] パァだよ。

| 도리어 내가 더 고맙지. | むしろこっちのほうがありがたいよ。 |
| | ※ むしろ = 逆<ruby>逆<rt>ぎゃく</rt></ruby>に = かえって |

| 도망쳐! | 逃<ruby>に</ruby>げて! // 遠<ruby>とお</ruby>くへ逃<ruby>に</ruby>げて! (멀리~) |

| 도무지 알 수가 없어. | さっぱり分<ruby>わ</ruby>かんないよ。 |

| 도박은 절대 안돼! | ギャンブルは絶対<ruby>ぜったい</ruby>だめだよ。 |

| 도보 10분정도 거리에요. | 歩<ruby>ある</ruby>いて10分<ruby>ぶん</ruby>くらいの距離<ruby>きょり</ruby>です。 |

도서관은 어떻게 갑니까?	図書館<ruby>としょかん</ruby>にはどうやって行<ruby>い</ruby>きますか。
	➡ まっすぐ行<ruby>い</ruby>けばあります。
	(앞으로 곧장 가면 됩니다.)

| 도서대출기간은 얼마나 됩니까? | 本<ruby>ほん</ruby>の貸<ruby>か</ruby>し出<ruby>だ</ruby>し期間<ruby>きかん</ruby>はどのくらいですか。 |
| | ➡ 1週間<ruby>しゅうかん</ruby>です。(일주일입니다.) |

도시락 가지고 왔습니까?	お弁当<ruby>べんとう</ruby>は持<ruby>も</ruby>って来<ruby>き</ruby>ましたか。
	➡ ⓐ 持<ruby>も</ruby>ってきました。(가지고 왔습니다.)
	ⓑ 忘<ruby>わす</ruby>れてしまいました。
	(가지고 오는 걸 깜박했습니다.)
	ⓒ 持<ruby>も</ruby>って来<ruby>こ</ruby>れませんでした。
	(못 가져왔습니다.)

도와드릴까요?	お手伝<ruby>てつだ</ruby>いしましょうか。
	= 手伝<ruby>てつだ</ruby>いましょうか。
	➡ ありがとうございます。(감사합니다.)

| 도와주세요. | ① [거들어줌] 手伝<ruby>てつだ</ruby>ってください。 |

// 夕食の支度を手伝ってください。
(저녁식사준비하는 것을~)

② [위험] 助けてください。

// ちかんに追われています。助けて

ください。(치한에게 쫓기고 있어요. ~)

도와주셔서 감사합니다.

① [거들어줌] 手伝ってくださってありがとう

ございます。

= 手伝ってくださってどうもありがと

う ございます。

// お忙しい中手伝ってくださってあ

りがとうございます。

= お忙しい中手伝ってくださってどう

もありがとうございます。(바쁘신 데도~)

② [위험] 助けてくださってありがとうござ

います。

= 助けてくださってどうもありがとう

ございます。

도와줄래요?

① [거들어 줌] 手伝ってもらえます？

= 手伝って頂けます？

➡ 喜んで。(기꺼이)

도와줘!

① [거들어 줌] 手伝って！ = 手伝ってよ！

※남자말투 手伝えよ！

② [위험] 助けて！ = 助けてよ！

※남자말투 助けろよ！

| 도움을 드리지 못해 죄송합니다. | お役<ruby>役<rt>やく</rt></ruby>に立<ruby>立<rt>た</rt></ruby>てなくてすみません。
= お役に立てなくて申<ruby>申<rt>もう</rt></ruby>し訳<ruby>訳<rt>わけ</rt></ruby>ありません。
= お役に立てなくて申し訳ございません。 |

お役<rt>やく</rt>に立<rt>た</rt>てなくてすみません。
= お役<rt>やく</rt>に立<rt>た</rt>てなくて申<rt>もう</rt>し訳<rt>わけ</rt>ありません。
= お役<rt>やく</rt>に立<rt>た</rt>てなくて申<rt>もう</rt>し訳ございません。

도움을 드리지 못해 죄송합니다.

도움이 되었습니다.

① [위기모면] たすかりました。
　// とてもたすかりました。(큰~)
② [기여함] 役<rt>やく</rt>に立<rt>た</rt>ちました。
　// とても役<rt>やく</rt>に立<rt>た</rt>ちました。(큰~)

도움이 필요하시면 부르세요.

困<rt>こま</rt>った時<rt>とき</rt>は呼<rt>よ</rt>んでください。

도움 필요하면 언제든지 전화해요.

困<rt>こま</rt>った時<rt>とき</rt>はいつでもお電話<rt>でんわ</rt>ください。

도장 찍어주세요.

はんこを押<rt>お</rt>してください。

도저히 감당 못하겠어.

お手上<rt>てあ</rt>げ状態<rt>じょうたい</rt>だよ。

도착하면 연락 주실래요?

着<rt>つ</rt>いたら連絡<rt>れんらく</rt>頂<rt>いただ</rt>けますか。
= 着<rt>つ</rt>いたら連絡<rt>れんらく</rt>お願<rt>ねが</rt>いできますか。
➡ ⓐ はい、分<rt>わ</rt>かりました。(예. 알겠습니다.)
　ⓑ いいですよ。(좋아요.)
　ⓒ 心配<rt>しんぱい</rt>しないでください。(걱정 말아요.)

도착했습니까?

着<rt>つ</rt>きましたか。= 到着<rt>とうちゃく</rt>しましたか。
// もう駅<rt>えき</rt>に着<rt>つ</rt>いたんですか。(벌써 역에~)
➡ ⓐ はい。(예.) ⓑ まだです。(아직요.)

도토리 키재기.

どんぐりの背<rt>せい</rt>くらべ。

도화지에 그림을 그려주세요.	画用紙に絵を描いてください。

독

독감에 걸렸습니다.	インフルエンザにかかりました。
독단적으로 행동하지 마세요.	勝手な行動はやめてください。
독불장군이네.	まさにお山の大将俺一人だな。(완전~)
독서삼매경에 빠져있어요.	読書三昧です。
독신입니까?	①[단순질문] 独身ですか。 ②[이유궁금] 独身なんですか。 // 何故未だに独身なんですか。 (왜 아직도~)
독점하는게 말이 돼?	一人占めってあり？
독합니다.	[맛·냄새·알콜도수] きついです。= 強いです。
독후감 써내래.	[과제] 読書感想文書いて出せって。

돈

돈 가져왔습니까?	お金は持って来ましたか。 ➡ ⓐ 少し持って来ました。(조금 가져왔습니다.)

	ⓑ いいえ。持って来てません。 (아니요. 안 가져왔어요.)
돈 갚으세요.	お金返してください。 = お金返してもらえます？ = お金返して頂けますか。 = お金返して頂けませんか。
돈 거 아냐?	[정신이상] 狂ったんじゃないの。
돈 내놔!	[협박] 金出せ!
돈 내야돼요?	お金出すんですか。
돈 떨어지면 정도 떨어진다.	金の切れ目が縁の切れ目。
돈만 있으면 귀신도 부린다.	地獄の沙汰も金次第。
돈 부치는데 수수료가 얼마입니까?	送金手数料はいくらですか。
돈 붙였어!	[입금] お金振り込んどいたよ。
돈을 다 써버렸어요.	お金を使い果たしてしまいました。 = お金を全部使ってしまいました。 = お金を全部使っちゃいました。 *全部 = 全て
돈을 다 잃었습니다.	お金を全部失ってしまいました。 = お金を全て失ってしまいました。

175

돈을 입금하려고 합니다.	お金を振り込みたいんですが。
돈을 찾으려고 하는데요.	お金を下ろしたいんですが。 = 現金を下ろしたいんですが。
돈이 없습니다.	お金がないです。= お金がありません。
돈이 없어졌습니다.	① [정황] お金が無くなってしまいました。 ② [본인잘못] お金を無くしてしまいました。
돈 좀 빌려주세요.	お金貸してください。 = お金を借りたいんですが。

돌

돌다리도 두드리고 건너라.	石橋もたたいて渡れ。
돌대가리같으니라구.	この石頭!
돌려 드리겠습니다.	お返しします。= お返し致します。
돌려서 말하지 마세요.	遠回しに言わないでください。
돌려주세요.	[반환] 返してください。 // 早くかばんを返してください。 (어서 가방을~)
돌아가!	帰って! = 帰ってよ! ※남자말투 帰れ! = 帰れよ! // 早く帰って! = 早く帰ってよ!

	※남자말투 早_{はや}く帰_{かえ}れ! = 早_{はや}く帰_{かえ}れよ! (어서~)
돌아가세요.	① [원래장소로] 戻_{もど}ってください。 ② [집으로] 帰_{かえ}ってください。 ③ [멀리돌아감] 回_{まわ}って行_いってください。
돌아다니느라 힘들었어요.	歩_{ある}き回_{まわ}ったせいでくたくたです。
돌아버리겠네.	頭_{あたま}が変_{へん}になりそう!
돌아보고 반성 좀 해.	振_ふり返_{かえ}って反省_{はんせい}しなさい。 = 振_ふり返_{かえ}って反省_{はんせい}しろ。

돌아서!	回_{まわ}れ!
	// 回_{まわ}れ、右_{みぎ}! (우로 돌아!)
	// 回_{まわ}れ、左_{ひだり}! (좌로 돌아!)

돌아서주세요.	後_{うしろ}に回_{まわ}ってください。(뒤로~)
돌아오세요.	戻_{もど}って来_きてください。
돌아오시면 전화주세요.	戻_{もど}ったら電話_{でんわ}ください。 = 戻_{もど}ったらお電話_{でんわ}ください。 = 戻_{もど}ったらお電話_{でんわ}お願_{ねが}いします。
돌아오지 않을 겁니다.	戻_{もど}って来_こないでしょう。 = 帰_{かえ}って来_こないでしょう。
돌았니?	頭_{あたま}おかしいんじゃない? = 頭変_{あたまへん}なんじゃない? = 狂_{くる}ってんの?

➡ お前こそ頭おかしいんじゃないか？
= お前こそ頭変なんじゃないか？
= お前こそ狂ってるんじゃないか？
(너야말로 돌았구나.)

돌이킬 수 없는 짓을 저질러 버렸어.	取り返しのつかないことしちゃった。
돌팔이 같으니라구!	[무면허 의사] やぶ医者め!

동감입니다.	同感です。
동갑이에요.	ため年です。＝同い年です。
동거중이에요.	[남녀] 同棲してます。
동경의 대상이에요.	憧れの的です。
동글동글한 눈이 매력포인트에요.	くりくりした目がチャームポイントです。
동문서답하지마.	ちんぷんかんぷんなこと言わないで。
동반자살이라도 할까?	心中でもしようか。
동에 번쩍 서에 번쩍.	神出鬼没。
동전으로 좀 바꿔 주세요.	コインに換えてください。 // 10円玉に換えてください。 (10원짜리로 바꿔주세요.)

	// 50円玉に換えてください。 (50원짜리로 바꿔주세요.)
	// 100円玉に換えてください。 (100원짜리로 바꿔주세요.)
	// 500円玉に換えてください。 (500원짜리로 바꿔주세요.)
동정심이라곤 눈꼽만큼도 없다니까!	同情のかけらもないんだから！
동정하지 마세요.	同情しないでください。
동창입니다.	同級生です。

돼져버려라!	〈속어〉くたばれ！＝死ね！
돼지 같은 놈!	ぶた野郎！
돼지고기 100g에 얼마입니까?	豚肉は100gあたりいくらですか。

됐습니까?	① [완성] できましたか。 ➡ ⓐ はい (예.) ⓑ できました。(됐습니다.) ② [만족] これでいいですか。(이걸로~) ➡ いいです。(됐습니다.)

③ [도달] なったんですか。
// もう二十歳(はたち)になったんですか。
(벌써 20살이 됐어요?)

됐습니다!

① [상대방의 행위를 제지] いいです!
= もういいです!
② [완성] できました! (다~)
③ [거절] いいです。
④ [승리] やった!
⑤ [도달] なりました。
// 二十歳(はたち)になりました。(20살이~)
// 3時(じ)になりました。(3시가~)
// 先生(せんせい)になりました。(선생님이~)
// 春(はる)になりました。(봄이~)

되도록 빨리 와.

なるべく早(はや)く来(き)て。

되돌리고 싶어요.

① [시간] 戻(もど)したいです。
// 時間(じかん)を戻(もど)したいです。(시간을~)
② [사람의 마음·사물] 取(と)り戻(もど)したいです。
// 彼女(かのじょ)の心(こころ)を取(と)り戻(もど)したいです。
(그녀의 마음을~.)

되돌릴 수 없는 일을
저질러 버렸어.

取(と)り返(かえ)しのつかないことしちゃった。

된

된장국 하나 주세요.	お味噌汁一杯ください。 ＝味噌汁一杯ください。
된장은 묵을수록 맛이 좋다.	梅干と友達は古いほど良い。

될

될 것 같아?	できると思う？
될 수 있으면 담배를 삼가세요.	①[권함] なるべくタバコはお止めください。 ②[정중한 금지] タバコはご遠慮ください。
될 수 있으면 술을 삼가세요.	①[권함] なるべくお酒はお止めください。 ②[정중한 금지] お酒はご遠慮ください。
될 줄 알았지.	できると思ったんだよ。

됩

됩니까?	①大丈夫ですか。 // 約束時間は9時で大丈夫ですか。 (약속시간은 9시로~) ➡ 大丈夫です。(네!)

② [완성] いつできますか。(언제 다~)
➡ もう<ruby>少<rt>すこ</rt></ruby>しでできます。(좀 있으면 됩니다.)

두

두고 보자!	[협박] <ruby>覚<rt>おぼ</rt></ruby>えてろ!
두고 봅시다.	[일의 진행상태 대해] とりあえず<ruby>待<rt>ま</rt></ruby>ってみましょう。(일단~) = とりあえず<ruby>様子<rt>ようす</rt></ruby>を<ruby>見<rt>み</rt></ruby>てみましょう。
두 귀로 똑똑히 들었어.	この<ruby>耳<rt>みみ</rt></ruby>でしっかり<ruby>聞<rt>き</rt></ruby>いたよ。 この<ruby>耳<rt>みみ</rt></ruby>でしっかり<ruby>聞<rt>き</rt></ruby>いたわよ。※ 여자말투 この<ruby>耳<rt>みみ</rt></ruby>でしっかり<ruby>聞<rt>き</rt></ruby>いたぞ。※ 남자말투
두근거려!	ドキドキする!
두 눈 똑바로 뜨고 봐!	ちゃんと<ruby>目<rt>め</rt></ruby><ruby>開<rt>あ</rt></ruby>けてみろ! // ちゃんと<ruby>目<rt>め</rt></ruby><ruby>開<rt>あ</rt></ruby>けてみろ!これでもお<ruby>前<rt>まえ</rt></ruby>のか!(~ 이래도 너꺼야?)
두 눈으로 분명히 봤어요.	この<ruby>目<rt>め</rt></ruby>でしっかり<ruby>見<rt>み</rt></ruby>ました。
두 다리 쭉 뻗고 자겠어요.	[안심] これでもう<ruby>安心<rt>あんしん</rt></ruby>して<ruby>眠<rt>ねむ</rt></ruby>れそうです。 (이제~)
두동강 났어.	<ruby>真<rt>ま</rt></ruby>っぷたつになった。
두드러기 날 것 같아!	[혐오] ムシズが<ruby>走<rt>はし</rt></ruby>る!

	// もうその話は聞いただけでムシズが 走る! (이제 그 얘긴 듣기만 해도~.)
두려워하지 마세요.	怖がらないで。= 恐れないで。 = 心配しないで。 ➡ 怖くないです。 = 心配してないです。(무섭지 않아요.)
두려워할 것 없습니다.	怖がらなくてもいいです。 = 心配しなくてもいいです。
두 마리 토끼를 다 잡을 수 없다.	二兎を追う者は一兎も得ず。
두말 말고 따라와.	とやかく言わないで付いて来て。 = 文句言わないで付いて来い。
두말하게 하지 마세요.	何度も言わせないでください。
두말하면 잔소리지.	<mark>言うまでもないよ。</mark>
두 번씩 읽으세요.	2回ずつ読んでください。
두 번째입니다.	これで2度目です。 = これで2回目です。(이번이~)
두부 한 모에 얼마입니까?	豆腐一丁、いくらですか。
두 분은 정말 잘 어울립니다.	お二人は本当にお似合いです。 = お二人は本当にお似合いでござい ます。

두 분이십니까?	[음식점] お<ruby>二人様<rt>ふたりさま</rt></ruby>ですか。
	➡ はい。(예.)
두 손 다 들었다!	[항복] お<ruby>前<rt>まえ</rt></ruby>にはお<ruby>手上<rt>てあ</rt></ruby>げだよ。(너한텐~)
두 시간이나 잤습니다.	2<ruby>時間<rt>じかん</rt></ruby>も<ruby>寝<rt>ね</rt></ruby>ました。
	= 2<ruby>時間<rt>じかん</rt></ruby>も<ruby>寝<rt>ね</rt></ruby>てしまいました。
	= 2<ruby>時間<rt>じかん</rt></ruby>も<ruby>眠<rt>ねむ</rt></ruby>ってしまいました。
두 시 괜찮습니까?	2<ruby>時<rt>じ</rt></ruby>はどうですか。
	= 2<ruby>時<rt>じ</rt></ruby>で<ruby>大丈夫<rt>だいじょうぶ</rt></ruby>ですか。
	= 2<ruby>時<rt>じ</rt></ruby>でいいですか。
	➡ <ruby>大丈夫<rt>だいじょうぶ</rt></ruby>です。
	= いいです。(괜찮습니다.)
두 장 주세요.	[매표소] 2<ruby>枚<rt>まい</rt></ruby>ください。
	// 2<ruby>時半発<rt>じはんはつ</rt></ruby>の<ruby>東京行<rt>とうきょうゆ</rt></ruby>きの<ruby>切符<rt>きっぷ</rt></ruby>2<ruby>枚<rt>まい</rt></ruby>ください。(2시 반에 출발하는 동경행 표~)
두통약 있습니까?	<ruby>頭痛薬<rt>ずつうやく</rt></ruby>ありますか。
두통이 사라졌습니다.	<ruby>頭痛<rt>ずつう</rt></ruby>が<ruby>治<rt>なお</rt></ruby>りました。
두툴두툴 뭐가 났어.	[피부병] <ruby>何<rt>なに</rt></ruby>かぶつぶつできた。
	= ふきでものができた。
두 팀의 실력이 비슷해 보입니다.	<ruby>両<rt>りょう</rt></ruby>チームの<ruby>実力<rt>じつりょく</rt></ruby>は<ruby>互角<rt>ごかく</rt></ruby>です。

| 둔한 놈! | 鈍感（どんかん）! |

둘 다 원합니다.	両方（りょうほう）ほしいです。
둘도 없는 친구지.	かけがえのない友達（ともだち）だよ。
둘러대지 마세요.	自分（じぶん）のいいように言（い）い繕（つくろ）わないでください。（자기 좋을대로~）
둘러봅시다.	見（み）て回（まわ）りましょう。
둘은 정말 닮았어요.	二人（ふたり）は本当（ほんとう）に似（に）ています。
둘이 사귀는 거야?	①[제3자] あの二人（ふたり）、付（つ）き合（あ）ってるの?（재네~） ②[당사자] あなたたち、付（つ）き合（あ）ってるの?（너희~） → ⓐ そんなわけないでしょ。 = そんなわけないだろ。（그럴리없잖아.） ⓑ そうよ。= そうだよ。（그래.）
둘이 싸웠지?	①[제3자에게 질문] あの二人（ふたり）、ケンカしたでしょ。 ②[당사자에게 질문] あなたたち、ケンカしたでしょ。

	➡ どうして分<ruby>わ</ruby>かったんですか。 (어떻게 알았어요?)
둘이 잘 어울리네요.	① [제3자] あの二人<ruby>ふたり</ruby>お似合<ruby>にあ</ruby>いですね。(저 ~) ➡ そうですね。(그러네요.) ② [당사자] お似合<ruby>にあ</ruby>いですね。 ➡ ありがとうございます。(감사합니다.)

뒤

뒤가 꿀리나보지?	やましいことでもあるみたいだね。
뒤끝있네.	ためとくタイプなんだ。
뒤늦게 사과해봤자 소용없어.	今更謝<ruby>いまさらあやま</ruby>ったって遅<ruby>おそ</ruby>いよ。
뒤돌아보지 마!	振<ruby>ふ</ruby>り向<ruby>む</ruby>かないで。= 振<ruby>ふ</ruby>り返<ruby>かえ</ruby>らないで。
뒤로 돌아!	後<ruby>うし</ruby>ろ向<ruby>む</ruby>いて。
뒤로 돌아서 봐!	後<ruby>うし</ruby>ろ向<ruby>む</ruby>いてみて。☞ 돌아서주세요.
뒤로 물러서!	下<ruby>さ</ruby>がって。
뒤로 물러서 주세요.	下<ruby>さ</ruby>がってください。
뒤를 밟아보자.	[미행] 後<ruby>あと</ruby>をつけてみよう。
뒤죽박죽이 돼버렸어.	ごっちゃになっちゃった!

뒤쫓아오고 있어요!	追いかけて来ています!
뒤처리는 내가 해두지.	後始末は俺がやっとくよ。
뒤치다꺼리까지 내가 해야돼?	面倒まで私が見ないといけないわけ?

뒷맛이 독특해요.	後味が独特です。 ← どんな感じですか。(어떤 느낌입니까?)
뒷머리는 너무 짧게 깎지 마세요.	[머리] 後ろ髪はあまり短くしないでください。
뒷일은 아무도 모르는 거야.	先のことは誰にも分からないんだよ。
뒷풀이 있대요.	打ち上げあるそうですよ。

드디어 일어났구나.	ついに起きたようだね。 = ついに起きたわね。 = ついに起きたようだな。 = ついに起きたか。
드라이기 좀 빌릴 수 있을까요?	ドライヤー、貸してもらえますか。 = ドライヤー、貸して頂けますか。

	→ はい、どうぞ。(예, 가져가세요.)
드라이클리닝은 얼마입니까?	クリーニング代^{だい}はいくらですか。
드라이클리닝입니까, 물세탁입니까?	ドライクリーニングですか、水洗^{みずあら}いですか。
	→ ドライクリーニングです。(드라이클리닝이요.)
드러누워요.	横^{よこ}になってください。 = 寝^ねそべってください。
드럼치고 있어요.	[악기] ドラムをしています。
드르렁!	[코고는 소리] ぐぅぐぅ。
드릴 말씀이 있습니다.	お話^{はなし}があります。
드세요!	[식사] どうぞ。 = 召^めし上^あがってください。 = どうぞお召^めし上^あがりください。 // ご家族^{かぞく}でお召^めし上^あがりください。 (가족분들과~)
드셨나봐요.	[술] だいぶ飲^のんだようですね。(많이~)

듣고 보니 그러네.	聞^きいてみればそうですね。 = 聞^きいてみればそうだな。

188

듣고 보니 일리가 있네요.	聞いてみればそれも一理ありますね。
듣고 싶습니다.	聞きたいです。
듣고 싶지 않아요.	聞きたくないです。 = 聞きたくありません。 // 何も聞きたくないです。 = 何も聞きたくありません。(어떤 것도~)
듣고 있어요?	[전화] 聞いてますか。 // 私の話、聞いてますか。(내 말~) ➡ 聞いてます。(듣고 있어.)
듣기 싫어도 들어.	聞きたくなくても聞け。

듣고 튀어!	〈속어〉 ずらかれ！
들들 볶지좀 마.	小言言うのもいい加減にして。
들떠서 왜그래?	何そわそわしてんの。= 何浮いてんの。
들락날락거리지 좀 마.	やたらに出たり入ったりしないでよ。
들리지 않아요?	聞こえませんか。➡ 聞こえます。(들려요.)
들립니까?	① [결과] 聞こえますか。 ➡ ⓐ 聞こえます。(들립니다.)

ⓑ 聞^きこえません。(안들립니다.)

② [능력] 聞^きくことができますか。

➡ ⓐ できます。(들립니다.)

　ⓑ できません。(안 들립니다.)

들어(요)!	① [들어올림] 持^もち上^あげて!
	// しっかり持^もち上^あげて! (확실하게~)
	② [거수] 挙^あげて。
	// 意見^{いけん}のある人^{ひと}は手^て挙^あげて。
	(의견있는 사람은 손~)
	③ [음식] ☞ 드세요!

들어가도 됩니까?	入^{はい}ってもいいですか。 = 入^{はい}ってもよろしいですか。 = 入^{はい}っても構^{かま}いませんか。 ➡ ⓐ はい。(예.) 　ⓑ はい、どうぞ。(예, 들어오세요.) 　ⓒ だめです。= いけません。(안 돼요.) 　ⓓ 入^{はい}らないでください。(들어오지 마세요.)
들어가 봐.	[안으로] 入^{はい}ってみて。 ※남자말투 入^{はい}ってみろ。
들어가지 않아요.	[옷이 작아서] 入^{はい}らないです。= 入^{はい}りません。 // 服^{ふく}が小^{ちい}さくて入^{はい}らないです。 = 服^{ふく}が小^{ちい}さくて入^{はい}りません。(옷이 작아서~)
들어본 적 없습니다.	[경험] 聞^きいたことないです。 = 聞^きいたことありません。= 初耳^{はつみみ}です。

들어봐!	① [이야기] 聞^きいてみて。 ※남자말투 聞^きいてみろよ。 ② [명령] 聞^きけ! ③ [물건] 持^もってみて。 ※남자말투 持^もってみろよ。
들어오든지 말든지 맘대로 하세요.	出^でるなり入^{はい}るなり勝手^{かって}にしなさい。
들어오세요.	入^{はい}ってください。= お入^{はい}りください。 = どうぞ入^{はい}ってください。 = どうぞお入^{はい}りください。
들어오셔서 차 한잔 하세요.	入^{はい}ってお茶^{ちゃ}でもどうぞ。
들어와!	入^{はい}って!
들어줘요.	① [물건] 持^もってください。 = 持^もってもらえますか。 // これちょっと持^もってください。(이것 좀~) ② [이야기 · 말] 聞^きいてください。

들었습니까?	① [물건] 持^もちましたか。
	// 全部^{ぜんぶ}持^もちましたか。移動^{いどう}しますよ。
	(다~? 이동할께요.)
	② [이야기 · 말] 聞^ききましたか。
	// あの噂^{うわさ}聞^ききましたか。(그 소문~?)
	➡ ⓐ なんの噂^{うわさ}ですか。(무슨 소문이요?)
	ⓑ 聞^ききました。(들었어요.)

들여다보면 가만 안둬!	覗(のぞ)いたらただじゃおかないからね。
들이대니까 아무말도 못하더라구.	つきつけたら何(なに)も言(い)えないの。
들켜버렸네.	[발각] ばれちゃった。

듭시다!	[건배] 乾杯(かんぱい)!

등골이 오싹했어요.	背筋(せすじ)がぞくっとしました。
등기우편으로 보내주세요.	書留郵便(かきとめゆうびん)で送(おく)ってください。
등받이를 제위치로 해주세요.	[비행기] シートを元(もと)の位置(いち)にお戻(もど)しください。
등산갑니다.	① 山(やま)に登(のぼ)ります。 // 週末(しゅうまつ)にはほとんど友達(ともだち)と山(やま)に登(のぼ)ります。 (주말엔 대부분 친구와~) ② [산악등반] 登山(とざん)に行(い)きます。
등신!	ばか! = あほ! = どじ! = まぬけ!
등이 가려워요.	背中(せなか)がかゆいです。

등이 고장났습니다.	[형광등] 電気が壊れました。 // 部屋の電気が壊れました。(방의~)
등잔 밑이 어둡다.	灯台下暗し。
등 좀 긁어줘요.	[가려워서] 背中を掻いてください。
등 좀 두드려라.	背中たたいて。
등 좀 밀어주세요.	[때밀이] 背中を流してください。

디

디시(DC)가 얼마나 됩니까?	どのくらいディスカウントされますか。 ➡ 2割です。= 20％です。(20％요.)
디시(DC)해서 얼마입니까?	ディスカウントしていくらですか。 ➡ 2万円です。(2만원입니다.)
디자인에 만족합니까?	デザインは気に入ってもらえましたか。 ➡ ⓐ はい、とても気に入りました。 　 (네, 매우 만족합니다.) 　 ⓑ まあまあです。(그런대로요.) 　 ⓒ あんまりです。(별로입니다.)
디자인이 너무 세련됐습니다.	デザインがとてもシックです。
디자인이 좀 야합니다.	[화려함] デザインがちょっと派手です。

딜

딜레마에 빠지다.	ジレンマに陥る。

딩

딩동!	[현관 벨소리] ピンポン。

따

따귀맞았어요.	ビンタされました。
따끈따끈할 때 드세요.	あったかいうちに召し上がってください。 = ほかほかしてるうちに、どうぞ。
따끔따끔해.	ちくちくする。
따님이 예쁘시네요.	娘さんがきれいですね。
따돌림 당했어요.	仲間はずれにされました。 = いじめられました。
따뜻합니다.	暖かいです。 = ぽかぽかしています。
따뜻해졌습니다.	暖かくなりました。 // ずいぶん暖かくなりました。(많이~)

//	今日は昨日よりずっと暖かくなりました。(오늘은 어제보다 많이~)
따라오세요.	ついて来てください。
따라오지 마세요.	ついて来ないでください。
따라하지 마세요.	真似しないでください。
따로따로 계산해주세요.	別々にお会計してください。 = 割り勘でお願いします。
따르릉!	[전화 벨소리] トルルルルル
따분할 때 전화해.	暇な時電話して。
따분합니다.	暇です。= つまらないです。 = つまんないです。= 退屈です。

딱

딱딱해!	堅い!
딱 좋아요.	ちょうどいいですよ。
딱지 맞았어.	[거절] 断られちゃった。
딱지 졌어.	[상처] かさぶたができたよ。
딱하네.	[동정] お気の毒だね。

딱히 갈데가 없어요.	これといって行く当てはありません。

딴 말하기 없기다!	[약속 확인] 後で違うこと言うなよ。(나중에~)
딴 방법이 없습니다.	他に方法がありません。 = 他に手がありません。
딴 사람같아.	[변함] 人が変わったみたい。
딴 약속이 있습니다.	別の用事があります。 = 別の約束があります。
딴 여자가 생겼답니다.	他の女ができたそうです。
딴전 피우지 마세요.	とぼけないでください。 = しらばっくれないでください。
딴판인데?	[전혀다름] まるっきり違うじゃん。

딸깍!	[수화기드는 소리] ガチャッ
딸꾹질이 멈췄어요.	しゃっくりが止まりました。
딸랑딸랑!	[방울 소리] チリンチリン。= リンリン

딸이 둘 있습니다.	① [우리집] 娘が二人います。 ② [타인집] 娘さんが二人います。
딸이 참 예쁩니다.	① [우리집] 娘がとてもかわいいです。 ② [타인집] 娘さんがとてもかわいいです。 　＊とても＝すごく
딸입니까? 아들입니까?	娘ですか。息子ですか。 ＝女ですか、男ですか。 ➡ 息子です。(아들입니다.)

땀

땀냄새 나!	汗くさい!
땀띠났어!	汗疹できちゃった!
땀이 납니다.	汗が出ます。

땅

땅딸막하네.	**ちびだね。**
땅바닥에 그냥 앉아.	地べたにそのまま座って。
땅에 엎드려!	地面に伏せろ!
땅이 미끄럽습니다.	滑りやすいです。

때

때려 눕혀줄테다!	なぐ たお 殴り倒してやる！
때려 죽이려 그러냐?	なぐ ころ 殴り殺すつもり？
때려친다, 진짜!	[고만둠] やめてやる！
때리고 싶으시면 때리세요.	なぐ なぐ 殴りたかったら殴っていいですよ。
때 밀어본 적 있니?	あかすりしたことある？

땟

땟국물 벗었네?	[촌티] あか抜けたね！

땡

땡!	[오답] ブッブー
땡땡!	[지하철 건널목] かんかんかんかん。
땡땡이가 더 예뻐.	みずたま も よう [무늬] 水玉模様のほうがかわいい。
땡땡이 쳐버렸어.	さぼっちゃった。
땡땡이 치자.	[수업] さぼろう。
땡전 한 푼 못줘!	いちもん ビター文あげないから！

떠

떠나고 싶으면 떠나.	別れたかったら別れていいよ。
떠나기 섭섭합니다.	別れるのが残念です。

떠납니까?	[출발] 出発しますか。
	// 何時に出発しますか。(몇 시에~)
	// いつ出発しますか。(언제~)
	→ 1時間後に出発します。(1시간 뒤에 떠납니다.)

떠넘기지 마세요.	[전가함] なすりつけないでください。
떠들지 마세요.	騒がないで。 = 静かにしてください。
떠맡았으면 열심히 해야지.	引き受けたからには頑張らなきゃ。
떠봐줄까?	探りを入れてみようか。

떡

| 떡볶이 1인분 주세요. | トッポキ 1 人前ください。 |
| 떡입니까? | これはおもちですか。(이것은~)
→ はい、そうです。(예.) |

떨

떨떠름해보이네.	あまり気が乗らないみたいだね。
떨려 죽겠습니다.	緊張して死にそうです。
떨립니다.	緊張します。
떨어뜨렸습니다.	[땅바닥에] 落としました。
떨어뜨린거지요?	これあなたが落としたものですよね。 (이거 당신이~) ➡ はい、そうです。ありがとうございます。 (그렇습니다. 감사합니다.)
떨어져!	[거리를 둠] 離れて!
떨지 마세요.	緊張しないで。 = 緊張しないでください。

떳

떳떳하게 말해도 되잖아.	堂々と言ってもいいじゃん。

떵

떵떵거리면서 사는게 꿈이야.	贅沢に暮らすのが夢なんだ。

떼

떼어논 당상이지 뭐.	あたりきじゃん。
떼 좀 그만 써.	だ だ 駄駄こねないの。

또

또 놀러 오세요.	あそ き また遊びに来てください。
또 들려주세요.	よ また寄ってってください。
또래가 없구나.	おな としごろ こ 同じ年頃の子がいないんだ。
또렷하게 기억하고 있어요.	おぼ はっきりと覚えています。
또 만나게 되어 반갑습니다.	いちど あ もう一度お会いできてうれしいです。
또 만나요.	[작별인사] では、また。= じゃ、また。
또 뭐야?	なに なに なん また何？ = また何よ。 = また何だよ。 ➡ なんでもないよ。 = なんでもないわよ。(아무 것도 아냐.)
또 뭘 원하십니까?	なに ひつよう [상점] また何か必要なものはありますか。 なに ひつよう = また何か必要なものはございますか。
또박또박 말해봐.	い はきはきと言ってみて。
또 사고쳤어?!	またやらかしたの!

	= またやらかしたのか！
	= またやっちゃったの！
또 속았네.	また騙<ruby>だま</ruby>されたか。
	// 同じうそにまた騙<ruby>だま</ruby>されたか。
	(똑같은 거짓말에~)
또 오십시오.	[음식점] またお越<ruby>こ</ruby>しください。
	= またお越<ruby>こ</ruby>しくださいませ。

똑

똑같습니까?	[모양] 同<ruby>おな</ruby>じですか。= 一緒<ruby>いっしょ</ruby>ですか。
	// 全部<ruby>ぜんぶ</ruby>同<ruby>おな</ruby>じですか。(다~)
	➡ 同<ruby>おな</ruby>じです。(같습니다.)
똑 같은 걸로 사줄게.	同<ruby>おな</ruby>じのを買<ruby>か</ruby>ってあげるよ。
	= 同<ruby>おな</ruby>じのを買<ruby>か</ruby>ってあげるから。
	// 後<ruby>あと</ruby>で同<ruby>おな</ruby>じのを買<ruby>か</ruby>ってあげるから。
	(나중에~)
똑 같은 걸로 주세요.	同<ruby>おな</ruby>じのをください。
	// 前回<ruby>ぜんかい</ruby>と同<ruby>おな</ruby>じのをください。(지난번과~)
똑 같은 걸로 할래.	同<ruby>おな</ruby>じのにする。= 同<ruby>おな</ruby>じのにするわ。
	= 同<ruby>おな</ruby>じのにするよ。
똑딱 똑딱!	[시계소리] チクタク。

202

똑똑!	① [물이 떨어지는 소리] ぽたりぽたり。 = ぽたぽた。 = ぽとぽと。 ② [노크하는 소리] こんこん。
똑똑하고 영리하게 생겼습니다.	利口で賢そうです。
똑똑하네.	頭がいいね。 = 賢いね。 = 利口だね。
똑똑히 기억하고 있습니다.	はっきり覚えています。 = はっきりと覚えています。
똑똑히 들어!	ちゃんと聞け!
똑똑히 봐!	ちゃんと見ろ! = しっかり見ろ!
똑똑히 봤습니까?	ちゃんと見ましたか。 = はっきり見ましたか。 ➡ ⓐ ちゃんと見ました。 　　= はっきり見ました。(똑똑히 봤어요.) 　ⓑ いいえ。(아니요.)
똑바로 가세요.	まっすぐ行ってください。
똑바로 가시면 있습니다.	まっすぐ行けばあります。 = まっすぐ行ったらあります。
똑바로 서!	ちゃんと立って! = しゃきっと立って!
똑바로 앉아 봐.	ちゃんと座って。 = ちゃんと座ってみて。

203

똘

똘끼있어.　　くるくるパーだよ。

똘똘하네.　　賢いな。 = 利口だな。

똥

똥 냄새 난다.　　うんこの臭いがする。

똥 마려워.　　うんこしたい。
　　➡ もうちょっとだけ我慢して。(조금만 참아라.)

뚜

뚜껑 열린다!　　[화가 머리끝까지 남] むかつく!

뚜껑을 열어!　　蓋開けて!

뚝

뚝!　　① [나무가 부러지는 소리] ぽきっ! = ぽきん。
　　// 木の枝をぽきんと折る。
　　　　(나무가지를 뚝 부러뜨리다.)
　　② [떨어지는 소리] どすん。 = がたん。
　　// 木からどすんと落ちる。
　　　　(나무에서 뚝 떨어지다.)

뚝 그쳐!	泣<な!
뚝뚝.	① [물소리] ぽたぽた。= ぽたりぽたり。 ② [눈물] ぽろぽろ。

뚱돼지!	ぶた!
뚱딴지 같은 소리를 잘해.	とんでもないことをよく言うねえ。
뚱딴지같이 무슨 소리야.	薮から棒に何言ってんの。
뚱뚱해졌어.	太っちゃった。
뚱보야!	でぶ!
뚱해서 왜그래?	何ふてくされてんの。

뛰는 놈 위에 나는 놈 있다.	上には上がある。
뛰어!	走れ!
뛰어와!	走って来て。= 走って来い。

뜨

| 뜨거우니까 천천히 드세요. | 熱いですからゆっくりお召し上がりください。
= 熱いですからゆっくり召し上がってください。 |

| 뜨거울 때 드세요. | 熱いうちに食べてください。
= 熱いうちにお召し上がりください。
// これは彼女があなたのために特別作った料理です。熱いうちに食べてください。
(이건 그녀가 특별히 당신을 위해 만든 요리예요. ~)
➡ ⓐ ありがとう。(고마워)
ⓑ 感動しました。(감동했어요.) |

| 뜨거워요. | 熱いです。 |

| 뜨끔뜨끔 아파요. | ちくちく痛みます。 |

| **뜨악이다.** | [놀람·경악] ギョッ！ |

뜸

| 뜸들이지 말고 말해. | じらさないで言って。 |

뜻

뜻밖의 일입니다.

予想外の出来事です。
= 意外な出来事です。
= 思いがけない出来事です。

뜻이 잘 맞아요.

気が合います。
= うまが合います。

띠

띠가 뭐에요?

何年生まれですか。
➡ うま年生まれです。(말띠입니다.)

> **띠에 해당하는 동물**

ねずみどし (쥐띠) // うしどし (소띠)

// とらどし (호랑이띠) // うさぎどし (토끼띠)

// たつどし (용띠) // へびどし (뱀띠)

// うまどし (말띠) // ひつじどし (양띠)

// さるどし (원숭이띠) // とりどし (닭띠)

// いぬどし (개띠) // いのししどし (돼지띠)

라

라면 끓여줘.

ラーメン作^{つく}って。

ラーメン作って。

라면 먹을래요?

ラーメン、食^たべます?
= ラーメンを召^めし上^あがりますか。
➡ ⓐ 食^たべたくありません。(먹고 싶지 않아요.)
　 ⓑ 食^たべません。(안먹어요.)
　 ⓒ 食^たべます。(먹을래요.)

라이터팝니까?

ライターありますか。
= ライター売^うってますか。
➡ ① あります。= 売^うってます。(팝니다.)
　 ② はい。(예!)

랩

랩을 씌워서10분 동안
냉장고에 넣어 두면 돼.

ラップをして10分間^{ぶんかんれいぞうこ}冷蔵庫に入^いれて
おけばいいよ。
= ラップをして10分間^{ぶんかんれいぞうこ}冷蔵庫にねかせ
　とけばオッケー。

러

러브레터를 받았어요.

ラブレターをもらいました。
= ラブレターを受^うけ取^とりました。

| 러시아워라 엄청 밀려! | ラッシュアワーだから超混んでる! |

레스토랑 있습니까?	レストランありますか。
레이디퍼스트!	レディーファースト!
레이스 막달린 것만 입고 다녀.	ふりふりの服ばっかり着てる。
레퍼토리가 한정돼 있어요.	レパートリーが限られています。

렌즈를 낍니다.	コンタクトを着用しています。
렌지에 물 끓이고 있습니다.	ガスレンジでお湯を沸かしています。
렌트하시겠습니까?	レンタルですか。

로마에 가면 로마법을 따라라.	郷に入っては郷に従え。
로맨틱해!	ロマンチック!
로비에서 기다려.	[호텔] ロビーで待ってて。

루

루머니까 신경쓰지 마.
単なる噂だから気にしないで。

룸

룸메이트는 외국사람입니까?	ルームメイトは外国人ですか。
룸서비스를 이용하고 싶은데요.	ルームサービスを利用したいのですが。
룸으로 배달해주세요.	朝食は部屋まで届けて頂きたいんですが。 = 朝食は部屋まで届けて頂けますか。 = 朝食は部屋まで届けてもらえませんか。(아침식사는~)
룸은 몇 호실입니까?	部屋は何号室ですか。 ➡ 101号室です。(101호실입니다.)

리

리듬에 맞춰 흔들어봐!	[댄스] リズムに合わせて踊ってみて。
리모컨이 안 보이는데?	リモコンが見当たらないんだけど。
리플 달아놨어.	レス付けといた。

| 리허설 시작할게요. | リハーサル始<ruby>はじ</ruby>めます。 |

| 립서비스 짱인데. | お世<ruby>せ</ruby>辞<ruby>じ</ruby>うまいね。 |
| 립싱크잖아? | 口<ruby>くち</ruby>パクじゃん。 |

| 링거도 맞았습니다. | 点滴<ruby>てんてき</ruby>もうたれました。 |

마

마가 껴었었나봐.	<ruby>魔<rt>ま</rt></ruby>がさしたみたい。
마감이 코앞이에요.	<ruby>締切<rt>しめきり</rt></ruby>が<ruby>目<rt>め</rt></ruby>の<ruby>前<rt>まえ</rt></ruby>です。
마구잡이로 고르지 말고.	<ruby>適当<rt>てきとう</rt></ruby>に<ruby>選<rt>えら</rt></ruby>ばないで。
마구 지껄여라!	[주의·경고] <ruby>勝手<rt>かって</rt></ruby>にほざけ。
마누라가 바람 난 걸 모르고 있단 말이야?	<ruby>妻<rt>つま</rt></ruby>が<ruby>浮気<rt>うわき</rt></ruby>してるのも<ruby>知<rt>し</rt></ruby>らないの。 = <ruby>女房<rt>にょうぼう</rt></ruby>が<ruby>浮気<rt>うわき</rt></ruby>してんのも<ruby>知<rt>し</rt></ruby>らないのか。 ➡ <ruby>知<rt>し</rt></ruby>っててもどうしようもないだろ。 (알아도 어쩔 수가 없잖아.)
마누라한테 꽉 잡혀 살고 있어.	<ruby>女房<rt>にょうぼう</rt></ruby>の<ruby>尻<rt>しり</rt></ruby>に<ruby>敷<rt>し</rt></ruby>かれてる。
마늘 냄새는 정말 못 견디겠어.	にんにくの<ruby>匂<rt>にお</rt></ruby>いはマジで<ruby>耐<rt>た</rt></ruby>えられない。
마마보이 같애!	マザコンみたい!
마무리는 잘 됐어?	①[완성] ちゃんと<ruby>仕上<rt>しあ</rt></ruby>がった? ②[뒷정리] <ruby>後片付<rt>あとかたづ</rt></ruby>けはきれいにできた?
마법이라도 부리는 것 같아.	<ruby>魔法<rt>まほう</rt></ruby>でも<ruby>使<rt>つか</rt></ruby>ってるみたい。
마셔!	①[권유·강요] <ruby>飲<rt>の</rt></ruby>んで。= <ruby>飲<rt>の</rt></ruby>め! = <ruby>飲<rt>の</rt></ruby>めよ。 ②[건배] <ruby>飲<rt>の</rt></ruby>もう!
마셔보세요.	<ruby>飲<rt>の</rt></ruby>んでみてください。
마시면서 이야기 하자.	<ruby>飲<rt>の</rt></ruby>みながら<ruby>話<rt>はな</rt></ruby>そう。

마실것 좀 줄래요?	お飲み物一杯頂けますか。
마실래요?	飲みますか。= 飲みませんか。
마음 고생이 크네요.	気苦労が多いですね。
마음껏 울어도 돼.	思いっきり泣いていいよ。 = 心ゆくまで泣いていいよ。
마음대로 생각하지 마세요.	勝手に決め付けないでください。
마음대로 하세요.	① [편한 대로] 好きにしてください。 = 好きにしなさい。 ② [화가남] 勝手にしてください。 = 勝手にしなさい。
마음만 먹으면 그 정도는 껌이지.	その気になったらそんなのへでもないよ。
마음 아파하지 마세요.	あまり心を痛めないでください。(너무~)
마음에 두고 있는 사람이 있습니다.	心に決めた人がいます。
마음에 두지 마세요.	気にしないでください。 = 気になさらないでください。
마음에 들어?	気に入った? = 気に入ってくれた? = 気に入ってもらえたかな。
마음은 굴뚝 같지만..	やりたいのは山々ですが。(하고 싶은~) // 行きたいのは山々ですが (가고 싶은~)

마음이 잘 맞네요.	気が合いますね。= 気が合うね。
마음이 편하다. 그치?	気が楽だね。 // 仕事が終わって気が楽だね。 (일 끝나니까~)
마이동풍.	馬の耳に念仏。
마작합시다.	マージャンしよう。 = マージャンやろう。 = マージャンしましょう。 = マージャンやりましょう。
마주보지 못하겠어.	[부끄러움] 面と向かって見れないよ。
마중나와 주셔서 감사합니다.	[마중] お忙しい中お迎え頂き、本当にありがとうございます。 = お忙しい中お迎え頂き、誠にありがとうございます。(바쁘신 가운데~)
마지막이라 생각하고 한 번만 도와줘.	最後だと思って今回だけ助けて。
마침 잘 됐다.	ちょうどよかった。

막내입니다.	末っ子です。

막말하지마.	出任せに言わないで。 = 出任せに言うなよ。
막상막하야!	いい勝負だね。= 互角ね。= 互角だな。
막지마세요.	止めないでください。
막차는 몇 시입니까?	[마지막 지하철] 終電は何時ですか。 ※ 첫차 : 始発
막차를 놓쳐 버렸어.	<mark>終電に乗り遅れた。</mark>
막판에 그러는게 어딨어!	<mark>最後の最後にそれはないでしょ。</mark> = 最後の最後にそれはないだろ。
막히지 않으면 30분이면 갑니다.	渋滞がなければ30分で着きます。 = 混まなければ30分で着きます。

만

만나 뵙게 되어 반갑습니다.	お会いできてうれしいです。
만나 뵙게되어 영광입니다.	お会いできて光栄です。
만나서 얘기하고 싶은데요.	直接会ってお話したいのですが。 = 直接話したいのですが。
만난 적 있죠?	<mark>お会いしてますよね。</mark>
만난지 1년 되었습니다.	[사귐] 付き合い始めて 1 年になります。

만날 장소를 정합시다.	待^まち合^あわせの場所^{ばしょ}を決^きめましょう。
만납시다.	午後^{ごご}3時^じに会^あいましょう。(오후 3시에~)
만두 먹으러 갈까요?	ギョーザ食^たべに行^いきましょうか。 = ギョーザ食^たべに行^いきませんか。 ➡ いいですね。(좋지요.)

만만치 않아요.	① [상당함] バカにならないです。
	// まだ残^{のこ}ってる量^{りょう}もバカにならない
	です。(아직 남아있는 양도~.)
	② [막강함] 手強^{てごわ}いです。
	// 次^{つぎ}の相手^{あいて}も手強^{てごわ}いです。(다음 상대도~.)

만물박사구나.	何^{なん}でも博士^{はかせ}なんだね。
만사가 귀찮아.	めんどくさい。= だるい。
만우절이잖아!	[4월1일] エープリル・フールでしょ。 = エープリル・フールだろ。
만족합니까?	満足^{まんぞく}ですか。= 満足^{まんぞく}していますか。 ➡ ⓐ 満足^{まんぞく}です。(만족합니다.) ⓑ 満足^{まんぞく}じゃありません。(만족스럽지 않습니다.) ⓒ 不満^{ふまん}です。(불만입니다.)
만지지 마세요!	触^{さわ}らないで。= 触^{さわ}らないでください。 = 触^ふれないで。= 触^ふれないでください。

많은 지도 부탁합니다.	ご指導(しどう)よろしくお願(ねが)いします。 = ご指導(しどう)のほどよろしくお願(ねが)いします。
많이 기다리셨지요?	お待(ま)たせしました。 = お待(ま)たせ致(いた)しました。 = おまちどうさま。 = おまちどうさまです。
많이 도와 주세요.	何卒(なにとぞ)色々(いろいろ)と教(おし)えてください。
많이 마셨습니다.	[과음]飲(の)みすぎてしまいました。 = かなり飲(の)んじゃいました。
많이 먹었습니다.	[과식]食(た)べすぎてしまいました。
많이 배웠습니다.	とても勉強(べんきょう)になりました。
많이 생각해봤어요.	たくさん考(かんが)えてみました。 = いっぱい考(かんが)えてみました。 = 精一杯(せいいっぱい)考(かんが)えてみました。 = よく考(かんが)えてみました。
많이 아파요.	①[상처]かなり痛(いた)いです。 = かなり痛(いた)みます。 ②[컨디션]具合(ぐあい)が悪(わる)いです。
많이 좋아졌습니다.	だいぶよくなりました。

	// おかげさまでだいぶよくなりました。 （덕분에~）
많이 취했네요.	だいぶ酔ってますね。 = かなり酔ってますね。
많이 컸구나!	[성장] 大きくなったな! = でかくなったな!
많지 않습니다.	多くありません。= 多くないです。

말

말과 행동이 다르잖아.	言ってる事とやってる事が違うじゃん。 = 言ってる事とやってる事が違うでしょ。 = 言ってる事とやってる事が違うだろ。
말괄량이구나!	おてんばさん。= おてんばさんだね。
말귀를 못알아들어!	物分かりが悪いんだから!
말까지마.	ため口利くな。
말꼬리 잡지마.	揚げ足とんな。
말 나온김에 좀 물어봅시다.	お話のついでにちょっとお聞きしたいんですけど。
말다툼 좀 했거든.	口げんかしたんだ。
말대꾸하지 마.	口答えするな。

말도 꺼내지마세요.	口^{くち}にも出^ださないでください。
말도 안되는 소리하지 마세요.	でたらめなこと言^いわないでください。 = 変^{へん}なこと言^いわないでください。 = バカなこと言^いわないでください。
말도 안돼!	① [놀라움] うそ! = うそだ! ② [불가능] ありえないよ。 　= ありえないじゃん。 　= そんなことあるわけないじゃん。 　= そんなことあるわけないだろ。 　= そんなことあるわけないよ。

말도 제대로 안 나옵니다.	言葉^{ことば}も出^でません。
	// 驚^{おどろ}いて言葉^{ことば}も出^でません。(놀라서~)
	// 呆^{あき}れて言葉^{ことば}も出^でません。(어이가 없어~)

말 돌리지 마세요.	話^{はなし}をそらさないで。 = 話^{はなし}をそらさないでください。
말 들립니까?	聞^きこえますか。 // ちゃんと聞^きこえますか。(제대로~) ➡ 聞^きこえます。(들려요.)
말 들어!	聞^きいて! = 聞^きいてよ! = 聞^きけ! = 聞^きけよ! // 人^{ひと}の話^{はなし}を聞^きけ! (남의 말을 들어!)
말뜻이 뭔지 잘 모르겠습니다.	言^いっていることが分^わかりません。

말라깽이는 별로 안좋아해.	痩せっぽちはあんまり好きじゃない。 = ガリガリはあんまり好きじゃない。
말랐어요.	痩せています。 // 痩せすぎです。(너무~)
말려줄거라 생각했어.	止めてくれると思ったよ。
말만이라면 무슨말이든 못하겠어.	口だけならなんとでも。 = 言うだけならなんとでも。 = 言うだけならなんとでも言えるよ。
말문이 막혀 말이 안나와.	あきれて物が言えないよ。

말 시키지 마세요.	話しかけないでください。
	// 今忙しいから話しかけないでください。
	(지금 바쁘니까~)
	// 二度と話しかけないでください。
	(두번다시~)

말썽꾸러기 같으니라구!	[남자아이] このやんちゃ坊主め。
말썽꾸러기 왔다!	[애물단지] 厄介者が来た!
말씀 계속하세요.	話を続けてください。 = 続けて話してください。 = どうぞ続けてお話ください。
말씀 많이 들었습니다.	お話は常々伺っております。 = たびたび伺っております。

말씀도 일리가 있네요.	それも一理ありますね。(그~)
말씀드리겠습니다.	言います。= 申し上げます。
말씀드리기 곤란합니다.	言いにくいです。= 言いづらいです。 = 申しにくいです。= 申しづらいです。 = 申し上げにくいです。 = 申し上げづらいです。
말씀드릴 수 없습니다.	言えません。= 言うことができません。 = 申し上げられません。 = 申し上げることができません。
말씀들 나누세요.	ごゆっくりお話しください。(천천히~)
말씀이 좀 지나치십니다.	ちょっと言葉が過ぎますね。
말씀 좀 묻겠습니다.	お聞きしたいことがございますが。 = お伺いしたいことがございますが。
말씀하세요.	言ってください。= おっしゃってください。
말 알아듣겠니?	分かる? = 分かった? ➡ 分かる。= 分かった。(알아들었어.)
말에 가시가 있네.	言い方にトゲがあるね。 = 言い方がトゲトゲしいね。
말은 쉽지!	口で言うだけなら簡単だよ。

말은 심하게 해도 마음은 여린 애야.	ああ言っても心は弱い子だよ。 = ああ言っても心は弱い奴だよ。
말을 못하겠어요.	言えません。 // うまく言えません。(말을 잘 못하겠어요.)
말을 빙빙 돌리지 말고 확실히 하세요.	じらさないではっきり言ってください。
말을 했으면 실천에 옮기세요.	言ったことは行動に移してください。
말이 그렇게 많아?	[불평·불만] 文句が多いな。 = つべこべうるさいな。(왠~)
말이 너무 빠릅니다.	早口です。
말이 맞습니다!	[맞장구] そうですね。(당신~) ← このままでは大変なことになりかねません。(이대로는 큰일 날 수 있습니다)
말이 안 통합니다.	話が通じません。 // 僕と妻は話が通じません。(저와 아내는~)
말 잘 듣고 있어.	[당부] ちゃんと言うこと聞いてるのよ。 = ちゃんと言うこと聞いててね。 // お母さんすぐ行って来るからちゃんと言うこと聞いてるのよ。 (엄마 금방 다녀올 테니까~)
말 잘했어.	[통쾌] よく言った! = よくぞ言ってくれた!

말조심해.	言葉遣いに気を付けて。 = 言葉遣いに気を付けろ。 = 言葉を慎みなさい。
말 좀 들어보세요.	話を聞いてください。 ➡ 顔も見たくないわ! = 顔も見たくないよ。(꼴도 보기 싫어!)
말 좀 들어봐.	ちょっと聞いてみて。 = ちょっと聞いてくれ。
말 좀 천천히 해주세요.	ゆっくり言ってください。
말주변이 없어 고민이야.	口下手で悩んでるんだ。
말참견하지 마세요.	口出ししないでください。
말 참 많다!	うるさいなぁ。= おしゃべりだなぁ。
말 취소해.	その言葉取り消して。 = その言葉取り消せ。(그~)
말 타본 적 있어?	馬に乗ったことある? ➡ ⓐ ある。= あるよ。(있어) 　ⓑ ない。= ないよ。(없어)
말투가 건방져 보여.	話し方が生意気だよね。 = 言葉つきが生意気だよね。
말하고 싶지 않아!	① [대답] 言いたくない!

	= 言^いいたくないよ! = 言^いいたくねえよ! ② [이야기] 話^{はな}したくない! = 話^{はな}したくないよ! = 話^{はな}したくねえよ!
말하긴 뭣하지만요..	こう言^いうのもなんですが。(이렇게~)
말하자면 긴데요.	話^{はな}せば長^{なが}くなりますが。

말하지마세요.	何^{なに}も言^いわないでください。
	// 誰^{だれ}にも言^いわないでください。(아무에게도~)
	// 他^{ほか}の人^{ひと}には言^いわないでください。
	(다른 사람에게는~)

말 한마디에 천 냥 빚 갚는다.	ものは言^いいよう。
말해!	言^いえ! // 早^{はや}く言^いえ! (빨리~)
말해두지만!	[경고] 言^いっとくけど。 = 言^いっておくが。
말해봐!	言^いってみなさい。 = 言^いってみろ!
말해주세요.	言^いってください。

맑은 후 구름이 낍니다.	[일기예보] 晴^はれ後^{のち}曇^{くも}りでしょう。
맑다가 비옵니다.	[일기예보] 晴^はれ後^{のち}雨^{あめ}でしょう。
맑습니다.	[일기예보] 晴^はれるでしょう。

맘

맘대로 해!　<ruby>勝手<rt>かって</rt></ruby>にしろ!

맙

맙소사!　[체념] やれやれ。
// やれやれ、また<ruby>失敗<rt>しっぱい</rt></ruby>か。(~ 또실패군.)

맛

맛없습니다.	おいしくないです。= まずいです。
맛이 괜찮습니다.	なかなかおいしいです。
맛이 담백합니다.	さっぱりしています。 - あっさりしています。
맛이 싱겁습니다.	<ruby>味<rt>あじ</rt></ruby>がうすいです。
맛이 어떻습니까?	<ruby>味<rt>あじ</rt></ruby>はどうですか。 // キムチの<ruby>味<rt>あじ</rt></ruby>、どうですか。(김치~) ➡ ⓐ おいしいです。(맛있습니다.) 　ⓑ おいしくないです。 　　= おいしくありません。 　　= まずいです。(맛없습니다.) 　ⓒ しょっぱいです。

	= 塩辛いです。(짭니다.) ⓓ ちょっとうすいです。 = 若干うすいです。(약간 싱겁습니다.) ⓔ 甘いです。(답니다.) ⓕ 辛くて死にそうです。(매워 죽겠습니다.)
맛있습니다.	おいしいです。
맛 좀 보세요.	味見してください。 = 味見してもらえます? = 味見してもらえますか。 = 味見して頂けますか。 // これ今日初めて作ってみたんですが 味見してもらえますか。 (이거 오늘 처음 만들어 본건데, ~)
맛 좀 봐줘.	[시식] 味見して。= 食べてみて。
맛 좋다!	おいしい!

망

망년회 참석할 거지!?	忘年会、出るでしょ。
망사스타킹 자주 신는 애 말이야.	いつも網スト穿いてる子いるでしょ。
망설이지 말고 GO!	迷ってばっかいないで、いっちゃえ!

망신살이 뻗쳤더라.	赤恥_{あかはじ}さらしてたよ。
망신을 당했어요.	恥_{はじ}をかきました。

망쳤어!	①[엉망진창] めちゃくちゃだ!
	// あいつのせいでめちゃくちゃだ!
	(그놈 때문에~)
	②[수포로돌아감] 台無_{だいな}しだ!
	// せっかく準備_{じゅんび}してたのが台無_{だいな}しだ!
	(모처럼 준비했는데~)
	③[실수] しくじった!

망할 놈!	〈속어〉くそったれ! = 馬鹿野郎_{ばかやろう}!

맞

맞는다.	[어린이들에게 주는 벌] おしおきだよ。 // ウソ付_ついたらおしおきだよ。 (거짓말하면~.)
맞는 말씀입니다.	もっともです。= ごもっともです。
맞벌이 하고 있어요.	共働_{ともばたら}きしてます。= 共稼_{ともかせ}ぎしてます。
맞선을 한 100번은 본 것 같아.	お見合_{みあ}いを100回_{かい}はしたみたい。
맞아!	①[대답·동의] そうだ! ②[긍정·일치함] 合_あうよ。= 合_あってるよ。 // この答_{こた}えは合_あってるよ。(이 정답은~)

맞아요!	① [대답 · 동의] そうです！ ② [긍정 · 일치함] 合^あいます。＝合^あってます。 // この靴^{くつ}は自分^{じぶん}にぴったり合^あいます。 (이 신발은 저에게 딱~)
맞은편에 있어요.	向^むかいにあります。
맞춰 봐!	当^あててみて！

맡겨!	任^{まか}せて！ // 料理^{りょうり}には自信^{じしん}あるから任^{まか}せて！ (요리엔 자신 있으니까~!)
맡기세요.	任^{まか}せてください。＝任^{まか}せなさい。

매너가 없네요.	マナーが悪^{わる}いですね。 ＝マナーがなってないですね。
매력적입니다.	魅力的^{みりょくてき}です。
매상이 꽤 많이 늘었어요.	売上^{うりあげ}がぐ～んと伸^のびました。
매우 기쁩니다.	とてもうれしいです。 ＝すごくうれしいです。

매우 똑똑합니다.	とても頭_{あたま}がいいです。 = すごく頭_{あたま}がいいです。
매우 좋습니다.	とてもいいです。= すごくいいです。
매운것, 짠것, 단것 다 피하세요.	辛_{から}いもの、塩辛_{しおから}いもの、甘_{あま}いものは全_{すべ}て避_さけてください。 *全_{すべ}て = 全部_{ぜんぶ}
매일같이 싸우면 안질리냐?	毎日_{まいにち}ケンカばっかりで飽_あきない？
매일 몇 시에 일어납니까?	毎日_{まいにち}何時_{なんじ}に起_おきますか。 ➡ ６時半_{じはん}に起_おきます。(6시 반이요.)
매점에서 빵 사먹자.	売店_{ばいてん}にパン買_かいに行_いこう。
매정합니다.	冷_{つめ}たいです。 // 妹_{いもうと}の私_{わたし}への視線_{しせん}はいつも冷_{つめ}たいです。 (나에 대한 동생의 시선은 언제나~)
매진되었습니다.	売_うり切_きれです。- 売_うり切_きれました。 // 10分_{ぶん}で売_うり切_きれました。(10분만에~)
매콤하니 맛있네.	ぴりっと辛_{から}くておいしいじゃん。

맥도날드에서 대충 때우자.	[식사]マクドナルドで適当_{てきとう}に済_すませよう。 ※ 맥도날드(マクドナルド)라는 상호에 대하여 동경에 서는 マック, 오사카에서는 マクド라고 각각 줄여서 부른다.

맥빠지는 소리 좀 하지마.	気の抜けるようなこと言うなよ。 = 気の抜けるようなこと言わないで。
맥이 탁 풀려버렸어.	気が抜けちゃった。 = 拍子抜けしちゃった。
맥주병이야.	[수영] カナヅチだよ。
맥주 한 병 주세요.	ビール1本ください。

맨

맨발로 뛰쳐나갔어.	裸足で駆けてったよ。
맨션에 살고 있어요.	マンションに住んでいます。
맨손으로 때려잡았대.	素手で取っ捕まえたって。
맨입으로는 안하겠단거군.	[보상] それなりの見返りがなきゃやんないってことだな。
맨 정신으론 그런 말 못하지.	普通はそういうこと言えないっしょ。

맵

맵습니다.	辛いです。 // とても辛いです。

= すごく辛いです。
= めちゃ辛いです。
= 辛すぎます。(너무~)

머

머리가 나쁩니다.	頭が悪いです。
머리가 많이 아픕니다.	頭痛がひどいです。 = 頭がとても痛いです。 = 頭がすごく痛いです。 = 頭がひどく痛いです。
머리가 어지러워요.	くらくらします。
머리가 어지러워서 토할 것 같아요.	くらくらして吐きそうです。
머리끄댕이잡고 싸우고 있어.	髪の毛引っ張り合ってケンカしてる。
머리는 어떤 스타일로 할까요?	どんなヘアースタイルにしましょうか。 ➡ ⓐ 前髪をセンター分けにしてください。(앞머리를 중간 가르마로 해주세요.) ⓑ ボブにしてください。 (단발머리로 해주세요.)
머리 들지 마세요.	頭を上げないでください。
머리를 약간만 다듬어 주세요.	[미용실] ちょっとだけ整えてください。

머리부터 감겨주세요.	シャンプーからしてください。
머리 숙여요.	頭を下げてください。
머리숱이 없어 고민이에요.	髪が薄くなって心配です。
머리에 피도 안 마른 것이!	青二才の分際で!
머리 자르시겠습니까?	[미용실] カットですか。 ➡ いいえ。パーマお願いします。 (아니요. 파마해주세요.)
머리 좀 식히고 올게.	ちょっと頭冷やしてくる。
머리 좀 써라.	頭を使え!

머물겁니까?	① [숙박] 泊まるご予定ですか。
	// いつまで泊まるご予定ですか。
	(언제까지~)
	② [체류] 滞在する予定ですか。
	// 日本にはいつまで滞在する予定ですか。(일본에 언제까지~)
	➡ 来月までの予定です。(다음달까지요.)

먹

먹거리가 풍성해요.	食べ物が豊富です。
먹고 가!	食べて行きなさい。= 食べて行って。

	= 食べて行けよ。 = 食べて行け。
먹고 싶어요.	食べたいです。
먹고 있어요.	食べています。 = 食べている途中です。 = 食べているところです。
먹기에 아까울 정도예요.	食べるのがもったいないほどです。
먹는 양이 적습니다.	食べる量が少ないです。 = 少食です。
먹다 죽은 귀신이 붙은 모양이군!	餓鬼でも憑いたみたい。
먹던 것도 괜찮아요.	食べかけのでもかまいません。
먹보!	食いしん坊!
먹어도 될까요?	食べてもいいですか。 ➡ これは食べてはいけません。 = これは食べちゃダメです。 (이것은 먹으면 안 됩니다.)
먹어보세요.	どうぞ。
먹어본 적이 없습니다.	食べたことがありません。 = 食べたことがないです。
먹어봐!	食べてみて。
먹었어요.	食べました。
먹으러 가자.	食べに行こう。

233

먹음직스러워 보이는데요!	おいしそうですね。
먹이는 줬니?	[애완동물] 餌_{えさ}はやったの。
먹자!	食_たべよう。
먹칠하려고 그래?	泥_{どろ}を塗_ぬる気_きか! // 俺_{おれ}の顔_{かお}に泥_{どろ}を塗_ぬる気_きか! (내 얼굴에~!)
먹튀잖아!	食_くい逃_にげじゃん!

먼

먼 길 오시느라 힘드셨지요.	遠_{とお}いところまでご苦労様_{くろうさま}です。 = 遠_{とお}いところまでありがとうございます。
먼저 가세요!	① [양보] お先_{さき}にどうぞ。 ② [출발] お先_{さき}に行_いってください。
먼저 갑니다!	① [퇴근] お先_{さき}に失礼_{しつれい}します。 ② [출발] 先_{さき}に行_いっています。
먼저 본 사람이 임자야.	早_{はや}いもん勝_がちだよ。 = 早_{はや}いもの勝_がちだよ。
먼저 일어나겠습니다.	お先_{さき}に失礼_{しつれい}します。
먼저 주무세요.	お先_{さき}にお休_{やす}みになってください。

먼저 하세요.	お先_{さき}にどうぞ。
먼지 투성이잖아!	ほこりだらけじゃん!
먼 친척보다 이웃 사촌이 낫다.	遠_{とお}くの親類_{しんるい}より近_{ちか}くの他人_{たにん}。

 멀

멀미가 심해요.	車酔_{くるまよ}いがひどいです。(차~) // 船酔_{ふなよ}いがひどいです。(배~)
멀었습니다.	まだまだです。(아직~)
멀었어?	まだ?(아직~) ➡ もうすぐよ。= もうすぐだよ。(금방이야.)
멀쩡하게 생겨서 왜이리 소심해?	見_みかけと違_{ちが}って小心者_{しょうしんもの}じゃん。
멀쩡해요.	[별 문제 없음] 全然大丈夫_{ぜんぜんだいじょうぶ}です。
멀쩡했는데.	[물건 등이] 昨日_{きのう}まで大丈夫_{だいじょうぶ}だったのに。(어제까지~)

 멈

멈춰(요)!	止_とまって! = 止_とめて! = ストップ!

| 멉니까? | 遠いですか。
➡ ⓐ そんなに遠くありません。
 = そんなに遠くないです。
（그렇게 멀지 않아요.）
ⓑ ちょっと遠いです。
 = 少し遠いです。（좀 멀어요.） |

멋대가리 없다니까!	[불평·불만] ムードのかけらもないんだから！
멋대로 짐작하지마.	勝手に決めつけないで。
멋부리다 감기걸린다.	おしゃれもいいけど、風邪引くよ。
멋있다!	① [사람·사물] かっこいい！ = すてき！ ② [행동·업적] すごい！ = 素晴らしい！
멋쟁이네!	おしゃれだね！

| 멍들었잖아! | あざできちゃったじゃん！ |
| 멍때리지마! | ぼ〜っとすんな！ |

멍멍!	[개소리] ワンワン!
멍석 깔아주면 못한다니까.	いざとなったら何もできないんだから!
멍청이!	バカ! = あほ! = ドジ! = まぬけ!
멍청한 놈!	バカな奴! = あほな奴! = ドジな奴! = まぬけな奴!
멍하니 뭐하고 있어.	何ぼ～っとしてんの。

메

메뉴(판) 좀 보여주세요.	メニューを見せてください。
메롱!	あかんべえ。 = べえ。
메리크리스마스!	メリークリスマス!
메모 남기세요.	メモを残してください。
메모리 용량이 부족합니다.	メモリ容量が足りないです。
메모 좀 남겨주시겠어요?	メモを残して頂けますか。 // 恐れ入りますが、彼にメモを残して 頂けますか。(죄송하지만 그에게~)
메스꺼워서 아무것도 못먹겠어.	胸がむかむかして何も食べれそうに ない。

	= 吐気<ruby>は</ruby>がして何<ruby>なに</ruby>も食<ruby>た</ruby>べれそうにない。
메시지를 남겨주세요.	[전화녹음] ただいま電話<ruby>でんわ</ruby>に出<ruby>で</ruby>ることができません。発信音<ruby>はっしんおん</ruby>の後<ruby>あと</ruby>にメッセージを残<ruby>のこ</ruby>してください。 (지금은 전화를 받을 수 없습니다. 삐소리 후에~)
메시지 받으면 전화해 줘.	メッセージ聞<ruby>き</ruby>いたら電話<ruby>でんわ</ruby>ください。 = メッセージ聞<ruby>き</ruby>いたら電話<ruby>でんわ</ruby>ちょうだい。
메일 잘 받았습니다.	メールありがとうございます。
메일 주소 가르쳐 줘.	メルアド教<ruby>おし</ruby>えて。= メアド教<ruby>おし</ruby>えて。

며

며칠만 더 기다려주세요.	後数日<ruby>あとすうじつ</ruby>だけ待<ruby>ま</ruby>ってください。
며칠 쉬면 괜찮아질 겁니다.	数日休<ruby>すうじつやす</ruby>んだらよくなるでしょう。
며칠입니까?	何日<ruby>なんにち</ruby>ですか。 ➡ 今日<ruby>きょう</ruby>は十月十日<ruby>じゅうがつとおか</ruby>です。 (오늘은 10월10일입니다.)
며칠 정도 걸릴까요?	何日<ruby>なんにち</ruby>くらいかかりますか。 ➡ 四日<ruby>よっか</ruby>かかります。(사흘걸립니다.)

멱

| 멱살까지 잡고 뭐하는 짓이야! | 胸^{むな}ぐらまでつかんで何^{なに}やってるんだ! |

면

| 면도 좀 하고 다니지? | ヒゲ剃^そったほうがよくない? |

| 면목 없습니다. | 面目^{めんぼく}ありません。
= 合^あわせる顔^{かお}がありません。 |

| 면세점에는 꼭 들러요. | 免税店^{めんぜいてん}には必^{かなら}ず寄^よります。 |

| 면접결과는 어땠습니까? | 面接結果^{めんせつけっか}はどうでしたか。
➡ ⓐ 一次合格^{いちじごうかく}です。(1차 합격입니다.)
　　ⓑ 落^おちてしまいました。
　　= 落^おちちゃいました。(떨어졌습니다.)
　　ⓒ まだ分^わかりません。(아직 모르겠습니다.) |

| 면허증 있습니까? | ① [허가증] 免許証^{めんきょしょう}はありますか。
② [운전면허] 運転免許^{うんてんめんきょ}はありますか。
➡ ⓐ あります。(있습니다.)
　　ⓑ まだありません。(아직 없습니다.) |

명

| (몇) 명 | (何^{なん})人^{にん} |

239

	명수와 관련한 표현
	
	一人 (한 명) // 二人 (두 명) // 三人 (세 명)
	// 四人 (네 명) // 五人 (다섯 명)
	// 六人 (여섯 명) // 七人 (일곱 명)
	// 八人 (여덟 명) // 九人 (아홉 명)
	// 十人 (열 명)

명단에 넣어주세요.	リストに入れてください。
명령 좀 작작해.	[경고] 指図すんのもほどほどにしろよ。
명령하지 마세요.	命令しないでください。
명목상으로는 그렇게 되어 있지요.	表向きにはそうなっています。
명문대 출신이면 다야?	名門校出身が何だ!
명백히 저쪽이 잘못했네.	明らかにあっちのミスじゃん。
명수만큼 준비할게요.	人数分用意しますね。
명심하겠습니다.	肝に銘じて忘れません。
명심해!	忘れるなよ。
명예훼손으로 고발해 버릴거야.	名誉毀損で訴えてやる。
명콤비 나오셨구만.	出た、名コンビ!
명품만 취급하고 있어요.	ブランド物だけを取り扱っています。

명함을 드렸습니다.	<ruby>名刺<rt>めいし</rt></ruby>を<ruby>渡<rt>わた</rt></ruby>しました。
명함지갑을 선물로 드렸습니다.	<ruby>名刺入<rt>めいしい</rt></ruby>れをプレゼントしました。

몇

몇 가지 물어볼게요.	いくつかお<ruby>聞<rt>き</rt></ruby>きします。 = いくつかお<ruby>尋<rt>たず</rt></ruby>ねします。 ➡ どうぞ。(그러세요.)
몇 개 있어요?	いくつありますか。 ➡ <ruby>合<rt>あ</rt></ruby>わせてむっつあります。 = <ruby>全部<rt>ぜんぶ</rt></ruby>でむっつあります。 (모두 합해 6개있습니다.)

몇 년도입니까?	<ruby>何年度<rt>なんねんど</rt></ruby>ですか。
	// <ruby>何年度卒業<rt>なんねんどそつぎょう</rt></ruby>ですか。(몇 년도 졸업입니까?)
	
	연도와 관련한 표현
	<ruby>一昨年<rt>おととし</rt></ruby> (재작년) // <ruby>去年<rt>きょねん</rt></ruby> = <ruby>昨年<rt>さくねん</rt></ruby> (작년)
	// <ruby>今年<rt>ことし</rt></ruby> (올해) // <ruby>来年<rt>らいねん</rt></ruby> (내년) // <ruby>再来年<rt>さらいねん</rt></ruby> (내후년)

몇 년 되었습니까?	<ruby>何年<rt>なんねん</rt></ruby>になりますか。 // <ruby>日本語<rt>にほんご</rt></ruby>を<ruby>習<rt>なら</rt></ruby>い<ruby>始<rt>はじ</rt></ruby>めて<ruby>何年<rt>なんねん</rt></ruby>になりますか。(일본어를 배운지~) ➡ まだ1<ruby>年<rt>ねん</rt></ruby>です。(겨우 1년 됐습니다.)
몇 대 몇으로 이겼습니까?	<ruby>何対何<rt>なんたいなに</rt></ruby>で<ruby>勝<rt>か</rt></ruby>ちましたか。

	→ ⓐ 2対1で勝ちました。(2대 1로 이겼습니다.)
	ⓑ 0対1で負けました。(0대 1로 졌습니다.)
몇 대 몇입니까?	何対何ですか。
	→ Aチームが2対1で勝っています。
	(A팀이 2대 1로 이기고 있습니다.)
몇 도 입니까?	何度ですか。
	// 今日の気温は何度ですか。(오늘 기온은~?)
	→ 12度です。(섭씨 12도요.)
	// この焼酎はアルコールが何度ですか。
	(이 소주는 알콜도수가 ~?)
	→ 21度です。(21도입니다.)
몇 등 했습니까?	何位ですか。
	→ 1位に決まってるでしょ。(당연히 1등이죠.)
몇 번 말하면 **알아들어요?**	==何回言ったら分かるんですか!==
	// 嫌だって言ってるでしょ。何回言っ
	たら分かるんですか! (싫다고 했잖아요! ~)
몇 번 버스를 타야합니까?	何番のバスに乗ればいいですか。
	→ 1番バスに乗ってください。
	(1번 버스를 타 주세요.)
몇 번째인지 알기나 해요?	何回目か分かってるんですか。
몇 분간 입니까?	何分間ですか。
	→ 十五分間です。(15분간입니다.)
	// 三十分間です。(30분간입니다.)

	// 四十五分間です。(45분간입니다.)
	よんじゅうごふんかん
	// 六十分間です。(60분간입니다.)
	ろくじゅっぷんかん
	// 七十分間です。(70분간입니다.)
	ななじゅっぷんかん
	// 九十分間です。(90분간입니다.)
	きゅうじゅっぷんかん

몇 분 남았습니까?	後何分ですか。 あとなんぷん ➡ 後10分です。(10분이요.) あと ぷん
몇 분입니까?	① [인원수] 何名様ですか。 なんめいさま ➡ 8名です。(8명입니다.) めい ② [시간] 今二時何分ですか。(지금 두시~) いま にじ なんぷん ➡ 二時十五分です。(두시 15분입니다.) にじ じゅうごふん
몇 살이니?	いくつ? = 何歳? = おいくつですか。 なんさい = 何歳ですか。 なんさい
몇 시간 걸립니까?	何時間かかりますか。 なんじかん // ソウルから東京まで何時間かかりま とうきょう なんじかん 　すか。(서울에서 동경까지~) ➡ 二時間くらいかかります。 にじかん (두 시간정도 걸립니다.)
몇 시 비행기입니까?	何時の便ですか。 なんじ びん = 何時の飛行機ですか。 なんじ ひこうき ➡ 十一時二十五分です。(11시 25분입니다.) じゅういちじにじゅうごふん
몇 시입니까?	何時ですか。 なんじ ➡ 二時十分です。(2시 10분입니다.) に じ じゅっぷん

いちじ
// 一時です。(1시입니다.)
にじ
// 二時です。(2시입니다.)
さんじ
// 三時です。(3시 입니다.)
よじ
// 四時です。(4시입니다.)
ごじ
// 五時です。(5시입니다.)
ろくじ
// 六時です。(6시입니다.)
しちじ
// 七時です。(7시입니다.)
はちじ
// 八時です。(8시입니다.)
くじ
// 九時です。(9시입니다.)
じゅうじ
// 十時です。(10시입니다.)
じゅういちじ
// 十一時です。(11시입니다.)
じゅうにじ
// 十二時です。(12시입니다.)

몇 식구입니까?

なんにんかぞく
何人家族ですか。

몇 월 며칠입니까?

なんがつなんにち
何月何日ですか。
じゅうがつふつか
➡ 十月二日です。(10월 2일입니다.)

월 표현

なんがつ
何月? (몇 월?)
いちがつ　　　　　にがつ　　　　　さんがつ
➡ 一月 (1월) // 二月 (2월) // 三月 (3월)
しがつ　　　　　ごがつ　　　　　ろくがつ
// 四月 (4월) // 五月 (5월) // 六月 (6월)
しちがつ　　　　　はちがつ　　　　　くがつ
// 七月 (7월) // 八月 (8월) // 九月 (9월)
じゅうがつ　　　　　じゅういちがつ
// 十月 (10월) // 十一月 (11월)
じゅうにがつ
// 十二月 (12월)

일 표현

なんにち
何日? (며칠?)

➡ <ruby>一日<rt>ついたち</rt></ruby> (1일) // <ruby>二日<rt>ふつか</rt></ruby> (2일) // <ruby>三日<rt>みっか</rt></ruby> (3일)
// <ruby>四日<rt>よっか</rt></ruby> (4일) // <ruby>五日<rt>いつか</rt></ruby> (5일) // <ruby>六日<rt>むいか</rt></ruby> (6일)
// <ruby>七日<rt>なのか</rt></ruby> (7일) // <ruby>八日<rt>ようか</rt></ruby> (8일) // <ruby>九日<rt>ここのか</rt></ruby> (9일)
// <ruby>十日<rt>とおか</rt></ruby> (10일) // <ruby>十一日<rt>じゅういちにち</rt></ruby> (11일)
// <ruby>十二日<rt>じゅうににち</rt></ruby> (12일) // <ruby>十三日<rt>じゅうさんにち</rt></ruby> (13일)
// <ruby>十四日<rt>じゅうよっか</rt></ruby> (14일) // <ruby>十五日<rt>じゅうごにち</rt></ruby> (15일)
// <ruby>十六日<rt>じゅうろくにち</rt></ruby> (16일) // <ruby>十七日<rt>じゅうしちにち</rt></ruby> (17일)
// <ruby>十八日<rt>じゅうはちにち</rt></ruby> (18일) // <ruby>十九日<rt>じゅうくにち</rt></ruby> (19일)
// <ruby>二十日<rt>はつか</rt></ruby> (20일) // <ruby>二十一日<rt>にじゅういちにち</rt></ruby> (21일)
// <ruby>二十二日<rt>にじゅうににち</rt></ruby> (22일) // <ruby>二十三日<rt>にじゅうさんにち</rt></ruby> (23일)
// <ruby>二十四日<rt>にじゅうよっか</rt></ruby> (24일) // <ruby>二十五日<rt>にじゅうごにち</rt></ruby> (25일)
// <ruby>二十六日<rt>にじゅうろくにち</rt></ruby> (26일) // <ruby>二十七日<rt>にじゅうしちにち</rt></ruby> (27일)
// <ruby>二十八日<rt>にじゅうはちにち</rt></ruby> (28일) // <ruby>二十九日<rt>にじゅうくにち</rt></ruby> (29일)
// <ruby>三十日<rt>さんじゅうにち</rt></ruby> (30일) // <ruby>三十一日<rt>さんじゅういちにち</rt></ruby> (31일)

개월 수 표현

<ruby>何ヶ月<rt>なんかげつ</rt></ruby>? (몇 개월?)
➡ <ruby>一ヶ月<rt>いっかげつ</rt></ruby> (1개월, 한 달) // <ruby>二ヶ月<rt>にかげつ</rt></ruby> (2개월, 두 달)
// <ruby>三ヶ月<rt>さんかげつ</rt></ruby> (3개월, 세 달) // <ruby>四ヶ月<rt>よんかげつ</rt></ruby> (4개월, 네 달)
// <ruby>五ヶ月<rt>ごかげつ</rt></ruby> (5개월, 다섯 달)

날짜 수 표현

<ruby>何日<rt>なんにち</rt></ruby>? (며칠?)
➡ <ruby>一日<rt>ついたち</rt></ruby> (하루) // <ruby>二日<rt>ふつか</rt></ruby> (이틀) // <ruby>三日<rt>みっか</rt></ruby> (사흘)
// <ruby>四日<rt>よっか</rt></ruby> (나흘) // <ruby>五日<rt>いつか</rt></ruby> (닷새)

몇입니까?

<ruby>答<rt>こた</rt></ruby>えは<ruby>何<rt>なん</rt></ruby>ですか。(정답은~?)

➡ 七<ruby>なな</ruby>です。(7입니다.)

いち ⑴ // に ⑵ // さん ⑶ // し = よん ⑷

// ご ⑸ // ろく ⑹ // しち = なな ⑺

// はち ⑻ // きゅう ⑼ // じゅう ⑽

// じゅういち ⑾ // じゅうに ⑿

// じゅうさん ⒀ // じゅうし = じゅうよん ⒁

// じゅうご ⒂ // じゅうろく ⒃

// じゅうしち = じゅうなな ⒄

// じゅうはち ⒅

// じゅうきゅう = じゅうく ⒆

// にじゅう ⒇ // さんじゅう (30)

// よんじゅう (40) // ごじゅう (50)

// ろくじゅう (60) // ななじゅう (70)

// はちじゅう (80) // きゅうじゅう (90)

// ひゃく (100) // ひゃくよん (104)

// ひゃくじゅう (110)

// ひゃくじゅういち (111)

// ひゃくじゅうきゅう = ひゃくじゅうく (119)

// ひゃくにじゅう (120) // にひゃく (200)

// にひゃくに (202) // にひゃくにじゅう (220)

// せん (1,000) // せんよん (1,004)

// せんよんじゅう (1,040)

// せんよんひゃく (1,400) // にせん (2,000)

// にせんにひゃく (2,200) // いちまん (10,000)

// にまん (20,000) // にまんにひゃくに (20,202)

// いちおく (1억) // におく (2억)

몇 점입니까?	何点ですか。 // 日本語の成績は何点ですか。 (일본어 성적은~) ➡ 85点です。 (85점입니다.)
몇 초입니까?	何秒ですか。 ➡ 十秒 (10초) // 二十秒 (20초)
몇 학년입니까?	何年生ですか。 ➡ 高校 2 年生です。 (고등학교 2학년이요.)
몇 호실입니까?	何号室ですか。 ➡ 102号室です。 (102호실이요.)

모

모공관리 좀 해야겠다.	[조언] 毛穴のお手入れしたほうがいいよ。
모기 때문에 잠을 못자겠어.	蚊のせいで夜も眠れないよ。
모기 물렸어!	蚊に刺された!
모닝콜 해주세요.	モーニングコールお願いします。 // 明日朝 7 時にモーニングコールお 願いします。 (내일 아침 7시에~)
모두 털어버리자.	全て流そう。= 全て流しましょう。
모든 일은 마음먹기에 달려있어요.	全ては心次第です。

모든 준비가 끝났습니다.	全ての準備が整いました。 = 全ての準備が終わりました。
모레 만나는 게 어때요?	明後日会うのはどうですか。 ➡ いいですよ。(좋아요.)
모르겠습니까?	① [이해] 分かりませんか。 = 分からないですか。 ➡ 分かりません。(모르겠어요.) ② [지식] 知りませんか。 = 知らないですか。

모르겠습니다.	① [이해·구별] 分かりません。
	// 一目見ただけでは分かりません。
	(한 번 본 것 만으로는 ~)
	② [지식] 知りません。
	// 本当に彼の電話番号は知りません。
	(정말 그의 전화번호는~)

모르는 게 약이야.	知らないほうがいいよ。 = 知らぬが仏だよ。
모르는 소리 하지마!	知らなかったら黙ってて。 = 知らなかったら黙ってろ。
모르는 척 하지마.	知らんぷりすんなよ。 = 知らんぷりしないでよ。
모르쇠로 일관하려고?	白をきるつもり?

	= 最後まで知らんぷりするつもり？
	= 最後までとぼけるつもり？
모셔다 드리겠습니다.	送ります。
모습이 예전 그대로네.	以前と変わらないね。
	= 以前と変わらないな。
	= 以前と変わってないね。
	= 以前と変わってないな。
	➡ そっちこそ全然変わってないよ。
	(너야말로 하나도 변한 게 없어.)
모 아니면 도지 뭐!	**イチかバチかだ!**
모임이 있어서 일찍 나갔습니다.	[퇴근] 用事があって先に出ました。
모입니까?	集まりますか。= 集まるんですか。
	// 明日どこで集まるんですか。
	= 明日どこで集まりますか。(내일 어디서~)
	➡ 正門で集まる予定です。
	(정문에서 만날 예정입니다.)
모자쓰니까 사람이 달라보이네.	帽子かぶったら全然違う人みたいじゃん。
모처럼 만에 만났는데.	① [순접] せっかく会ったんだし
	= 久しぶりに会ったんだし
	= 久々に会ったんだし
	// せっかく会ったんだし、ご飯でも食べに行こうか。(~밥이라도 먹으러 갈까?)

	② [역접] せっかく会った<ruby>会<rt>あ</rt></ruby>のに = <ruby>久<rt>ひさ</rt></ruby>しぶりに<ruby>会<rt>あ</rt></ruby>ったのに = <ruby>久々<rt>ひさびさ</rt></ruby>に<ruby>会<rt>あ</rt></ruby>ったのに // せっかく<ruby>会<rt>あ</rt></ruby>ったのに、そんなこと しか<ruby>言<rt>い</rt></ruby>えないの。(~그런 말 밖에 못해?)
모처럼 한자리에 모였으니 건배하자!	せっかくみんなで<ruby>集<rt>あつ</rt></ruby>まったんだし、 <ruby>乾杯<rt>かんぱい</rt></ruby>しよう!
모퉁이에서 꺾어주세요.	[길안내]<ruby>角<rt>かど</rt></ruby>のところで<ruby>曲<rt>ま</rt></ruby>がってください。

목

목걸이 예쁘다!	ネックレスかわいい!
목격자를 찾고있어요.	<ruby>目撃者<rt>もくげきしゃ</rt></ruby>を<ruby>探<rt>さが</rt></ruby>しています。
목도리 직접 뜬거야?	<ruby>手編<rt>てあ</rt></ruby>みのマフラー?
목 말라요?	のどが<ruby>渇<rt>かわ</rt></ruby>いたんですか。 = のどが<ruby>渇<rt>かわ</rt></ruby>くんですか。 ➡ ⓐ のどが<ruby>渇<rt>かわ</rt></ruby>きました。(목말라요.) 　 ⓑ のどは<ruby>渇<rt>かわ</rt></ruby>いてません。(목마르지 않습니다.)
목발까지 짚고 올 필요 없었는데.	<ruby>松葉杖<rt>まつばづえ</rt></ruby>までついて<ruby>来<rt>く</rt></ruby>ることなかった のに。
목숨걸고 내가 지켜줄게.	<ruby>命<rt>いのち</rt></ruby>をかけて<ruby>俺<rt>おれ</rt></ruby>が<ruby>守<rt>まも</rt></ruby>ってやる。

목욕탕 갈까?	<ruby>銭湯<rt>せんとう</rt></ruby><ruby>行<rt>い</rt></ruby>こうか。 ➡ いいですね。(좋지요.)
목이 쉬었어요.	<ruby>声<rt>こえ</rt></ruby>がかすれました。 // <ruby>応援<rt>おうえん</rt></ruby>のし<ruby>過<rt>す</rt></ruby>ぎで<ruby>声<rt>こえ</rt></ruby>がかすれました。 (응원을 너무 열심히 해서~)
목이 아픕니다.	①[뒷목] <ruby>首<rt>くび</rt></ruby>が<ruby>痛<rt>いた</rt></ruby>いです。 ②[성대] のどが<ruby>痛<rt>いた</rt></ruby>いです。
목적을 위해서는 수단을 안가리는 사람이에요.	<ruby>目的<rt>もくてき</rt></ruby>のためなら<ruby>手段<rt>しゅだん</rt></ruby>を<ruby>選<rt>えら</rt></ruby>ばない<ruby>人<rt>ひと</rt></ruby>です。
목적지까지 얼마나 남았어?	<ruby>目的地<rt>もくてきち</rt></ruby>まで<ruby>後<rt>あと</rt></ruby>どのくらい？

몰

몰라도 돼.	<ruby>知<rt>し</rt></ruby>らなくていい。
몰라, 몰라!	[짜증내며] <ruby>知<rt>し</rt></ruby>るか!
몰라보게 변했네!	<ruby>見違<rt>みちが</rt></ruby>えたね!
몰라서 물어?	<ruby>本気<rt>ほんき</rt></ruby>で<ruby>聞<rt>き</rt></ruby>いてんの。
몰라요.	①[지식] <ruby>知<rt>し</rt></ruby>りません。= <ruby>知<rt>し</rt></ruby>らないです。 ②[이해] <ruby>分<rt>わ</rt></ruby>かりません。 = <ruby>分<rt>わ</rt></ruby>からないです。
몰래 빠져 나왔어요.	こっそり<ruby>抜<rt>ぬ</rt></ruby>け<ruby>出<rt>だ</rt></ruby>しました。

몰래카메라였습니다!	<mark>どっきりカメラでした!</mark>
몰상식하네!	非常識ね。<small>ひじょうしき</small> = 非常識だね。<small>ひじょうしき</small> = 非常識だな。<small>ひじょうしき</small>
몰아세우지 좀 마.	そう責<small>せ</small>め立<small>た</small>てないでよ。 = そう責<small>せ</small>め立<small>た</small>てんなよ。
몰카에 찍혔어!	隠<small>かく</small>し撮<small>ど</small>りされた!

몸

몸 건강하시길 빕니다.	お元気<small>げんき</small>で。
몸매 좋은데?	<mark>スタイルいいね。</mark>
몸무게는 얼마입니까?	体重<small>たいじゅう</small>は何<small>なん</small>キロですか。 ➡ ⓐ 50キロです。<small>(50킬로그램입니다.)</small> ⓑ 60キロくらいです。 = 約<small>やく</small>60キロです。<small>(60킬로그램 정도입니다.)</small>
몸에 손대지 마세요.	身体<small>からだ</small>に触<small>さわ</small>らないでください。 = 身体<small>からだ</small>に触<small>ふ</small>れないでください。
몸에 안 좋습니다.	身体<small>からだ</small>によくありません。 = 身体<small>からだ</small>によくないです。 = 身体<small>からだ</small>に毒<small>どく</small>です。
몸에 좋습니다.	身体<small>からだ</small>にいいです。

몸에 힘이 하나도 없습니다.	<ruby>全然力<rt>ぜんぜんちから</rt></ruby>がありません。 = <ruby>全然力<rt>ぜんぜんちから</rt></ruby>が<ruby>入<rt>はい</rt></ruby>りません。
몸은 어떻습니까?	<ruby>体<rt>からだ</rt></ruby>の<ruby>具合<rt>ぐあい</rt></ruby>はどうですか。 ➡ まあまあです。(그런대로요.)
몸이 불편한 것 같습니다.	<ruby>体<rt>からだ</rt></ruby>が<ruby>不自由<rt>ふじゆう</rt></ruby>なようです。
몸이 좀 나으셨나봐요.	<ruby>具合<rt>ぐあい</rt></ruby>がよくなったようですね。
몸조리 잘 하세요.	お<ruby>大事<rt>だいじ</rt></ruby>に。
몸조심하세요.	お<ruby>体<rt>からだ</rt></ruby>に<ruby>気<rt>き</rt></ruby>を<ruby>付<rt>つ</rt></ruby>けて。

못

못 가봤습니다.	<ruby>行<rt>い</rt></ruby>ったことがありません。
못 견디겠습니다.	<ruby>耐<rt>た</rt></ruby>えられません。
못난 녀석이로군.	<ruby>愚<rt>おろ</rt></ruby>かな<ruby>奴<rt>やつ</rt></ruby>だな。= あきれた<ruby>奴<rt>やつ</rt></ruby>だな。 = ろくでなし。= ばかな<ruby>奴<rt>やつ</rt></ruby>だな。
못됐어요!	<ruby>悪<rt>わる</rt></ruby>いです。= <ruby>性質<rt>たち</rt></ruby>が<ruby>悪<rt>わる</rt></ruby>いです。 // あの<ruby>人本当<rt>ひとほんとう</rt></ruby>に<ruby>性質<rt>たち</rt></ruby>が<ruby>悪<rt>わる</rt></ruby>いんですよ。 (그 사람 정말~)

못 들은 걸로 할게.	聞かなかったことにするよ。 = 聞かなかったことにするね。
못들은 척 하지마.	聞こえないふりすんなよ。 = 聞こえないふりしないでよ。
못들은 척 했지.	① [듣지않음] 聞かなかった振りをしたよ。 ② [안들림] 聞こえない振りをしたよ。
못마땅한거라도 있어?	何か不満でもあんの。 = 何か気に入らないことでもあんの。
못마땅해서 그래?	気に入らないの。
못 만났어요.	会えませんでした。 = 会えなかったです。 // もう十日間も会えませんでした。 (벌써 10일이나~)
못 먹겠습니다.	食べられません。 // この料理はどうしても食べられません。 (이 음식은 도저히~)
못 먹는 음식이 있습니까?	苦手な食べ物はありませんか。 ➡ レーズンが苦手です。(건포도를 싫어해요.)
못 먹었습니다.	① [불가능] 食べられませんでした。

254

	// お弁当の数が足りなくて一人だけ 食べられませんでした。 (도시락 숫자가 모자라 한 명~) ② [아직] 食べていません。 ← お昼は食べましたか。(점심은 먹었습니까?)
못 믿겠습니다.	信じられません。 ← 私は本当にウソが苦手です。 (전 거짓말을 못합니다.)
못보던 애네.	<mark>見慣れない子だね。</mark>
못살게 구는구나.	いじめるんだね。 // あの子が君をいじめるんだね。 (저 아이가 너를~)
못살게 군단 말이야!	いじめるんだもん！ // クラスの子がいつもいじめるんだも ん。(반 애가 만날~)
못 살아요.	[목숨] 長くは生きられません。(얼마~)
못생겨서 미안하네!	① [여자] ぶすで悪かったわね。 ② [남자] ぶさいくで悪かったな。
못생긴게! // 못생긴 주제에	① [여자] このブス！ ② [남자] ぶさいくなくせに！
못 알아들었습니다.	① [이해가 안 됨] 分かりませんでした。 ② [안들림] 聞き取れませんでした。

못 올지도 모릅니다.	来れないかもしれません。

못 옵니다.

来れません。 = 来ることができません。
// もう二度と来れません。(두번 다시~)

못 일어납니다.

起きれません。 = 起きられません。
// 朝早くは起きれません。(아침 일찍은~)

못 읽겠습니다.

読めません。
// 難しくて読めません。(어려워서~)
// 多すぎて読めません。(너무 많아서~)

못 입겠습니다.

[옷이 작아서] 入りません。
// 服はかわいいけど、小さすぎて入りません。(옷은 귀여운데 너무 작아서~)

못 참겠어!

我慢できない! = 絶えられない!
// もう我慢できない!

못 챙겨왔습니다.

持って来れませんでした。
= 持って来ていません。

못하겠습니다.

できません。
// 難しすぎてぼくにはできません。
(너무 어려워서 저는~)

못합니다.

できません。
// 僕は勉強はできません。(저는 공부는~)
// 今は入ることができません。
(지금은 들어가지~)

| 못했어요. | できていません。
// 宿題はまだできていません。
(숙제는 아직~.) |

| 몽땅 갖다 버려! | 全部捨てちゃって！ ＝ 全部捨てちゃえ！ |

| 묘지가 있던 자리래! | お墓があったところなんだって。 |
| 묘하게 끌리는데가
있네요. | 妙に惹かれるところがありますね。 |

무거워 죽겠어요.	重くて死にそうです。 // このかばんの中にはいったい何が 入っているんですか。重くて死にそう です。(이 가방 안에 도대체 뭐가 든거에요? ~)
무겁습니까?	重いですか。 // どのくらい重いですか。(얼마나~) ➡ 70キロです。(70킬로그램입니다.)
무게가 초과되었습니까?	重量オーバーですか。

무관심해 보이는데 뭐.	興味^{きょうみ}なさそうじゃん。 = 関心^{かんしん}なさそうじゃん。
무난하지 뭐.	<mark>無難^{ぶなん}でしょ。</mark>
무늬는 뭐가 좋아?	柄^{がら}は何^{なに}がいい？
무다리!	[놀림]大根^{だいこん}あし！
무단횡단하면 위험해.	信号無視^{しんごうむし}したら危^{あぶ}ないよ。
무덥습니다.	[날씨]蒸^むし暑^{あつ}いです。
무뚝뚝해서 그렇게밖에 표현을 못하는거야.	ぶっきらぼうだからそうとしか表現^{ひょうげん}できないんだよ。
무려 5시간이나 사우나 했대.	なんと5時間^{じかん}もサウナしてたんだって。
무료로 나누어드리고 있습니다.	無料^{むりょう}で配布^{はいふ}しています。
무릎베게해줘.	<mark>膝枕^{ひざまくら}やって。</mark>
무리야!	無理^{むり}だよ！
무리하지 마세요.	無理^{むり}しないで。 = 無理^{むり}しないでください。
무사히 잘 다녀오세요.	気^きを付^つけて行^いってらっしゃい。
무서워요!	怖^{こわ}いです。 // 一人^{ひとり}で家^{いえ}にいるとすごく怖^{こわ}いです。 (혼자 집에 있으면 너무~)

	➡ 何が怖いのよ。 = 何が怖いんだよ。(뭐가 무서워!)
무서워 하지마세요.	怖がらないで。
무슨 낯짝으로 왔나?	どの面下げて来たんだ？
무슨 뜻이야?	[불만] どういう意味よ。 = どういう意味だよ。 ➡ 別に。(글쎄.)
무슨 말이야?	何のこと？ = 何言ってんの。
무슨 바람이 불었대?	どういう風の吹き回し？
무슨 뾰족한 수라도 있어?	何か妙案でもあんの。
무슨 상관이야!	関係ないでしょ。
무슨 생각해?	何考えてんの。
무슨 소리야?	①[소리] 何の音？ = 何の音だ？ ②[말뜻] ☞ 무슨 말이야?

무슨 요일입니까?	何曜日ですか。
	// 今日は何曜日ですか。(오늘은~)
	➡ 今日は火曜日です。(오늘은 화요일입니다.)
	〔요일〕
	月曜日 (월요일) // 火曜日 (화요일)
	// 水曜日 (수요일) // 木曜日 (목요일)

	// 金曜日{きんようび} (금요일) // 土曜日{どようび} (토요일) // 日曜日{にちようび} (일요일)
무슨일 생겼습니까?	何{なに}かあったんですか。 // 先生{せんせい}に何{なに}かあったんですか。(선생님한테~)
무슨일인지 말해봐!	何事{なにごと}か言{い}ってみなよ。
무슨 짓이야?	何{なに}するのよ! = 何{なに}するんだよ!
무승부로 끝났습니다.	引{ひ}き分{わ}けでした。
무시하지 마세요.	無視{むし}しないでください。
무엇 때문이야?	[이유] 何{なん}のためなの。 = 何{なん}のためよ。 = 何{なん}のためだよ。 = 何{なん}のためなんだよ。 // それはいったい何{なん}のためなの。 (그건 도대체~) ➡ おもしろいからだよ。(재미있으니까.)
무엇을 도와드릴까요?	① [매장·가게] 何{なに}かお探{さが}しでしょうか。 ➡ 傘{かさ}はどこに置{お}いてありますか。 (우산은 어디 있나요?) ② [회사] どうなされましたか。 ➡ 山田課長{やまだかちょう}を訪{たず}ねてきたのですが。 (야마다 과장님을 찾아왔는데요.)
무엇을 주문하시겠습니까?	☞ 주문하시겠습니까?
무엇을 합니까?	何{なに}をしますか。

//自由時間が多いですが残りの時間
に何をしますか。(자유시간이 많은데 남는 시간에~)

//暇な時は何をしますか。(한가할 때~)

//普段は何をしますか。(평소에~)

//週末には何をしますか。(주말에~)

➡ ⓐ ほとんどゴルフをしています。
(대부분 골프치러 갑니다.)

ⓑ バイトに行きます。
(아르바이트하러 갑니다.)

무엇입니까?

何ですか。

//これは何ですか。(이것은~)

➡ これはストラップです。
(이것은 핸드폰줄입니다.)

무엇 좀 드시겠습니까?

① [음식] 何か召し上がりますか。

= 何か食べますか。

➡ いいえ、気にしないでください。
(아니요. 신경 쓰지 마세요.)

② [음료] 何か召し上がりますか。

= 何か飲みますか。

➡ ⓐ 日本茶一杯ください。(녹차 한잔 주세요.)

ⓑ 何でも構いません。(아무거나 주세요.)

무작정 떼쓴다고
되는게 아니야.

何でもかんでも駄駄をこねればいい
ってもんじゃないんだからね。

무조건 잘못했다고 해!

とにかく謝れ!

무좀있는거 아니야?	水虫あるんじゃないの。
무지개 떴다!	虹が出てる!
무지 쉬웠어.	すごく簡単だったよ。 = すごく易しかったよ。 ➡ お前にはちょっと難しいと思ったんだが違ったか。 (너에겐 조금 어려울거라 생각했는데 아니었구나.)
무책임하시네요.	無責任なんですね。
무턱대고 그랬을 리는 없잖아.	何のわけもなくそんなことするわけないじゃん。

묵묵히 자기 할 일만 하는 타입이야.	黙々と自分の仕事だけやるタイプ。
묵사발을 만들어 줄테다.	こてんぱんにやっつけてやる。

문단속 잘 하고 있어.	ちゃんと戸締まりしててね。 = ちゃんと戸締まりしてろよ。
문 닫아요!	① [부탁] ドアを閉めてください。 ② [고지] 閉めますよ。

| 문닫을 시간입니다. | [영업 종료] 閉店時間^{へいてんじかん}です。 |

문닫을 시간입니다.	[영업 종료] 閉店時間です。
문병 가겠습니다.	お見舞いに行きます。 // 今週中にお見舞いに行きます。 (이번주내로~)
문 열려있어요.	ドア、開いてます。
문을 닫습니까?	何時に閉まりますか。(몇 시에~) // 銀行の窓口は何時に閉まりますか。 (은행창구는 몇시에~) ➡ 4時に閉まります。(4시에 닫습니다.)
문을 엽니까?	[영업] 営業時間は何時からですか。 = 何時に開きますか。(몇 시에~)
문자 보낼게.	[핸드폰] メールするね。 = メールするよ。
문자 왔어.	[핸드폰] メール来たよ。 = メール来たぞ。
문제라도 있습니까?	何か問題でもありますか。 = 何か困ったことでもありますか。(무슨~) ➡ いいえ、大丈夫です。(아니요. 괜찮아요.)
문제없습니다.	問題ないです。= 大丈夫です。
문 좀 열어주세요.	ドアを開けてください。

묻는 말에 대답이나 해!	答^{こた}えろ!
묻지마 살인이 증가하고 있어요.	通^{とお}り魔^ま事^じ件^{けん}が増^ふえつつあります。
묻지마세요.	私^{わたし}に聞^きかないでください。(저에게~)

물거품이 됐어요.	水^{みず}の泡^{あわ}になりました。
물건(짐) 싣는 것 좀 도와주세요.	荷^に物^{もつ}積^つむの手^て伝^{つだ}ってください。
물건 취급하지마!	物^{もの}扱^{あつか}いすんな!
물귀신작전이냐?	巻^まき添^ぞえにする気^き? = 巻^まき添^ぞえにするつもり?
물기는 잘 빼주세요.	ちゃんと水^{みず}気^けをきってください。
물 끓이는 중이에요.	お湯^ゆを沸^わかしているところです。
물 내려!	[화장실] お水^{みず}流^{なが}して! = 水^{みず}流^{なが}せよ!
물러나세요.	①[위치] 下^さがってください。 // 後^{うし}ろに下^さがってください。(뒤로~) ②[자리나 직위에서] 引^ひき下^さがってください。 = 身^みを引^ひいてください。

	// このへんできれいに引_ひき下_さがってください。
	= このへんできれいに身_みを引_ひいてください。(이쯤에서 깨끗하게~)
물론 아니지요.	もちろん違_{ちが}います。
물론이지요.	もちろんです。
물바다가 됐잖아!	水浸_{みずびた}しじゃん!
물수건 좀 주세요.	[음식점] おしぼりお願_{ねが}いします。
물어내!	[변상] 弁償_{べんしょう}して。 = 弁償_{べんしょう}してよ。 = 弁償_{べんしょう}しろ。 = 弁償_{べんしょう}しろよ。
물어 보겠습니다.	① [질문] 聞_きいてみます。 ② 〈경어〉 お伺_{うかが}いしてみます。 = 伺_{うかが}ってみます。
물어 줄게!	[변상] 弁償_{べんしょう}するわ。 = 弁償_{べんしょう}するよ。
물을 많이 드세요.	① 水_{みず}をよく飲_のんでください。 ② [수분] 水分_{すいぶん}を多_{おお}く摂取_{せっしゅ}してください。
물이 끓어요.	お湯_{ゆわ}沸いてるよ。 = お湯_{ゆわ}沸いてますよ。
물이 나오지 않습니다.	水_{みず}が出_でません。
물이 뜨겁네요.	[온천·목욕] お湯_ゆが若干熱_{じゃっかんあつ}いです。(약간~) ← 湯加減_{ゆかげん}はどうですか。(물온도는 어떠세요?)

물이 샙니다.	<ruby>水<rt>みず</rt></ruby><ruby>漏<rt>も</rt></ruby>れしています。= <ruby>水<rt>みず</rt></ruby>が<ruby>漏<rt>も</rt></ruby>れています。
물 있습니까?	お<ruby>水<rt>みず</rt></ruby>ありますか。
물 좀 더 주세요.	① [물] お<ruby>水<rt>みず</rt></ruby>お<ruby>願<rt>ねが</rt></ruby>いします。 ② [차] お<ruby>茶<rt>ちゃ</rt></ruby>お<ruby>願<rt>ねが</rt></ruby>いします。 = お<ruby>茶<rt>ちゃ</rt></ruby>のおかわりお<ruby>願<rt>ねが</rt></ruby>いします。
물집 잡혔어요.	<ruby>豆<rt>まめ</rt></ruby>ができました。
물통을 잃어버렸습니다.	<ruby>水筒<rt>すいとう</rt></ruby>をなくしてしまいました。 = <ruby>水筒<rt>すいとう</rt></ruby>なくしちゃいました。
물 한 잔 주세요.	お<ruby>水一杯<rt>みずいっぱい</rt></ruby>お<ruby>願<rt>ねが</rt></ruby>いします。 = お<ruby>水一杯<rt>みずいっぱい</rt></ruby>ください。

뭐가 그렇게 급해?	<ruby>何急<rt>なにいそ</rt></ruby>いでんの。 ➡ <ruby>遅刻<rt>ちこく</rt></ruby>したんです。(지각이에요.)
뭐가 달라요?	① [다른지 여부에 초점] どこか<ruby>違<rt>ちが</rt></ruby>うんですか。 ➡ <ruby>見<rt>み</rt></ruby>た<ruby>目<rt>め</rt></ruby>も<ruby>全然違<rt>ぜんぜんちが</rt></ruby>うじゃないですか。 (보기에도 전혀 다르잖아요.) ② [어디에 초점] どこが<ruby>違<rt>ちが</rt></ruby>うんですか。 ➡ こことここが<ruby>色<rt>いろ</rt></ruby>が<ruby>微妙<rt>びみょう</rt></ruby>に<ruby>違<rt>ちが</rt></ruby>います。 (여기와 여기가 색이 미묘하게 달라요.)
뭐가 되고 싶니?	<ruby>何<rt>なに</rt></ruby>になりたい? = <ruby>何<rt>なに</rt></ruby>になりたいの。

	➡ 科学者になりたいです。 (과학자가 되고 싶습니다.)
뭐 그런 놈이 다 있냐?	変な奴もいるもんだな。
뭐 대단한 일이라고.	たいした事じゃあるまいし。
뭐든지 괜찮습니다.	何でも構いません。 = 何でもいいです。
뭐든지 다 잘먹습니다.	何でもよく食べます。
뭐든지 말씀만 하십시오.	① 何でも言ってください。 ② 〈경어〉何なりとお申し付けください。
뭐라고요?	[화남] 何ですって? = なんだと?
뭐랄까?	なんて言うか。 // なんて言うかお上品になった感じって言うんですか。(~우아해지는 느낌이랄까요?)
뭐랬어?	[사실 확인] 何て言った? = 何て言ったの。 // 今私何て言った? (지금 내가~)
뭐로 드릴까요?	[주문] 何になさいますか。 // お飲み物は何になさいますか。
뭐로 만들었습니까?	何で作られていますか。 = 何で作られているんですか。 ➡ 小麦粉で作られています。(밀가루요.)

뭐 먹고싶니, 만들어 줄게.	何<ruby>食<rt>た</rt></ruby>べたい? <ruby>作<rt>つく</rt></ruby>ってあげるよ。 ➡ うどんが<ruby>食<rt>た</rt></ruby>べたい。(우동먹고 싶어.)
뭐야?	<ruby>何<rt>なに</rt></ruby>? = なんだ?
뭐야 그 놈?	<ruby>何<rt>なに</rt></ruby>、あいつ。= <ruby>誰<rt>だれ</rt></ruby>、あいつ。
뭐야 또?	[불평] また<ruby>何<rt>なに</rt></ruby>? = また<ruby>何<rt>なん</rt></ruby>だ?
뭐야 이게!	<ruby>何<rt>なに</rt></ruby>これ! = <ruby>何<rt>なん</rt></ruby>だ、これ!
뭐 어때서!	それがどうしたのよ。 = それがどうした。(그게~) // それがどうしたのよ。あんたとは<ruby>関係<rt>かんけい</rt></ruby>ないでしょ。 = それがどうした。<ruby>お前<rt>まえ</rt></ruby>とは<ruby>関係<rt>かんけい</rt></ruby>ないだろ。(그게~! 너하곤 관계없잖아.)
뭐 잘못했냐?	① [했는지 여부에 초점] <ruby>何<rt>なに</rt></ruby>かやらかしたの。 // また<ruby>何<rt>なに</rt></ruby>かやらかしたの。(또~) ② [무엇에 초점] <ruby>何<rt>なに</rt></ruby>やらかしたの。 // <ruby>何<rt>なに</rt></ruby>やらかしたの。<ruby>彼女<rt>かのじょ</rt></ruby><ruby>怒<rt>おこ</rt></ruby>ってたよ。(~? 여자친구 화났던데.)
뭐 좀 드실래요?	<ruby>何<rt>なに</rt></ruby>か<ruby>食<rt>た</rt></ruby>べますか。= <ruby>何<rt>なに</rt></ruby>か<ruby>食<rt>た</rt></ruby>べましょうか。 = <ruby>何<rt>なに</rt></ruby>か<ruby>召<rt>め</rt></ruby>し<ruby>上<rt>あ</rt></ruby>がりますか。 // <ruby>お腹<rt>なか</rt></ruby><ruby>空<rt>す</rt></ruby>きましたね。<ruby>何<rt>なに</rt></ruby>か<ruby>食<rt>た</rt></ruby>べますか。(배고프네요. ~)
뭐하고 지내?	どうしてるの?

268

뭐하는 거야?	何^{なに}してるの？ = 何^{なに}してるんだ？
뭐하려고?	① [행위] 何^{なに}すんの。➡ 秘密^{ひみつ}。(비밀.) ② [사용] 何^{なに}に使^{つか}うの。 ➡ ちょっとね。(좀 쓸데가 있어.)
뭐해?	何^{なに}してる？ = 何^{なに}してんの。 ➡ やる事^{こと}なくてゴロゴロしてた。 (할일 없어서 뒹굴뒹굴하고 있었어.)

뭔데?	何^{なに}？ = 何^{なに}よ？ = なんだよ。 // 一体^{いったい}なんだよ。(대체~) ➡ なんでもないです。(아무 것도 아니에요.)
뭔 일인데?	何^{なに}よ？ = なんだよ。= 何事^{なにごと}よ。 = 何事^{なにごと}だよ。
뭔 일 있어?	なんかあったの？ = なんかあったのか。 ➡ 別^{べつ}に。(별로.)

뭘까?	[추측] なんでしょう。= なんだろう。
뭘 두리번거려?	何^{なに}きょろきょろしてんの。

뭘 드릴까요?	[상점] 何を差し上げましょうか。 ➡ マンゴージュースお願いします。 (망고쥬스 주세요.)
뭘 드실래요?	何を食べますか。 = 何を召し上がりますか。
뭘 모르는군.	何も知らないな。
뭘 봐?	何見てんのよ。= 何見てんだよ。
뭘 시킬까요?	[주문] 何を注文しましょうか。 = 何を頼みましょうか。 ➡ なんでもいいですよ。(아무거나 시켜요.)
뭘 아냐고?	何が分かるかって? // 何が分かるかって? 少なくともお前 よりは分かってるつもりだよ。 (~? 적어도 너보단 많이 알아.)
뭘 안다고 그래!	あんたに何が分かるのよ! = お前に何が分かる!
뭘 원하십니까?	[상점] 何をお探しでしょうか。 ➡ 新商品を見に来たんですが。 (신상품을 보러왔는데요.)
뭘 찾는거야?	何探してるの? = 何探してるんだ? // キョロキョロと何探してるの? = キョロキョロと何探してるんだ? (두리번두리번~?)

| 뭘 하고 있어! | 何してるの! = 何してんだ! |

| 뭣 때문에? | 何のために？ |
| 뭣 하러 갔어요? | 何しに行ったんですか。
// 昨日の午後コンビニには何しに行っ
たんですか。(어제 오후에 편의점에는~)
➡ お弁当を買いに行きました。
(도시락 사러 갔습니다.) |

미국에서 유학했어요.	アメリカで留学しました。
미궁속에 빠졌어요.	[범죄·사건] 迷宮入りになりました。
미끄럼 조심하세요.	滑りやすいので気を付けてください。 // 地面が凍って滑りやすいので気を 付けてください。(땅이 얼었으니~)
미끄럼 주의!	[경고문] 足元注意!
미끼가 될게.	[함정] おとりになるよ。
미리 가 계세요.	先に行っててください。

271

	開店時間より先に行っててください。 混みますよ。(문 여는 시간보다〜. 붐벼요.)
미리 못박아놓는데 말이야.	念を押しとくけど。
미리 알려주세요.	あらかじめ知らせてください。 = 前もって知らせてください。 = あらかじめ教えてください。 = 前もって教えてください。 // 到着予定時刻をあらかじめ知らせて ください。(도착예상시간을〜)
미리 좀 깨워줬으면 좋았잖아.	前もって起こしてくれればよかったのに。 ➡ ぐっすり眠ってたから。(너무 곤히자길래.)
미리 준비해 두세요.	あらかじめ用意しといてください。 = あらかじめ準備しといてください。
미백효과가 뛰어나대요.	美白効果が優れてるそうです。
미성년자는 들어갈 수 없어요.	未成年者は入れません。
미스입니다.	[미혼]独身です。 // 彼女はまだ独身です。(그녀는 아직〜)
미안!	ごめん! = すまん!
미안하게 생각합니다.	申し訳ないと思っております。 = 申し訳ないと思っています。

	心_{こころ}から申_{もう}し訳_{わけ}ないと思_{おも}っております。 (정말이지~)
미안합니다.	すみません。= ごめんなさい。 = 申_{もう}し訳_{わけ}ありません。= 申_{もう}し訳_{わけ}ないです。
미워!	① [여자의 말투] 嫌_{きら}い！= 大嫌_{だいきら}い！ ② [예쁘지않음] かわいくない。 　= かわいくないよ。 　= かわいくないわよ。 　// そんな顔_{かお}したらかわいくないよ。 　(그런 얼굴하면~)

미쳤어.	① 狂_{くる}ってるよ。
	　// そんなことするなんてマジで狂_{くる}ってるよ。(그런짓을 하다니. 정말~)
	② [열광] 夢中_{むちゅう}よ。= 夢中_{むちゅう}だよ。
	　// 息子_{むすこ}は最近_{さいきん}釣_つりに夢中_{むちゅう}よ。
	　(아들은 요즘 낚시에~)

미팅 어땠어?	<mark>コンパどうだった？</mark> ➡ さんざんだったよ。(엉망이었어.)
미행당하고 있는 것 같아.	つけられてるみたい。 = 尾行_{びこう}されてるみたい。

민낯이야?	<mark>すっぴん？</mark>

민망했어.	きまり悪かった。 // 冗談が通じなくてきまり悪かった。 (농담이 통하지 않아~)
민폐라니까.	迷惑なんだよね。

믿거나 말거나 전 UFO를 본적이 있어요.	信じようが信じまいが私はUFOを見た ことがあります。
믿는 도끼에 발등찍힌다.	飼い犬に手をかまれる。

믿습니다.	① 信じます。= 信じています。
	// 彼の言ったことを信じます。
	(그가 한말을 ~)
	② [의지함] 頼りにしてます。
	// 大事な会議なんで、課長だけ頼りに
	してますよ。(중요한 회의니까 과장님만~.)

믿어!	① [일 처리를 맡음] 任せて!(나만~) ② 信じて。= 信じてよ。= 信じろ。 = 信じろよ。 // 仲間を信じろよ。(친구를~)
믿을 수 없습니다.	信じられません。 // これはとても信じられません。 (이건 정말이지~)

274

| 밀지마세요. | 押_おさないで。= 押_おさないでください。 |
| 밀착해서 앉아주세요. | 詰_つめて座_{すわ}ってください。 |

| 밉살스러운 녀석! | 憎_{にく}らしい奴_{やつ}! = 憎_{にく}たらしい奴_{やつ}! |
| 밉진 않더라. | 嫌_{きら}いではなかったよ。 |

밑져야 본전입니다.	だめでもともとですから。 = だめもとですから。 // 一応_{いちおう}やってみましょう。どうせだめで もともとですから。(한 번 해봅시다. 어짜피~)
밑천까지 다 까먹었어.	元手_{もとで}まですっかりなくしてしまったよ。 // 利益_{りえき}どころか元手_{もとで}まですっかりなく してしまったよ。(수익은커녕~)
밑천이 떨어지지 않는다.	[화제거리] 話_{はなし}のネタが尽_つきない。(이야기의~) // あの人_{ひと}は話_{はな}し上手_{じょうず}で話_{はなし}のネタが尽_つ きない。(그 사람은 언변이 능숙해서 이야기의~)

바가지 그만 긁어!	[잔소리] 小言はたくさんだよ。
바가지 썼어!	ぼったくられた!
바깥 바람 좀 쐬고 올게요.	ちょっと外の空気吸って来ます。
바깥쪽에 있는게 내거야.	外側にあるのが私のだよ。
바꿔 드리겠습니다.	①[물건] お取換え致します。 ②[전화] 少々お待ちください。
바꿔주세요.	①[물건] 換えてください。 =取り換えてください。 // Lサイズに換えてください。 = Lサイズに取り換えてください。(L사이즈로~) ②[전화] 森さん、お願いします。(모리씨 ~)
바꿔치기 해놨어.	すり替えといたよ。 // バレないように予めすり替えといたよ。(들키지 않게 사전에~.)
바늘도둑이 소도둑 된다.	嘘つきは泥棒の始まり。
바다낚시 갈래?	海釣り、行く?
바닥났어.	使い果たしちゃった。

	// 今月のお小遣い、もう使い果たしちゃった。(이번달 용돈 벌써~.)
바닥을 쓸어라.	床を掃いて。
바람났대.	[사람] 浮気してるんだって。
바람둥이입니다.	浮気者です。
바람 맞았어요.	すっぽかされました。
바람을 넣어야지.	空気を入れなきゃ。
바람이 꽤 세네.	風がかなり強いね。
바람이라도 피는거야?	浮気でもしてるの?
바람이 붑니다.	① [현재] 風が吹いています。 ② [일기예보] 風が出るでしょう。
바람이 약해졌어요.	風がおさまりました。
바람 피니?	浮気してるの? // 他の女と浮気してるの? (다른 여자와 ~) ➡ そんなことないよ。(그런 일 없어요.)
바래다 줄게요.	送ります。// 家まで送ります。(집까지~)
바로 갈게요.	① [목적지] すぐ行きます。 ② [귀가] まっすぐ帰ります。

ㅂ

바로 돌아올거야.	すぐ戻るよ。= すぐ戻って来るよ。 = すぐ帰るよ。= すぐ帰って来るよ。
바로 됩니다.	すぐできます。= 直ちにできます。
바로 말해!	① [빨리] 早く言ってね。= 早く言ってよ。 = 早く言えよ。 // 何かあったら早く言えよ。 (무슨 일 있으면~) ② ☞ 바른대로 말해!
바로 저 사람입니다.	正にあの人です。
바로 좀 해주세요.	すぐにお願いします。
바른대로 말해!	本当のことを言え! = 正直に言え!
바베큐 파티 할건데, 올래?	バーベキューパーティーするけど、来る?
바보!	バカ! ☞ 못난 녀석!
바보 같은 놈!	バカもん! = バカな奴! = あほ!
바보 같은 소리하지마!	バカなこと言うな!
바보 같은 짓 그만해!	バカなことはよせ!
바보같이 굴지 마!	バカなことしないで。 = バカなことするな!
바보냐!	バカか。= あほか。

바보 아니냐!	[비난] バカじゃない？ = バカじゃん。
바보 취급하지마!	バカ扱いしないで。 = バカ扱いするな! = バカ呼ばわりしないで。 = バカ呼ばわりするな!
바빠서 죽을 지경입니다.	忙しくて目が回りそうです。 = 忙しくて死にそうです。
바쁘기는요.	忙しくないです。= 忙しくありません。
바쁘지 않나요?	忙しくないですか。 = 忙しくありませんか。 ➡ 今は大丈夫ですよ。(지금은 괜찮아요.)
바쁩니까?	忙しいですか。 ➡ ⓐ とても忙しいです。(매우 바쁩니다.) ⓑ ちょっと忙しいです。 = 若干忙しいです。(약간 바쁩니다.) ⓒ 暇です。(한가합니다.) ⓓ やることがなくて退屈していたところです。(할 일이 없어 지루하던 참입니다.)
바이러스에 감염됐어요.	ウイルスに感染しました。
바지가 안들어가.	ズボンが入らないよ。
바지만 입냐.	[비난] ズボンばっかり。

바짝 따라와!	しっかりついて来て。 = しっかりついて来いよ。 = すぐ後について来て。 = すぐ後について来いよ。
바퀴벌레 나왔어!	<mark>ごきぶり出た！</mark>
바탕화면을 만들 수 있습니다.	待ち受け画面が作れます。 // 自分だけのオリジナル待ち受け画面が作れます。(자신만의 오리지널~)

박

박력있다~	迫力あるね。
박박 우기지 좀 마.	<mark>意地張らないで。 = 意地張るなよ。</mark>
박봉이라 힘들어.	安月給だからきついよ。
박수로 맞이해 주세요.	拍手でお迎えください。
박수치세요.	拍手してください。
박스 좀 옮겨줘.	箱運んで。
박진감 넘치네.	すげぇ迫力！
박치는 아니야.	リズム音痴ってわけじゃないよ。

밖

| 밖으로 나가자. | <ruby>外<rt>そと</rt></ruby>に<ruby>出<rt>で</rt></ruby>ましょう。 |

반

반갑습니다.	[처음 만나는 인사] お<ruby>会<rt>あ</rt></ruby>いできて<ruby>嬉<rt>うれ</rt></ruby>しいです。 (만나뵙게되어~)
반값으로 해줘요.	<ruby>半額<rt>はんがく</rt></ruby>にまけてください。 = <ruby>半額<rt>はんがく</rt></ruby>にまけてもらえませんか。 = <ruby>半額<rt>はんがく</rt></ruby>にまけて<ruby>頂<rt>いただ</rt></ruby>けませんか。
반값 할인행사를 실시하고 있습니다.	<ruby>半額<rt>はんがく</rt></ruby>セールを<ruby>行<rt>おこな</rt></ruby>っております。
반납해 주세요.	お<ruby>返<rt>かえ</rt></ruby>しください。= お<ruby>戻<rt>もど</rt></ruby>しください。 = <ruby>返却<rt>へんきゃく</rt></ruby>してください。 = <ruby>返納<rt>へんのう</rt></ruby>してください。
반대로 좋을수도 있지 뭐.	<ruby>逆<rt>ぎゃく</rt></ruby>にいいかも<ruby>知<rt>し</rt></ruby>れないじゃん。
반대방향으로 와버렸어요.	[실수] <ruby>反対方向<rt>はんたいほうこう</rt></ruby>に<ruby>来<rt>き</rt></ruby>ちゃいました。
반대쪽으로 가셔야 돼요.	<ruby>逆方向<rt>ぎゃくほうこう</rt></ruby>に<ruby>行<rt>い</rt></ruby>かないとダメですよ。
반대합니다.	<ruby>反対<rt>はんたい</rt></ruby>です。
반드시	<ruby>必<rt>かなら</rt></ruby>ず = <ruby>絶対<rt>ぜったい</rt></ruby>
반론있으면 해봐.	<ruby>反対<rt>はんたい</rt></ruby>の<ruby>意見<rt>いけん</rt></ruby>あるなら<ruby>言<rt>い</rt></ruby>ってみて。

반말하지마.	ため口利くな。 = ため口たたくな。
반반씩이야!	半分こだよ! = 半分半分だよ!
반복하게 만들지 마.	繰り返させんな。
반사신경 좋은데?	反射神経いいじゃん。
반성 좀 해.	反省しなさいよ。 = 反省しろよ。
반씩 나눠!	半分ずつ分けて! = 半分ずつに分けて!
반응이 완전 귀여워!	反応超かわいい!
반응이 왜 그래?	何よ、その反応は。 = 何だよ、その反応。
반입이 금지되어 있습니다.	持ち込みは禁止されています。 = 持ち込みはご遠慮ください。
반지 하나면 돼!	[선물]指輪一つで充分!
반짝반짝하게 닦아!	ピカピカに磨けよ。
반쪽이 됐네.	[마름]げっそりしてるじゃん。
반찬이 뭐야?	おかず、何?
반창고 좀 붙여줘.	絆創膏貼って。 = バンドエード貼って。
반칙이야!	反則だよ。

반칙입니다.	<ruby>反則<rt>はんそく</rt></ruby>です。
반팔 입어도 더워.	<ruby>半袖<rt>はんそで</rt></ruby>でも<ruby>暑<rt>あつ</rt></ruby>いよ。
반품했습니다.	<ruby>返品<rt>へんぴん</rt></ruby>しました。 // <ruby>売<rt>う</rt></ruby>れ<ruby>残<rt>のこ</rt></ruby>りを<ruby>返品<rt>へんぴん</rt></ruby>しました。 (팔다 남은 물품을~)
반항하냐?	<ruby>反抗<rt>はんこう</rt></ruby>してんのか。
반했습니다.	<ruby>惚<rt>ほ</rt></ruby>れました。= <ruby>心<rt>こころ</rt></ruby>を<ruby>奪<rt>うば</rt></ruby>われました。 // <ruby>一目惚<rt>ひとめぼ</rt></ruby>れです。(첫 눈에~)

받

받겠습니다.	① [전화] <ruby>私<rt>わたし</rt></ruby>が<ruby>出<rt>で</rt></ruby>ます。(제가~) ② [고마움] ありがたく<ruby>頂<rt>いただ</rt></ruby>きます。(감사히~) ③ [벌·비난등] <ruby>受<rt>う</rt></ruby>けます。
받아 두세요.	[조언] もらっときなさい。
받아쓰기에 약해요.	<ruby>書<rt>か</rt></ruby>き<ruby>取<rt>と</rt></ruby>りが<ruby>苦手<rt>にがて</rt></ruby>です。
받아 주세요.	① [선물 등] どうぞ。 　// つまらないものですが、どうぞ。(별거 　아니지만~) ② [사실] <ruby>受<rt>う</rt></ruby>け<ruby>入<rt>い</rt></ruby>れてください。
받을 수 없어요.	<ruby>受<rt>う</rt></ruby>け<ruby>取<rt>と</rt></ruby>れません。

283

	// こんなに高いもの、受け取れません。 (이렇게 비싼 것~)
받자마자 다 썼어.	もらってすぐ全部使っちゃったよ。

발

발걸음이 너무 빨라!	足早すぎ!
발걸음이 무겁네요.	足取りが重いです。
발끈하긴.	かっとなんなよ。
발들어!	足あげて! = 足あげろ!
발등에 떨어진 불부터 끄려고요.	足下についた火から消していこうと思 います。
발디딜 틈이 없습니다.	足を踏み入れる余地もないです。 = 足を踏み入れる余地もありません。
발목을 삐었어요.	足首をくじいてしまいました。
발목잡혔냐?	[약점] 弱味でも握られてんの。
발밑을 조심하세요.	足元にお気をつけください。
발버둥쳐 봤자지.	あがいても無駄だよ。
발뺌할 수 있을거라 생각했냐?	言い逃れられるとでも思ったか。

ㅂ

발에 쥐가 났어요.	足_{あし}が吊_つってしまいました。
발을 다쳤습니다.	足_{あし}をケガしました。
발을 밟아서 미안합니다.	足_{あし}を踏_ふんですみません。
발음 완전 좋아!	発音_{はつおんちょう}超いい! = 発音_{はつおんちょう}超きれい!
발이 넓네요.	顔_{かお}が広_{ひろ}いね。
발이 묶였어요.	[꼼짝할 수 없음] 動_{うご}きがとれません。
발이 아파요.	足_{あし}が痛_{いた}いです。
발이 잘 붓습니다.	足_{あし}がよくむくみます。
발칵 뒤집어졌어!	大騒_{おおさわ}ぎだよ!

밤

밤말은 쥐가 듣고 낮말은 새가 듣는다.	壁_{かべ}に耳_{みみ}あり障子_{しょうじ}に目_めあり。
밤새 공부했어요.	徹夜_{てつや}で勉強_{べんきょう}しました。
밤새도록 울었어요.	一晩中_{ひとばんじゅう}泣_なきました。
밤새지 마세요.	夜明_{よあ}かししないでください。
밤샘 작업은 몸에 해로워요.	夜更_{よふ}かし作業_{さぎょう}は体_{からだ}に毒_{どく}です。
밤톨만한 주제에.	ちっぽけなくせに。

밥

밥 많이 주세요.	大盛りでお願いします。
밥맛없습니다.	食欲がないです。 = 食欲がありません。
밥먹고 가!	ごはん食べて行って! = ごはん食べて行きな! = ごはん食べて行きなさい。 〈속어〉飯食ってけ!
밥 먹으러 가자.	ごはん食べに行こう。 = ごはん食べに行こうよ。 = ごはん食べに行こうぜ。 〈속어〉飯食いに行こう。 = 飯食いに行こうぜ。
밥 먹자!	ごはん食べよう! = ごはん食べようよ! = ごはん食べようね! = ごはん食べようぜ! 〈속어〉飯食おうぜ!
밥벌레!	食いしん坊!
밥 생각 없습니다.	① 食べたくないです。 = 食べたくありません。

	② [입맛이 없음] あまり食欲がないです。 = あまり食欲がありません。
밥은 먹고 출근해야지.	ごはんは食べてから出勤しなきゃ。
밥 줘!	ご飯ちょうだい。 〈속어〉飯くれ。
밥통 열어봐!	炊飯器、開けてみて。
밥풀게!	[주격으로] ご飯盛るよ。

방과 후에 맛있는 거 먹으러 가자!	放課後においしいの食べに行こう!
방귀 꼈지?	おならしたでしょ。= おならしたな。 〈속어〉屁こいたな。
방금 나갔습니다.	たった今出て行きました。 = ついさっき出て行きました。
방금 뭐라고 했어요?	今何て言いました?
방문 판매에 넘어가지 마세요.	訪問販売に騙されないで! = 訪問販売に騙されないでください。
방바닥 긁지말고 나가 놀아!	部屋にこもってないで、外で遊びなさい!

방범벨을 설치해 주세요.	防犯ベルを設置してください。

방법이 없습니다.	方法がありません。
	= 術がありません。
	= 手がありません。
	// それしか方法がありません。(그것밖에~)
	// なす術がありません。(어찌할~)

방법 좀 생각해 봐!	方法を考えてみてよ。 = 方法を考えてみろよ。 = 手を考えてみろよ。
방석을 깔고 앉으세요.	座布団をしいて座ってください。
방수처리 되어 있습니다.	防水加工されています。 // 水に入っても濡れないよう防水加工されています。(물에 들어가도 젖지 않도록~)
방심했어요.	油断しました。
방언이 섞였네요.	訛りが入っていますね。 = 方言が入っていますね。 = 訛りが混じっていますね。 = 方言が混じっていますね。
방열쇠 여기 있습니다.	はい、部屋の鍵。 = これ、部屋の鍵です。
방열쇠 주세요.	部屋の鍵をください。

방으로 드시죠.	部屋にあがってください。
방이 지저분합니다.	部屋が汚いです。
방 좀 치워주세요.	部屋を片付けてください。
방카드를 반납하세요.	部屋のカードキーをご返却ください。 // チェックアウトの際は部屋のカードキーをご返却ください。 (체크아웃시에는~)
방카드를 잃어버렸습니다.	部屋のカードキーを無くしてしまいました。 = 今何ておっしゃいました? ➡ 何でもないです。 = 何でもありません。(아무 것도 아니에요.)
방학식이 언제야?	終業式、いつ?
방학에 어디가고 싶어?	夏休みにどこ行きたい?(여름~) ➡ 東京ディズニーランドに行きたい! (동경디즈니랜드에 가고 싶어!) *春休み: 봄방학　夏休み: 여름방학 冬休み: 겨울방학
방학은 언제부터 시작입니까?	春休みはいつからですか。 = 春休みはいつから始まりますか。 (봄~) ➡ @8月の中旬から始まります。 (8월 중순부터 시작됩니다.)

	ⓑ 22日^{にち}から始^{はじ}まります。 (22일부터 시작합니다.)

방학을 뭘하며 보낼까?	夏休^{なつやす}みに何^{なに}して過^すごそうか。(여름~)
	// 冬休^{ふゆやす}みに何^{なに}して過^すごそうか。(겨울~)
	// 春休^{はるやす}みに何^{なに}して過^すごそうか。(봄~)
	➡ 旅行^{りょこう}に行^いくのはどう? (여행가는건 어때?)

방학 했어요.	夏休^{なつやす}みになりました。 = 夏休^{なつやす}みに入^{はい}りました。(여름~)

배

배가 아픕니다.	お腹^{なか}が痛^{いた}いです。
배가 좀 고픕니다.	少^{すこ}しお腹^{なか}が空^すきました。
배가 터지겠습니다.	[과식] お腹^{なか}が破裂^{はれつ}しそうです。
배고파요.	お腹^{なか}ぺこぺこです。 = お腹^{なか}空^すきました。
배고파 죽겠어요.	お腹^{なか}空^すいて死^しにそうです。 = お腹^{なか}ぺこぺこで死^しにそうです。
배다른 동생이에요.	異母兄弟^{いぼきょうだい}です。
배달됩니까?	自宅^{じたく}まで配達^{はいたつ}もできますか。 = 自宅^{じたく}まで配達^{はいたつ}も可能^{かのう}ですか。(집까지~)

	→ 申し訳ございません。ご自宅まで の配達はやっておりません。 <small>(죄송합니다. 집까지는 배달이 안 됩니다.)</small>
배달시간을 지정할 수 있습니까?	[물건] 配達時間を指定できますか。
배달시킬까?	[음식] 出前、頼む?
배달해 주세요.	[물건] 配達お願いします。
배 불러요.	お腹いっぱいです。 = お腹ぱんぱんです。
배불러 죽겠네.	お腹いっぱいで苦しい。 = お腹いっぱいで死にそう。
배상해 드릴게요.	弁償します。= 弁償致します。
배신을 때리다니!	裏切るなんて! = 裏切るとは!
배신자!	裏切り者!
배우고 싶습니다.	習いたいです。= 学びたいです。 = 勉強したいです。 // 日本語を習いたいです。<small>(일본어를~)</small>
배운지 반년 됐습니다.	習い始めて半年になります。 = 学び始めて半年になります。 = 勉強し始めて半年になります。
배웅해 드리겠습니다.	送ります。

	<ruby>一人<rt>ひとり</rt></ruby>で<ruby>大丈夫<rt>だいじょうぶ</rt></ruby>ですよ。 ➡ (괜찮아요. 나오지 마세요.)
배웠습니까?	どこで<ruby>習<rt>なら</rt></ruby>ったんですか。 = どこで<ruby>学<rt>まな</rt></ruby>んだんですか。 = どこで<ruby>勉強<rt>べんきょう</rt></ruby>したんですか。(어디서~) ➡ ⓐ <ruby>大学<rt>だいがく</rt></ruby>で<ruby>勉強<rt>べんきょう</rt></ruby>しました。 (대학에서 배웠습니다.) ⓑ <ruby>語学院<rt>ごがくいん</rt></ruby>で<ruby>習<rt>なら</rt></ruby>いました。 = <ruby>語学院<rt>ごがくいん</rt></ruby>で<ruby>学<rt>まな</rt></ruby>びました。 (어학원에서 배웠습니다.) ⓒ <ruby>独学<rt>どくがく</rt></ruby>です。(독학입니다.)
배탈난다.	[충고] お<ruby>腹<rt>なか</rt></ruby>こわすよ。 // <ruby>冷<rt>つめ</rt></ruby>たいの<ruby>食<rt>た</rt></ruby>べたらお<ruby>腹<rt>なか</rt></ruby>こわすよ。 (찬 것 먹으면~)
배탈났습니다.	お<ruby>腹<rt>なか</rt></ruby>こわしました。

백

백년해로 하시길 바랍니다.	[결혼] <ruby>末永<rt>すえなが</rt></ruby>くお<ruby>幸<rt>しあわ</rt></ruby>せに。
백문이 불여일견.	<ruby>百聞<rt>ひゃくぶん</rt></ruby>は<ruby>一見<rt>いっけん</rt></ruby>にしかず。
백번해봐라, 되나.	[포기·충고] <ruby>何度<rt>なんど</rt></ruby>やっても<ruby>無駄<rt>むだ</rt></ruby>だよ。
백수라면서?	[남자] プー<ruby>太郎<rt>たろう</rt></ruby>なんだって？ [여자] プー<ruby>子<rt>こ</rt></ruby>なんだって？

백엔을 오십엔짜리 두개로 바꿔 주세요.	百円玉を五十円玉２枚に換えてください。
백이라도 있냐?	[연고관계]コネでもあんの。
백점만점이래!	百点満点なんだって!
백지상태야.	[긴장]頭の中、真っ白だよ。
백화점이나 놀러갈까?	デパートにでも遊びに行く?

버벅대지마.	どもんないでよ。 = どもんなよ。
버스 떠났어.	[뒤늦은 후회]後の祭だよ。
버스 왔어요!	バス来たよ! = バス来ましたよ! = バス来たわよ! = バス来たぞ!
버스를 타고 갑니다.	バスに乗って行きます。
버스정거장은 어디에 있습니까?	バス停はどこにありますか。 ➡ 真っ直ぐ10mほど行ってください。 (앞쪽으로 10미터쯤 가세요.)
버스 타고 출퇴근해요.	バスで通勤しています。

번

번거롭게 해드려 죄송합니다.	お手数をお掛けしてすみません。
번들거려.	[조언] テカってるよ。 // お前、顔がテカってるよ。(너 얼굴이~)
번쩍!	[번개] ピカッ
번화한 곳이 어디에요?	にぎやかな所はどこですか。 // 東京市内で一番にぎやかな所はどこですか。(동경시내에서 가장~)

벌

벌받은거야!	ばちが当たったんだ!
벌벌 떨게 뭐 있어.	おどおどすることないじゃん。
벌써 새로운 남자친구 생겼어?	もう新しい彼氏できたの。
벌써 8시입니다.	もう8時です。
벌써 일어났어?	もう起きたの。 // まだ6時なのにもう起きたの。 (아직 6시인데~)
벌컥벌컥!	[물을 들이키는 소리] ゴクゴク

법

법원에 다녀왔습니다.
裁判所(さいばんしょ)に行(い)って来(き)ました。

벙

벙어리냐?
ものが言(い)えないのか!

베

베풀어주신 은혜에 감사
드립니다.
ご恩(おん)に感謝致(かんしゃいた)します。

베프야.
親友(しんゆう)だよ。

벨

벨 울렸어.
[초인종 · 학교종] チャイム鳴(な)ったよ。

벼

벼락치기는 안통해.
一夜漬(いちやづ)けは通(つう)じないよ。

변

변명하지 마세요.	言い訳しないでください。 = 弁解しないでください。
변비야.	便秘だよ。
변상해!	弁償して! = 弁償しろ! = 賠償しろ!
변태!	変態!
변태같아!	変態みたい!
변한게 하나도 없네.	[모습] 全然変わってないね。 = 全然変わってないじゃん。 = 全然変わってないな。 = 一つも変わってないね。 = 一つも変わってないじゃん。 = 一つも変わってないな。

별

별개입니다.	別です。
	// それとこれとは問題が別です。
	(그것과 이것과는 별개의 문제입니다.)
	// 似合うかどうかは別ですが。
	(어울릴지 어떨지는~만.)

별거 중입니다.	別居中です。 // 2年前から別居中です。(2년전부터~)
별 것도 아닌 것 갖고 그래.	[투덜댐] つまらない事でとやかく言うな。 = 何でもない事でとやかく言うな。
별꼴이야!	最低! // 初対面であんなこと言うなんて、 最低! (처음 만난 자리에서 그런 말을 하다니~)
별로	あまり = 大して = それほど = さほど = 特に = 別に = そんなに
별로 나쁘지 않습니다.	あまり悪くありません。 = 大して悪くありません。 = それほど悪くありません。 = 特に悪くありません。 = 別に悪くありません。 = そんなに悪くありません。
별로인 것 같아.	あんまりかも。
별말씀을!	①[칭찬에 대한 대답] とんでもありません。 = とんでもないです。 ②[고맙다는 인사 대한 대답] どういたしまして。 ☞ 천만에요.
별 말 없던데?	とくに何も言ってなかったけど？
별문제 없습니다.	問題ないです。= 問題ありません。

별 사람 다 보겠네.	変わり者もいるもんだね。
별일 다 있네.	変なこともあるものね。 = 変なこともあるもんだな。

별자리	星座
	
	관련 표현
	양자리 牡羊座 // 황소자리 牡牛座
	// 쌍둥이자리 双子座 // 게자리 蟹座
	// 사자자리 獅子座 // 처녀자리 乙女座
	// 천칭자리 天秤座 // 전갈자리 蠍座
	// 사수자리 射手座 // 염소자리 山羊座
	// 물병자리 水瓶座 // 물고기자리 魚座

별차이 없습니다.	あまり変わりありません。 = 大差ありません。 = あまり差がありません。 = あまり差がないです。 *あまり = ほとんど

병나겠다!	[건강] 体こわすよ!
병나발이 최고지!	ビールはらっぱ飲みに限るよ。 = ビールはらっぱ飲みに限るな。 (맥주는~)

병따개 어딨어?	<ruby>栓<rt>せんぬ</rt></ruby>抜き、どこ？
병세는 조금씩 나아지고 있습니다.	<ruby>病状<rt>びょうじょう</rt></ruby>は<ruby>少<rt>すこ</rt></ruby>しずつ<ruby>快方<rt>かいほう</rt></ruby>に<ruby>向<rt>む</rt></ruby>かっています。
병신!	まぬけ！ = とんま！ = あほ！ = <ruby>出来<rt>で</rt></ruby><ruby>損<rt>きそこ</rt></ruby>ない！ = ろくでなし！
병원에 갑시다.	<ruby>病院<rt>びょういん</rt></ruby>に<ruby>行<rt>い</rt></ruby>きましょう。
병주고 약주냐.	おちょくってんのか。
병풍색이 산뜻하네요.	<ruby>屏風<rt>びょうぶ</rt></ruby>の<ruby>色<rt>いろ</rt></ruby>が<ruby>鮮<rt>あざ</rt></ruby>やかですね。

보건실에 가자!	<ruby>保健室<rt>ほけんしつ</rt></ruby>に<ruby>行<rt>い</rt></ruby>こう！
보고서는 아직도 작성이 안 되었나요?	<ruby>報告書<rt>ほうこくしょ</rt></ruby>はまだなんですか。
보고싶어 미치겠어!	<ruby>会<rt>あ</rt></ruby>いたくて<ruby>堪<rt>たま</rt></ruby>らないよ！
보고 싶었어!	<ruby>会<rt>あ</rt></ruby>いたかった！
보관됩니까?	[물건]<ruby>保管<rt>ほかん</rt></ruby>できますか。 = <ruby>お預<rt>あずか</rt></ruby>りできますか。 // <ruby>重<rt>おも</rt></ruby>いものでも<ruby>保管<rt>ほかん</rt></ruby>できますか。 (무거운 것도~) ➡ もちろんです。(그럼요.)

299

보글보글 끓고 있어요.	グツグツ煮えてます。 // おいしそうにグツグツ煮えてます。 (맛있게~)
보기좋게 역전승을 거두었어요.	見事に逆転勝ちしました。
보긴 뭘봐?	何見てるのよ。= 何見てんだよ。 ➡ⓐ すみません。= ごめんなさい。 (죄송합니다.) ⓑ 見ちゃ悪いか。(보면 안 돼?)
보다못해	耐えかねて = 見かねて = 見るに見かねて = 見るにしのびず // 寂しげに一人で立っているのを見 るに見かねて声をかけた。 (쓸쓸한 듯 혼자서있는 것을~말을걸었다.)
보도로 걸으세요.	歩道を歩きなさい。 // 危ないから歩道を歩きなさい。 (위험하니까~)
보류하기로 했습니다.	保留することにしました。 = 見合わせることにしました。 // M社で製造された冷凍加工食材の 使用を当分の間見合わせることに しました。 (M사에서 제조된 냉동가공 식자재의 사용을 당분간 ~)
보름달이 아름답네요.	満月がきれいですね。

보면 볼수록 예쁘단 말야.	見れば見るほどかわいいな。
보물섬을 찾아 떠나자!	宝島を探しに行こう!
보물이야.	宝物よ。= 宝物だよ。 // あなたが私たちの宝物よ。(네가 우리~)
보세요!	見てください! // もう1度見てください! = もう1回見てください! (다시 한 번~)
보여주세요.	見せてください。 // 是非見せてください。(꼭~)
보입니다.	見えます。
보증합니다.	保証します。 // 味は私が保証します。(맛은 제가~)
보충수업 받으러 갑니다.	学校に補習受けに行きます。(학교에~)
보통내기가 아니네!	なかなかのやり手ね。 = なかなかのやり手だな。 = ただ者じゃないわね。 = ただ者じゃないな。
보통인연이 아니네!	ただの縁じゃないわね。 = ただの縁じゃないな。
보통입니다.	[수준] 普通です。

보험에 들어 주세요.	保険に入ってください。 ほけん　　　はい
보험에 들었습니다.	生命保険に入りました。(생명~) せいめいほけん　　はい

복

복도에서 스쳐지나갔어.	廊下ですれちがったよ。 ろう か
복 많이 받으세요.	[새해인사] 明けましておめでとうございます。 あ
복 받았구나.	恵まれてるわね。 めぐ = 恵まれてるな。 めぐ // こんな贅沢な暮らししてるなんて ぜいたく　　 く あなた恵まれてるわね。 めぐ (이런 사치스런 생활을 하다니 넌 정말~)
복사 좀 부탁합니다.	コピーお願いします。 ねが ➡ はい、分かりました。(예, 알았습니다.) わ
복수하고 말거야.	復讐してやる! ふくしゅう
복잡하게 생각하지 마세요.	複雑に考えないでください。 ふくざつ　　かんが = 難しく考えないでください。 むずか　　　かんが
복잡하네요.	① [업무 · 구조] 複雑ですね。 ふくざつ ② [붐빔] 混んでますね。 こ // ここはかなり混んでますね。 こ (여기는 상당히~)

본

본듯합니다.	① [사물·사건을봄] どこかで見たような気がします。(어디서~) ② [사람을 만남] どこかで会ったような気がします。(어디서~)
본론으로 들어갑시다.	本論に入りましょう。
본인부담입니까?	自分持ちですか。＝ 自己負担ですか。
본인입니까?	本人ですか。 ➡ 本人です。(본인입니다.)
본적이 있습니다.	① [사물·사건을봄] 見たことがあります。 ② [사람을 만남] 会ったことがあります。
본전까지 날리면 큰일이야.	元手まで失ったら大変よ。 ＝ 元手まで失ったら大変だよ。
본체만체 하는 것 좀 봐.	見て見ぬふりしてる。

볼

볼것도 없네, 뭐!	[실망] たいしたことないじゃん!
볼만합니다.	なかなかいいですよ。(꽤~) ⬅ A先生の今度の作品はどうですか。 (A선생님의 이번 작품은 어떤가요?)

| 볼일보고 오세요. | 用事を済ませてから来てください。
= 用事を済ませてから来なさい。 |

| 봄볕이 따뜻합니다. | 春の日差しが暖かいです。 |
| 봄을 좋아합니다. | 春が好きです。 |

| 봅시다. | ① [사물·사건·영상] 見ましょう。
∥ 一緒に映画でも見ましょう。
(함께 영화라도~)
② [만남] 会いましょう。
∥ 一番出口で会いましょう。
(1번 출구에서~) |

봐!	見て!
봐도 될까요?	見てもいいですか。➡ どうぞ。(그러세요.)
봐 주세요.	① [관찰] 見てください。 ② [용서] 勘弁してください。

	= ゆるしてください。
봐줄 테니 다음부터 잘해!	今回<ruby>こんかい</ruby>だけは大目<ruby>おおめ</ruby>にみてやるから次<ruby>つぎ</ruby>からは気<ruby>き</ruby>をつけろよ。 = 今回<ruby>こんかい</ruby>だけは勘弁<ruby>かんべん</ruby>してやるから次<ruby>つぎ</ruby>からは気<ruby>き</ruby>をつけろよ。(이번만~)

뵌

뵌적 있지요?	会<ruby>あ</ruby>った事<ruby>こと</ruby>ありますよね? = お目<ruby>め</ruby>にかかった事<ruby>こと</ruby>ありますよね?

부

부끄러워하지 마세요.	恥<ruby>は</ruby>ずかしがらないで。 = 照<ruby>て</ruby>れないで。= 恥<ruby>は</ruby>じないで。 = きまり悪<ruby>わる</ruby>く思<ruby>おも</ruby>わないで。
부끄럽지도 않냐!	恥<ruby>は</ruby>ずかしくもないの? = 恥<ruby>は</ruby>ずかしくもないのか?
부담스럽네.	プレッシャーになるな。 // あんなこと言<ruby>い</ruby>われたらプレッシャーになるな。(그런 말 들으니~)
부럽습니다.	羨<ruby>うらや</ruby>ましいです。

부모 마음은 다 똑같지 뭐.	親の気持ちはみんな一緒だよ。 = 親の気持ちはみんな同じだよ。 *気持ち = 心
부부싸움 했어요?	夫婦喧嘩したんですか?
부자라던데?	お金持ちらしいですよ。
부적이 효과가 있나봐!	[감탄] お守りがきいたみたい!
부전자전이군.	蛙の子は蛙だな。
부질없는 짓이야.	無駄だよ。
부탁드립니다.	お願いします。= 頼みます。 // お願いします。助けてください。 (~, 저 좀 도와주세요.) ➡ ⓐ どうしたんですか。(왜 그러세요?) ⓑ すみません。私も忙しいものですから。(미안하지만 저도 바빠서요.)
부탁 좀 해도 될까요?	[부탁] お願いしてもいいですか。 = 頼んでもいいですか。
부탁 하나 있는데요.	お願いがあるんですが。 = 頼みごとがあるんですが。 ➡ 何ですか。(뭔데요?)

ㅂ

북

북두칠성이 선명하게 보입니다.	<ruby>北斗七星<rt>ほくとしちせい</rt></ruby>がはっきり<ruby>見<rt>み</rt></ruby>えます。
북적북적한 분위기가 마음에 들었습니다.	わいわいとした<ruby>雰囲気<rt>ふんいき</rt></ruby>が<ruby>気<rt>き</rt></ruby>に<ruby>入<rt>い</rt></ruby>りました。
북쪽이 어느 쪽입니까?	<ruby>北<rt>きた</rt></ruby>はどっちですか。
북한에서 왔습니다.	<ruby>北朝鮮<rt>きたちょうせん</rt></ruby>から<ruby>来<rt>き</rt></ruby>ました。
북해도는 몇월이 가장 아름답나요?	<ruby>北海道<rt>ほっかいどう</rt></ruby>は<ruby>何月<rt>なんがつ</rt></ruby>が<ruby>一番<rt>いちばん</rt></ruby>きれいですか。

분

분노를 느낍니다.	<ruby>怒<rt>いか</rt></ruby>りを<ruby>覚<rt>おぼ</rt></ruby>えます。 = <ruby>怒<rt>いか</rt></ruby>りを<ruby>感<rt>かん</rt></ruby>じます。
분리배출해 주세요.	[쓰레기]ゴミを<ruby>分別<rt>ぶんべつ</rt></ruby>してください。 = リサイクルしてください。
분명히 말해주지.	はっきり<ruby>言<rt>い</rt></ruby>おう。 = はっきり<ruby>言<rt>い</rt></ruby>ってあげよう。 = はっきり<ruby>言<rt>い</rt></ruby>ってやろう。
분발해!	<ruby>頑張<rt>がんば</rt></ruby>れ! = ファイト!
분석해서 레포트로 제출하세요.	<ruby>分析<rt>ぶんせき</rt></ruby>してレポートで<ruby>提出<rt>ていしゅつ</rt></ruby>してください。

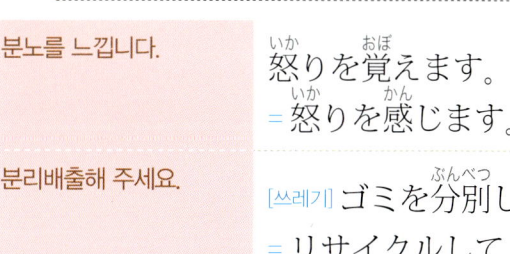

분수대에서 봅시다.	噴水のところで会いましょう。
분수도 모르는 녀석.	身の程知らずめ。
분위기가 심상치 않아요.	雰囲気がただ事じゃないみたいです。
분위기 완전 깨졌잖아.	雰囲気丸壊しじゃん。 // どうすんだよ。お前のせいで雰囲気丸壊しじゃん。(어쩔꺼야. 너 때문에~)
분쟁이 끊이지 않습니다.	紛争が絶えません。
분풀이로 물을 끼얹어 줬지.	腹いせに水をぶっかけてやったよ。 ＝ うっぷんばらしに水をぶっかけてやったよ。
분해서 눈물이나요.	悔しくて涙が出ます。

불

불가능합니다.	できません。＝ 不可能です。
불경기에요.	不景気です。
불고기 2인분 주세요.	プルゴギ2人前お願いします。 ＝ プルゴギ2人前ください。
불공평해요.	不公平です。
불구속 입건 되었습니다.	在宅起訴されました。

	// 脱税容疑で在宅起訴されました。 （탈세혐의로~）
불길한 예감이 들어.	不吉な予感がする。
불난데 부채질하냐?	追い討ちかけてんのか。
불러줘서 고마워요.	呼んでくれてありがとう。
불륜 현장을 목격했습니다.	不倫現場を目撃しました。
불만있으면 말씀하세요.	気に入らないことがあったら言って ください。 = 不満があったら言ってください。
불 붙여주세요.	[화기] 火を付けてください。
불쌍하네요.	かわいそうですね。
불쌍하잖아.	かわいそうじゃん。
불이야!	火事よ! = 火事だ! = 火事だよ!
불켜주세요.	[조명] 電気付けてください。 // 部屋の電気を付けてください。（방~）
불행 중 다행입니다.	不幸中の幸いです。

붕붕!	[벌이 나는 소리] ブーン

| 붕어빵이네. | [닮은꼴] そっくりね。= そっくりだな。 |

붙박이장도 있나요?	押入もありますか。
붙었어!	[합격] 受かった!
붙여놨어요.	[부착] 付けときました。

| 블랙커피 한 잔이요. | ブラックコーヒー1杯ください。
= ブラックコーヒー1杯お願いします。 |
| 블로그에 글쓰고
있어서 바빠. | ブログ書いてるから忙しいの。 |

| 비가 오네. | ① [상대가모르는정보] 雨降ってるよ。
= 雨だよ。
➡ えっ! 今日雨降るって言ってたっけ。
(엣! 오늘 비온다고 했었나?)
② [상대도아는정보] 雨降ってるね。= 雨だね。
➡ そうだね。早く止むといいんだけど。
(그러게말이야. 빨리 멈추면 좋을텐데.) |

비가 올 것 같습니다.	降りだしそうです。 = 雨降りそうです。
비겁한 놈!	卑怯な奴! = 卑怯者!
비교도 안되지.	[실력] 足元にも及ばないよ。
비겼어요.	同点です。 = 引き分けです。
비꼬지마!	[말] 皮肉らないで。 = 皮肉なこと言うなよ。 = あてつけ言うなよ。
비누 좀 빌려 써도 될까요?	石鹸借りてもいいですか。 = 石鹸借りてもよろしいですか。 ➡ どうぞ。(쓰세요.)
비닐봉지 하나 주세요.	ビニール袋1枚ください。
비밀번호 네자리를 입력해 주세요.	暗証番号4桁を入力してください。
비밀입니다.	秘密です。 = 内緒です。
비밀 지켜.	秘密は守ってよ。 = 秘密は守れよ。
비슷비슷해.	同じようなもんだよ。 = 似たりよったりだよ。
비슷합니다.	似ています。 = 似通っています。

// あの夫婦は性格さえも似ています。
(그 부부는 성격마저~)

비실비실해서 맡길수나 있겠어?

ひょろひょろして任せられんのか。

비싸면 어때.

高くてもいいじゃん。

비쌉니까?

高いですか。
➡ ⓐ 高いです。(비쌉니다.)
　ⓑ 安いです。= 高くないです。
　　= 高くありません。(쌉니다.)

비열한 놈!

卑劣な奴め! = 下劣な奴め!

비용이 얼마나 듭니까?

費用はどのくらいかかりますか。
// 結婚式を挙げるのに費用はどのく
らいかかりますか。(결혼식 올리는데~)
➡ 専門家に相談してみてはいかがで
しょう。(전문가에게 상담해보는건 어떨까요?)

비웃지 마세요.

笑わないで。= 笑わないでください。
// 子供だからって笑わないでくださ
い。(어린 애라고~)

비위맞추기 힘들어!

機嫌取るの大変だよ。
// あの子自分勝手だから機嫌取るの
大変だよ。(걔는 제멋대로라~)

비자가 한달이군요.

ビザは1ヶ月ですね。

비자를 못 받았습니다.	まだビザが出ていません。(아직~)
비자를 연장하려면 어떻게해야 합니까?	ビザを延ばすにはどうしたらいいですか。 = ビザを延長するにはどうしたらいいですか。
비참하게 만들지마.	惨めにしないで。
비켜!	どいて! = どいてよ! = どけ! = どけよ!
비켜 주세요.	① どいてください。 ② [길 양보] 道をあけてください。 ∥ 救急車が通ります。道をあけてください。(구급차가 지나갑니다. 길을~)
비행기는 몇시 입니까?	何時の飛行機ですか。 ➡ 午後3時の飛行機です。 (오후 세 시편입니다.)
비행기는 몇시에 떠납니까?	飛行機は何時に出発予定ですか。
비행기는 탑승을 시작했습니까?	飛行機は搭乗を始めましたか。
비행기를 갈아타야 합니다.	飛行機を乗り換えなければなりません。
비행기입니까?	何時の便ですか。(몇시~) ➡ 夕方6時の便です。(저녁 6시요.)

비행기표는 얼마입니까?	東京行きの航空券はいくらですか。 （동경행 ～）
	➡ 4万円です。(4만엔입니다.)
비행기표를 예약하시겠습니까?	何日の航空券を予約なさいますか。 （몇일날～）
	➡ 六日のをお願いします。(6일 날이요.)
비행기표를 확인하겠습니다.	[승무원] 航空券を確認させていただきます。
비현실적인 이야기에요.	非現実的な話です。

빅세일!	ビッグセール!

빈둥빈둥 놀지만 말고 공부 좀 해!	ぶらぶら遊んでないで勉強しなさい! ＊ぶらぶら＝ごろごろ＝のらくら
빈번히 드나들고 있습니다.	頻繁に出入りしています。 ＝しきりに出入りしています。 ＝ひっきりなしに出入りしています。
빈부격차가 심합니다.	貧富の差が激しいです。

빈손으로 갈순 없잖아요.	<ruby>手<rt>て</rt></ruby>ぶらはないでしょ。 = <ruby>手<rt>て</rt></ruby>ぶらでは<ruby>行<rt>い</rt></ruby>けないでしょ。
빈자리가 없습니다.	<ruby>満席<rt>まんせき</rt></ruby>です。 = <ruby>空席<rt>くうせき</rt></ruby>がありません。 // <ruby>来週<rt>らいしゅう</rt></ruby>の<ruby>日曜日<rt>にちようび</rt></ruby>までは<ruby>満席<rt>まんせき</rt></ruby>です。 = <ruby>来週<rt>らいしゅう</rt></ruby>の<ruby>日曜日<rt>にちようび</rt></ruby>までは<ruby>空席<rt>くうせき</rt></ruby>がありません。 (다음 주 일요일까지는~)
빈정거리기를 잘 한다니까.	ともすれば<ruby>皮肉<rt>ひにく</rt></ruby>るんだから。
빈좌석이 있습니까?	<ruby>空席<rt>くうせき</rt></ruby>ありますか。
빈집털이가 출몰하고 있습니다.	<ruby>空<rt>あ</rt></ruby>き<ruby>巣<rt>す</rt></ruby><ruby>狙<rt>ねら</rt></ruby>いが<ruby>出没<rt>しゅつぼつ</rt></ruby>しています。
빈털터리가 됐어요.	<ruby>一文無<rt>いちもんな</rt></ruby>しになりました。 = <ruby>無一文<rt>むいちもん</rt></ruby>になりました。 = すっからかんになりました。 // <ruby>詐欺<rt>さぎ</rt></ruby>にあって <ruby>一文無<rt>いちもんな</rt></ruby>しになりました。 = <ruby>詐欺<rt>さぎ</rt></ruby>にあって<ruby>無一文<rt>むいちもん</rt></ruby>になりました。 (사기를 당해서~)
빈혈기가 있습니다.	<ruby>貧血気味<rt>ひんけつ ぎ み</rt></ruby>です。

빌

빌려주세요.	<ruby>貸<rt>か</rt></ruby>してもらえますか。 = <ruby>貸<rt>か</rt></ruby>して<ruby>頂<rt>いただ</rt></ruby>けますか。

| 빌려줄래? | 貸^かしてくれる?
= 貸^かしてもらえるかな。
➡ 持^もって行^いって。(가져가.) |
| 빌어먹을! | 〈속어〉ちくしょう! |

| 빗나갔어요. | [예상] 外^{はず}れました。= 予想外^{よそうはず}れでした。 |
| 빗방울이 떨어지기
시작했습니다. | 雨^{あめ}が降^ふり始^{はじ}めました。
= 雨^{あめ}が降^ふり出^だしました。 |

| 빙고! | ① [게임] ビンゴ! ② [적중] 当^あたり! |
| 빙빙 돌리지 말고 말해. | じらさないで言^いって。 |

| 빚을 다 갚고
후련해졌습니다. | [부채] 借金^{しゃっきん}を全^{すべ}て返済^{へんさい}してすっきりしました。 |
| 빚이 있어요. | ① [대출금] 借金^{しゃっきん}があります。
② [앙갚음] 借^かりがあります。 |

| 빚지고는 못살지. | [앙갚음] 借りは返さないとな。 |

빠른 걸로 주세요.	早いのでお願いします。
빠른 사람이 임자야!	早い者勝ちだよ!
빠를수록 좋습니다.	[시간] 早ければ早いほどいいです。
빠이빠이.	[Bye bye] バイバイ。= じゃね。
	= じゃ、またね。= さようなら。
빠져!	[대화] 黙ってて! = 黙ってろ! = 黙っとけ!
빠지면 안돼!	[모임] 抜けたらだめよ。
	= 抜けたらだめだよ。
빠진 것 같아요.	①[한정] はまったようです。
	// 罠にはまったようです。(함정에~)
	②[누락] 漏れたようです。
	// 名簿から名前が漏れたようです。
	(명부에서 이름이~)
	③[잃어버림] 落としたようです。
	// どこかに落としたようです。
	(어딘가에~)
	④[사랑] 落ちたようです。
	// 片思いの相手と恋に落ちたよう
	です。(짝사랑하던 상대와 사랑에~)

317

빠

빡빡이잖아!	ハゲじゃん!
빡빡하게 구네!	融通のないやつだな!
빡빡해.	きついよ。

빤

빤히 쳐다보지 마세요.	じっと見つめないでください。 = じっと見ないでください。 // 人の顔をじっと見ないでください。 (남의 얼굴을~)

빨

빨간 쪽이 낫다.	赤い方がいいよ。
빨대가 없습니다.	ストローがないです。 = ストローがありません。
빨래 가져와!	洗濯物持ってきて!
빨래 좀 널어줄래?	洗濯物干してくれる?
빨래집게 갖다 줘!	洗濯ばさみ持ってきて。
빨리가 문 열어 줘요.	早く行ってドア開けて。

빨리 가봐!	<ruby>早<rt>はや</rt></ruby>く<ruby>行<rt>い</rt></ruby>ってみて。
빨리 가자!	<ruby>早<rt>はや</rt></ruby>く<ruby>行<rt>い</rt></ruby>こう!
빨리 갔다 와!	<ruby>早<rt>はや</rt></ruby>く<ruby>行<rt>い</rt></ruby>って<ruby>来<rt>き</rt></ruby>て。
빨리 나와.	<ruby>早<rt>はや</rt></ruby>く<ruby>出<rt>で</rt></ruby>て。= <ruby>早<rt>はや</rt></ruby>く<ruby>出<rt>で</rt></ruby>て<ruby>来<rt>き</rt></ruby>て。
빨리 뛰어!	<ruby>早<rt>はや</rt></ruby>く<ruby>走<rt>はし</rt></ruby>って。
빨리 문 열어!	<ruby>早<rt>はや</rt></ruby>くドア<ruby>開<rt>あ</rt></ruby>けて。
빨리 받아!	[전화] <ruby>早<rt>はや</rt></ruby>く<ruby>出<rt>で</rt></ruby>て!
빨리 와!	<ruby>早<rt>はや</rt></ruby>く<ruby>来<rt>き</rt></ruby>て。
빨리요, 빨리!	<ruby>早<rt>はや</rt></ruby>く<ruby>早<rt>はや</rt></ruby>く!
빨리 자라.	<ruby>早<rt>はや</rt></ruby>く<ruby>寝<rt>ね</rt></ruby>なさい。
빨리 좀 가 주세요.	[speed up] <ruby>早<rt>はや</rt></ruby>く<ruby>行<rt>い</rt></ruby>ってください。 = スピードを<ruby>出<rt>だ</rt></ruby>してください。
빨리 좀 해!	[재촉] <ruby>早<rt>はや</rt></ruby>くして! = <ruby>早<rt>はや</rt></ruby>くやって!
빨리 치워!	[정리] <ruby>早<rt>はや</rt></ruby>く<ruby>片付<rt>かたづ</rt></ruby>けて!
빨리 타!	<ruby>早<rt>はや</rt></ruby>く<ruby>乗<rt>の</rt></ruby>って!

빵

빵점이었어.	① [시험] 零点^{れいてん}だったよ。
	② [요소가 없음] ゼロだったよ。
	// マナーゼロだったよ。^(매너~)
빵 좀 드실래요?	① パン食^たべます？
	② 〈경어〉パンでも召^めし上^あがりますか。
	➡ 今^{いま}はあまり食^たべたくありません。
	(지금은 별로 먹고 싶지 않아요.)
빵집이나 해볼까 하고.	パン屋^やでも始^{はじ}めてみようかなと思^{おも}って。
빵 터졌어!	超^{ちょう}ウケる！

빼

빼닮았네요.	そっくりですね。
	// お父^{とう}さんそっくりですね。
	(아버지를 정말~)
빼도박도 못하게 됐어요.	どうすることもできなくなりました。
	= 抜^ぬき差^さしならない羽目^{はめ}になりました。
빼빼말랐습니다.	がりがりです。
빼앗겼습니다.	奪^{うば}われました。

빼 주세요.

[명단] 外してください。
➡ 分かりました。
  = かしこまりました。(알았습니다.)

빡빡하게 담겨 있습니다.

ぎっしり詰まっています。

뺄셈을 잘 못해요.

引き算が苦手です。

관련표현
덧셈 : 足し算　곱셈 : かけ算
나눗셈 : 割り算

뺑소니 당했어요.

ひき逃げされました。

뺨맞았어!

ビンタされた!

뻔

뻔데기는 못먹어요.	ポンデギは食べられません。 = ポンデギは無理です。
뻔뻔하구나!	むしがいいわね。= むしがいいな。 = 厚かましいわね。= 厚かましいな。
뻔뻔한 놈!	厚かましい奴!

뻔한거 아냐?	①[예상 가능] 決まってるじゃん。
	  = 高が知れてるじゃん。
	  // そんなこと決まってるじゃん。
	  = そんなこと高が知れてるじゃん。
	  (그런것 따위~)
	②[흔함] ありきたりじゃん。
	  // そんなストーリーはありきたり
	  じゃん。(그런 스토리는~)

뻔한 거짓말이잖아.	見え見えのウソじゃん。

뻥

뻥 까지마!	うそつけ! = うそつくな!
뻥이 세구나!	大の嘘つきだな。

뼈가 부러졌어요.	骨が折れました。= 骨折しました。
뼈도 못추릴걸?	ひとたまりもないよ。

뽀얀 피부가 너무 부러워!	真っ白な肌が超うらやましい!
뽀뽀!	チュー!
뽀뽀하네.	チューしてる。 // あの人たち、チューしてる。 (저 사람들~)
뽀뽀해 줄게.	チューしてあげる。
뽀뽀해 줘!	チューして!
뽀송뽀송한 것 좀봐!	[피부]見て!すごいすべすべ!

뾰로통해서 말도 안해요.	つんとして何も言いません。 = ふくれっ面で何も言いません。 = 口をとがらせて何も言いません。
뾰족구두 신고 어디 가세요?	ハイヒール履いてどこ行くんですか。

뿡

| 뿡! | ① [방귀] プー ② [배, 기차 등의 기적소리] ポー |

삐

| 삐걱삐걱! | [문·침대·층계의 소리] きいきい = ぎしぎし = みしみし |
| 삐졌어? | すねちゃった? = すねてる? // すねちゃった? ごめん。 (~? 미안.) |

사

사건이 발생했습니다.	<ruby>事件<rt>じけん</rt></ruby>が<ruby>発生<rt>はっせい</rt></ruby>しました。 // <ruby>強盗事件<rt>ごうとうじけん</rt></ruby>が<ruby>発生<rt>はっせい</rt></ruby>しました。(강도~)
사겠습니다.	① [구입] <ruby>買<rt>か</rt></ruby>います。 // これを<ruby>買<rt>か</rt></ruby>います。 = これにします。(이것으로~) ② [접대] おごります。
사계절이 분명합니다.	<ruby>四季<rt>しき</rt></ruby>がはっきりしています。
사고 났어요!	<ruby>事故<rt>じこ</rt></ruby>です! = <ruby>事故<rt>じこ</rt></ruby>が<ruby>起<rt>お</rt></ruby>きました! = <ruby>事故<rt>じこ</rt></ruby>が<ruby>発生<rt>はっせい</rt></ruby>しました!
사고방식이 독특해요.	<ruby>考<rt>かんが</rt></ruby>え<ruby>方<rt>かた</rt></ruby>が<ruby>独特<rt>どくとく</rt></ruby>です。 = <ruby>考<rt>かんが</rt></ruby>え<ruby>方<rt>かた</rt></ruby>がユニークです。
사고쳤어요?	[문제행동] <ruby>何<rt>なに</rt></ruby>かやらかしたんですか。 ➡ なんでもないです。 = なんでもありません。(별일 아니에요.)
사교춤을 배워봅시다.	<ruby>社交<rt>しゃこう</rt></ruby>ダンスを<ruby>習<rt>なら</rt></ruby>ってみましょう。
사과 깎아줄래?	りんご<ruby>剥<rt>む</rt></ruby>いてくれる?
사과드립니다.	<ruby>謝<rt>あやま</rt></ruby>ります。 = お<ruby>詫<rt>わ</rt></ruby>びします。 = <ruby>謝罪<rt>しゃざい</rt></ruby>します。
사귀고 있습니다.	[교제 중] <ruby>付<rt>つ</rt></ruby>き<ruby>合<rt>あ</rt></ruby>っています。 = <ruby>交際中<rt>こうさいちゅう</rt></ruby>です。

人

	// 彼の弟と付き合っています。 = 彼の弟と交際中です。(그의 남동생과~)
사귀는 사람 있습니다.	付き合っている人がいます。 = お付き合いしてる人がいます。 = 交際中の人がいます。
사귑시다.	[연애] 付き合いましょう。 = 付き合ってもらえますか。
사기꾼!	詐欺師! = 山師! = ぺてん師!
사기당했습니다.	詐欺にあいました。= 騙されました。
사기떨어지는 소리하지 마세요.	士気を落とすような事言わないでください。
사기에요!	詐欺です!
사나이다워요.	男らしいです。
사냥감이 많군.	獲物が多いな。
사는 의욕을 잃었어요.	生きる意欲を失いました。
사다리를 꼭 잡아.	梯子にしっかり掴まって。 // 危ないから梯子にしっかり掴まって。 (위험하니까~)
사라져!	消えろ! = 失せろ! // 目の前から消えろ!

人

	= 目_めの前_{まえ}から失_うせろ! (눈앞에서~)
사라졌어요.	[분실] 無_なくなってしまいました。 = 無_なくしてしまいました。 // 私_{わたし}の財布_{さいふ}が無_なくなってしまいました。 (제 지갑이~)
사람 살려!	助_{たす}けて!
사람을 뭐로 보고 그래!	人_{ひと}を何_{なん}だと思_{おも}ってるんだ!
사람을 외모로 판단하지 마세요.	人_{ひと}を外見_{がいけん}で判断_{はんだん}しないでください。 * 外見_{がいけん} = 見_みた目_め
사람이 좋아요.	① [품성] 人柄_{ひとがら}がいいです。 ② [기호 (~한 사람이 좋다)] 明_{あか}るい人_{ひと}が好_すきです。= 明_{あか}るい人_{ひと}がいいです。(밝은~)
사랑니가 아파요.	親知_{おやし}らずが痛_{いた}みます。
사랑에 빠졌어요.	恋_{こい}に落_おちました。
사랑은 원래 유치한 겁니다.	愛_{あい}は本来_{ほんらい}幼稚_{ようち}なものなんですよ。 * 本来_{ほんらい} = もともと
사랑하는 사람 있습니까?	好_すきな人_{ひと}いますか。 = 愛_{あい}する人_{ひと}がいますか。
사랑하지 않아요.	愛_{あい}してません。= 愛_{あい}してないです。 = 好_すきじゃありません。

人

	= 好_すきじゃないです。
사랑한 적 없어요.	愛_{あい}したことありません。 // ただの 1 度_どもあなたの事_{こと}を愛_{あい}したことありません。(단 한번도 당신을~)
사랑해!	好_すき! = 愛_{あい}してる! ➡ 私_{わたし}も。= 僕_{ぼく}も。= 俺_{おれ}も。(나도.)
사랑해?	好_すき? = 愛_{あい}してる? // 私_{わたし}のこと、好_すき? = 私_{わたし}のこと、愛_{あい}してる?(날~)
사력을 다해 던져봐.	全力_{ぜんりょく}で投_なげてみて。 = 全力_{ぜんりょく}で投_なげてみろ。
사립이에요, 공립이에요?	私立_{わたくしりつ}ですか、公立_{こうりつ}ですか。 ➡ ⓐ 私立_{わたくしりつ}です。(사립이에요.) ⓑ 公立_{こうりつ}です。(공립이에요.)
사무실 위치는 비교적 찾기 쉬워요.	事務所_{じむしょ}の位置_{いち}は割_{わり}と探_{さが}しやすいです。
사복입고 와도 되나요?	私服_{しふく}で来_きてもいいですか。
사사건건 간섭하고 있어요.	あらゆることに口出_{くちだ}ししています。 = ことある毎_{ごと}に口出_{くちだ}ししています。
사상자 수는 100만명에 달하고 있습니다.	死傷者数_{ししょうしゃすう}は１００万人_{まんにん}に上_{のぼ}っています。
사생활입니다.	プライベートです。

사소한 일로 싸웠어요.	ささいな事でケンカしました。
사시겠습니까?	買いますか。= 購入しますか。 = お買い求めになりますか。
사실대로 말해!	本当のことを言え! = ありのままを言え!
사실입니다.	本当です。= 事実です。
사십니까?	[거주지] どこに住んでいますか。(어디~) ➡ 東京に住んでいます。(동경에 삽니다.)

사양하지 마세요!	① [겸손·조심·사양] 遠慮しないでください。
	// ほんの気持ちですので遠慮しない
	でください。(그냥 마음이니까~)
	② [거절] 断らないでください。
	// 今回だけは招待を断らないでくだ
	さい。(이번만은 초내를 ~)

사양합니다.	遠慮します。= 遠慮しておきます。
사업은 순조롭게 잘 되어가나요?	ビジネスの方は順調ですか。
사업하고 있어요.	[직업] 自営業をしています。
사용법을 가르쳐 주세요.	使い方を教えてください。 = 使用法を教えてください。
사용합니까?	使いますか。= 使用しますか。

	// これは何^{なに}に使^{つか}いますか。(이건 무엇에~)
	➡ ご飯^{はん}を炊^たくのに使^{つか}います。 (밥 짓는데 사용합니다.)
사이가 좋지 않습니다.	仲^{なか}よくありません。= 仲^{なか}よくないです。
사이다 한 잔 주세요.	サイダー1杯^{ぱい}ください。 = サイダー1杯^{ぱい}お願^{ねが}いします。
사이로 좀 지나가겠습니다.	[가운데]真^まん中^{なか}を通^{とお}ります。
사이비 종교에 빠져있대.	カルト宗教^{しゅうきょう}にはまってるんだって。
사이즈가 없어요.	合^あうサイズがありません。 = 合^あうサイズがないです。(맞는~)
사이트 주소를 모르겠어.	サイトのアドレスが分^わからないんだ。
사인해주세요.	サインしてください。 ➡ 俺^{おれ}のファンなの。(내 팬이야?)
사전답사 다녀오려고.	下見^{したみ}に行^いこうと思^{おも}って。 // 大勢^{おおぜい}で行^いくんだし、下見^{したみ}に行^いこうと思^{おも} って。(단체로 가는 거니까~.)
사정 좀 봐주세요.	[관대하게 봐 줌]大目^{おおめ}に見^みてください。
사직하셨습니다.	辞職^{じしょく}しました。= 辞職^{じしょく}なさいました。
사진 같이 찍을까요?	一緒^{いっしょ}に写真^{しゃしん}撮^とりましょうか。 = 一緒^{いっしょ}に写真^{しゃしん}撮^とりませんか。

➡ いいですね。(좋아요.)

사진을 여러 장 뽑아 주세요.	写真を焼き増ししてください。
사진을 현상해 주세요.	写真を現像してください。
사진 좀 찍어주세요.	写真を撮ってください。 = 写真を撮ってもらえますか。 = 写真を撮ってもらえませんか。

➡ いいですよ。(그러지요.)

사진 찍어도 됩니까	写真を撮っても構いませんか。 = 写真を撮ってもいいですか。

➡ いいですよ。(됩니다.)

사진 찾으러 왔습니다.	写真を取りに来ました。
사진 촬영금지입니다.	写真撮影は禁止されております。 = 写真撮影は固くお断りしております。
사채만은 안돼.	サラ金だけはダメだよ!

산꼭대기까지 오르려고요?	山のてっぺんまで登るつもりですか。 = 山頂まで登るつもりですか。
산더미 같은 세탁물.	山のような洗濯物。

산뜻하지?	① [기분·느낌] さっぱりしたでしょ。
	// シャワーを浴びたらさっぱりしたでしょ。(샤워하니까~)
	② [색] 鮮やかでしょ。
	// この着物の色、本当に鮮やかでしょ。(이 기모노 색 정말~)
	③ [맛] あっさりしてるでしょ。
	// この焼き魚は本当にあっさりしてるでしょ。(이 생선구이 맛이 정말 ~)

산부인과에 다녀왔어요.	産婦人科に行って来ました。
산산조각 났어요.	粉々に砕けました。 = こっぱみじんに砕けました。
산수가 제일 싫어요.	算数が一番嫌いです。 = 算数が一番苦手です。
산업 스파이의 활동이 활발해지고 있습니다.	産業スパイの活動が活発になっています。
산업용 로봇의 개발에 힘을 쏟고 있습니다.	産業用ロボットの開発に力を入れています。
산적떼가 몰려온다!	山賊たちが押し寄せてくるぞ!
산전수전 다 겪은 사람이에요.	辛苦を嘗め尽くした人です。
산지옥이었죠.	まさに生き地獄でした。

산책하러 갑시다.	<ruby>散歩<rt>さんぽ</rt></ruby>に<ruby>行<rt>い</rt></ruby>きましょう。

살거면 빨리 사.	<ruby>買<rt>か</rt></ruby>うんなら<ruby>早<rt>はや</rt></ruby>く<ruby>買<rt>か</rt></ruby>って。 ＝<ruby>買<rt>か</rt></ruby>うんなら<ruby>早<rt>はや</rt></ruby>く<ruby>買<rt>か</rt></ruby>えよ。 ∥<ruby>急<rt>いそ</rt></ruby>いでるんだから<ruby>買<rt>か</rt></ruby>うんなら<ruby>早<rt>はや</rt></ruby>く <ruby>買<rt>か</rt></ruby>えよ。(서둘러야 하니까~)
살겁니까?	<ruby>買<rt>か</rt></ruby>いますか。＝<ruby>買<rt>か</rt></ruby>うんですか。
살게!	①[한턱 냄]おごるよ。＝<ruby>出<rt>だ</rt></ruby>すよ。 ∥<ruby>今日<rt>きょう</rt></ruby>の<ruby>夕食<rt>ゆうしょく</rt></ruby>は<ruby>私<rt>わたし</rt></ruby>がおごるよ。 ＝<ruby>今日<rt>きょう</rt></ruby>の<ruby>夕食<rt>ゆうしょく</rt></ruby>は<ruby>私<rt>わたし</rt></ruby>が<ruby>出<rt>だ</rt></ruby>すよ。 (오늘 저녁은 내가~) ②[구매]<ruby>買<rt>か</rt></ruby>うよ。 ∥あのスカート、あなたが<ruby>買<rt>か</rt></ruby>わな いなら<ruby>私<rt>わたし</rt></ruby>が<ruby>買<rt>か</rt></ruby>うよ。 (저 치마 너가 안살거면 내가~)
살고 싶지 않아요.	<ruby>生<rt>い</rt></ruby>きたくないです。 ＝<ruby>生<rt>い</rt></ruby>きたくありません。 ∥これ<ruby>以上<rt>いじょう</rt></ruby><ruby>生<rt>い</rt></ruby>きたくないです。 ＝これ<ruby>以上<rt>いじょう</rt></ruby> <ruby>生<rt>い</rt></ruby>きたくありません。 (더 이상~)
살균처리 되어 있습니다.	<ruby>殺菌加工<rt>さっきんかこう</rt></ruby>されています。

살그머니 빠져 나왔어요.	こっそり抜け出してきました。 // 会議の途中にこっそり抜け出して きました。(회의 중간에~)
살기등등합니다.	殺気立っています。 // 嫌なことでもあったのか殺気立っ ています (언짢은 일이라도 있었는지~)
살랑살랑 봄바람이 불어옵니다.	そよそよと春風が吹いてきます。
살려주세요.	①[구조 요청] 助けて。= 助けてください。 ②[용서] 許して。= 許してください。 ③[눈감아 줌] 見逃して。 = 見逃してください。
살벌한 분위기 어떻게 좀 해봐!	殺伐とした雰囲気、どうにかしてよ。
살 빠졌다!	痩せたね! = 細くなったね!
살살 구슬려서 데려와!	うまく言いくるめて連れて来て! = うまく言いくるめて連れて来い!
살살 다루세요.	[물건을 옮김] 気を付けて扱ってください。
살살해 주세요.	[선처] 大目にみてください。 // 今回が初めてなので大目にみてく ださい。(이번이 처음이니, ~)
살인미수로 체포되었습니다.	殺人未遂で逮捕されました。

	<ruby>犯<rt>はん</rt></ruby><ruby>人<rt>にん</rt></ruby>は<ruby>殺<rt>さつ</rt></ruby><ruby>人<rt>じん</rt></ruby><ruby>未<rt>み</rt></ruby><ruby>遂<rt>すい</rt></ruby>で<ruby>逮<rt>たい</rt></ruby><ruby>捕<rt>ほ</rt></ruby>されました。 (범인은~)
살인범은 의외의 인물이었습니다.	<ruby>殺<rt>さつ</rt></ruby><ruby>人<rt>じん</rt></ruby><ruby>犯<rt>はん</rt></ruby>は<ruby>意<rt>い</rt></ruby><ruby>外<rt>がい</rt></ruby>な<ruby>人<rt>じん</rt></ruby><ruby>物<rt>ぶつ</rt></ruby>でした。
살인 사건이에요!	<ruby>殺<rt>さつ</rt></ruby><ruby>人<rt>じん</rt></ruby><ruby>事<rt>じ</rt></ruby><ruby>件<rt>けん</rt></ruby>です。
살 좀 빼라.	==ダイエットしなよ。== = ダイエットしろよ。
살 좀 쪘습니까?	ちょっと<ruby>太<rt>ふと</rt></ruby>りました? ➡ ええ、かなり<ruby>太<rt>ふと</rt></ruby>りましたよ。 (네, 꽤 쪘어요.)
살짝 열어봤습니다.	そっと<ruby>開<rt>あ</rt></ruby>けてみました。 // <ruby>中<rt>なか</rt></ruby><ruby>身<rt>み</rt></ruby>がどうしても<ruby>気<rt>き</rt></ruby>になってそっと<ruby>開<rt>あ</rt></ruby>けてみました。 (내용물이 아무래도 신경쓰여서~)
살쪄요.	[충고]<ruby>太<rt>ふと</rt></ruby>りますよ。 // <ruby>夜<rt>よ</rt></ruby><ruby>中<rt>なか</rt></ruby>にラーメンを<ruby>食<rt>た</rt></ruby>べると<ruby>太<rt>ふと</rt></ruby>りますよ。(한밤중에 라면먹으면~)
살쪘다!	①[변화]<ruby>太<rt>ふと</rt></ruby>ったね! = <ruby>太<rt>ふと</rt></ruby>ったな! ②[상태]<ruby>太<rt>ふと</rt></ruby>ってるね! = <ruby>太<rt>ふと</rt></ruby>ってるな!
살충제가 어디 있었죠?	<ruby>殺<rt>さっ</rt></ruby><ruby>虫<rt>ちゅう</rt></ruby><ruby>剤<rt>ざい</rt></ruby>はどこにありましたっけ?
살펴가세요.	[배웅인사]<ruby>気<rt>き</rt></ruby>を<ruby>付<rt>つ</rt></ruby>けてお<ruby>帰<rt>かえ</rt></ruby>りください。

人

삼

삼가세요.	① 慎_{つつし}みなさい。= 控_{ひか}えなさい。
	// 言葉_{ことば}を慎_{つつし}みなさい。(말을 ~)
	// お酒_{さけ}を控_{ひか}えなさい。(술을 ~)
	②[안내문] ご遠慮_{えんりょ}ください。
	// 室内_{しつない}でのおタバコはご遠慮_{えんりょ}ください。(실내흡연금지)

삼가 조의를 표합니다.	ご愁傷様_{しゅうしょうさま}です。
삼각관계입니다.	三角関係_{さんかくかんけい}です。
삼계탕 일인분 주세요.	サムゲタン1人前_{にんまえ}ください。 = サムゲタン1人前_{にんまえ}お願_{ねが}いします。
삼림공원에 놀러갑시다.	森林公園_{しんりんこうえん}へ遊_{あそ}びに行_いきましょう。
삼십분이나 늦었어요.	30分_{ぷん}も遅_{おく}れました。 = 30分_{ぷん}も遅刻_{ちこく}しました。

삽

삽니까?	[거주] どこに住_すんでいますか。(어디에~) ➡ ⓐ このマンションの5階_{かい}に住_すんでいます。(이 맨션 5층에 삽니다.) ⓑ 京都_{きょうと}に住_すんでいます。(교토에 삽니다.)

| 삽질했구나. | ヘマしたな。 |

| 샀습니까? | どこで買^かいましたか。(어디서~)
➡ デパートで買^かいました。
(백화점에서 샀습니다.) |
| 샀습니다. | 買^かいました。 |

상관없는 일입니다.	[관계없음] 関係^{かんけい}ないことです。 = 関係^{かんけい}のないことです。 // それは私^{わたし}とは関係^{かんけい}ないことです。 = それは私^{わたし}とは関係^{かんけい}のないことです。 (그건 저와는~)

상관 없습니다.	① [괜찮음] 構^{かま}いません。
	// どちらでも構^{かま}いません。(어느 쪽이든~)
	② [관계없음] 関係^{かんけい}ないです。
	= 関係^{かんけい}ありません。
	③ [별개] 別^{べつ}です。
	// それとこれとは別^{べつ}です。(그것과 이건~)

상관하지마!	① [나에 대한 관심] 構^{かま}うな!

// うざいからこれ以上構うな! (짜증
나니까 더 이상~)

② [마음 씀] 気にするな!

// あいつはもともとそういう奴だ
から気にするな! (걘 원래 그런애니까~)

상관하지 마세요.

① [나에 대한 관심] 構わないでください。

// 私に構わないでください。 (나에게~)

② [마음 씀] 気にしないでください。

// ちょっとかすっただけだから気に
しないでください。 (조금 스친 것뿐이니~)

상금이 걸려 있습니다.

賞金がかかっています。

// 3千万円の賞金がかかっています。
(3천만원의~)

**상급자를 위한
코스입니다.**

上級者向けのコースです。

**상냥하고 좋은
사람입니다.**

やさしくていい人です。

상담해 봐!

相談してみなよ。

상당히 맛있어요.

かなりおいしいです。

**상대가 상대인 만큼
쉽진 않을 꺼야.**

相手が相手だけに簡単ではないと思
うよ。

상대가 안됩니다.

練習相手になりません。 (연습~)

상대하지마세요.	相手^{あいて}にしないでください。
상반신을 일으켜 주세요.	上半身^{じょうはんしん}を起^おこしてください。
상사를 대하는 법을 익혀야 합니다.	上司^{じょうし}への対応^{たいおう}を身^みにつけなければなりません。
상상도 못했습니다.	想像^{そうぞう}も付^つきませんでした。
상상력이 풍부합니다.	想像力豊^{そうぞうりょくゆた}かです。
상상에 맡기겠습니다.	想像^{そうぞう}に任^{まか}せます。 = 想像^{そうぞう}にお任^{まか}せします。 // その後^ごのことは想像^{そうぞう}に任^{まか}せます。 (그 뒷일은~)
상세히 좀 말씀해 보세요.	詳^{くわ}しく言^いってください。 = 詳^{くわ}しく話^{はな}してください。
상속문제로 다투고 있습니다.	相続^{そうぞく}の問題^{もんだい}でもめています。 = 相続^{そうぞく}の問題^{もんだい}でもめ合^あっています。
상스러운 말투는 고치세요.	下品^{げひん}な言^いい方^{かた}は直^{なお}しなさい。
상식밖의 행동을 하지마세요.	常識外^{じょうしきはず}れの行動^{こうどう}はしないでください。 = 常識外^{じょうしきはず}れの行動^{こうどう}はよしてください。
상심하지 마세요.	あまり心^{こころ}を痛^{いた}めないでください。(너무~)
상영은 몇시에 합니까?	何時上映^{なんじじょうえい}ですか。 ➡ 夕方^{ゆうがた}7時上映^{じじょうえい}です。(저녁 7시요.)

상의합시다.	話し合いましょう。 // 次の機会にまた話し合いましょう。 (다음에 다시~)
상자 안에 무엇이 있습니까?	箱の中には何がありますか。 ➡ りんごがあります。(사과가 있습니다.)
상점가 좀 둘러보자!	商店街を見て回りましょう。
상점은 몇시에 문을 닫습니까?	お店は何時に閉まりますか。 ➡ ⓐ この店は24時間営業です。 (이 상점은 24시간 영업합니다.) ⓑ 夜の11時に閉まります。 (밤 11시에 닫아요.)
상점은 어디에 있습니까?	お店はどこにありますか。 ➡ あのデパートの前にあります。 (저 백화점 앞에 있습니다.)
상점이 있습니까?	お店がありますか。 // この近くにアクセサリーのお店が ありますか。(이 근처에 악세서리~) ➡ 近くにはないですね。(근처엔 없어요.)
상처받았구나.	傷付いたのね。= 傷付いたんだね。
상품이 도착했습니다.	商品が届きました。 = 商品が到着しました。 = 商品が着きました。

人

상황을 보고 판단하겠습니다.	状況を見て判断します。
상황을 봐야 압니다.	状況を見なきゃ分かりません。
상황이 이렇게 된겁니다.	こういった成り行きだったんです。

새

새가슴이구나!	鳩胸だね! = 鳩胸なんだね! = 鳩胸だな! = 鳩胸なんだな!
새것으로 교환했습니다.	新しいのと交換してもらいました。
새끼야!	〈속어〉この野郎!
새로 산 가방 어때?	おニューのかばん、どう? = 新しく買ったかばん、どう?
새벽에 잠들었어요.	明け方に眠りに付きました。
새빨간 거짓말!	真っ赤なうそ。
새집으로 이사한 거 축하해!	新しい家に引っ越したの、おめでとう! *いえ = うち
새치기 하지마세요.	割り込まないでください。
새파랗게 어린 주제에.	[남자] ガキのくせに。 // ガキのくせに外車なんか乗りやがって。(~외제차를 끌고 다니다니!)

341

새해를 맞이하면서 뭔가 계획이 있습니까?	<ruby>新年<rt>しんねん</rt></ruby>を<ruby>迎<rt>むか</rt></ruby>えるにあたって<ruby>何<rt>なに</rt></ruby>か<ruby>計画<rt>けいかく</rt></ruby>はありますか。
새해 복 많이 받으세요.	<ruby>明<rt>あ</rt></ruby>けましておめでとうございます。 = <ruby>明<rt>あ</rt></ruby>けましておめでとう。
새해에도 건강히 열심히 삽시다.	<ruby>新年<rt>しんねん</rt></ruby>も<ruby>元気<rt>げんき</rt></ruby>で<ruby>頑張<rt>がんば</rt></ruby>りましょう！
새해의 포부를 서로 이야기해 봅시다.	<ruby>新年<rt>しんねん</rt></ruby>への<ruby>抱負<rt>ほうふ</rt></ruby>を<ruby>語<rt>かた</rt></ruby>り<ruby>合<rt>あ</rt></ruby>いましょう。 → <ruby>元気<rt>げんき</rt></ruby>が１<ruby>番<rt>ばん</rt></ruby>でしょう。(건강이 최고죠.)

색

색	빨간색 <ruby>赤<rt>あか</rt></ruby> // 주황색 オレンジ // 노랑색 <ruby>黄色<rt>きいろ</rt></ruby> 연녹색 <ruby>黄緑<rt>きみどり</rt></ruby> // 초록색 <ruby>緑<rt>みどり</rt></ruby> // 하늘색 <ruby>水色<rt>みずいろ</rt></ruby> // 파랑색 <ruby>青<rt>あお</rt></ruby> // 남색 <ruby>紺色<rt>こんいろ</rt></ruby> // 보라색 <ruby>紫<rt>むらさき</rt></ruby> 핑크색 ピンク // 검정색 <ruby>黒<rt>くろ</rt></ruby> // 흰색 <ruby>白<rt>しろ</rt></ruby> 금색 <ruby>金色<rt>きんいろ</rt></ruby> // 은색 <ruby>銀色<rt>ぎんいろ</rt></ruby> // 갈색 <ruby>茶色<rt>ちゃいろ</rt></ruby>
색깔을 가장 좋아합니까?	<ruby>何色<rt>なにいろ</rt></ruby>が１<ruby>番<rt>ばん</rt></ruby><ruby>好<rt>す</rt></ruby>きですか。(어떤~) → <ruby>赤<rt>あか</rt></ruby>が１<ruby>番<rt>ばん</rt></ruby><ruby>好<rt>す</rt></ruby>きです。(빨간색을 가장 좋아합니다.)
색깔이 너무 진해요.	<ruby>色<rt>いろ</rt></ruby>が<ruby>濃<rt>こ</rt></ruby><ruby>過<rt>す</rt></ruby>ぎます。 // テーブルクロスを<ruby>作<rt>つく</rt></ruby>るには<ruby>色<rt>いろ</rt></ruby>が<ruby>濃<rt>こ</rt></ruby><ruby>過<rt>す</rt></ruby>ぎます。(테이블크로스를 만들기엔~)
색깔이 너무 화려합니다.	<ruby>色<rt>いろ</rt></ruby>が<ruby>派手<rt>はで</rt></ruby><ruby>過<rt>す</rt></ruby>ぎます。

색깔이 어울리나요?	色は似合いますか。 = 色は似合っていますか。 ➡ はい、とてもよく似合っています。 (네. 매우 잘 어울립니다.)
색시가 아주 예쁘네.	お嫁さんがすごくかわいいね。

샌드위치 만들어 왔어요.	サンドイッチ作ってきました。

샘플 있습니까?	[견본품] サンプルありますか。 ➡ はい、あります。(네. 있습니다.)

생각나는대로 말해 봐.	思いついたことから言ってみて。 = 思い浮かんだことから言ってみて。
생각났어요.	思い出しました。
생각도 그렇습니다.	私もそう思います。(내~) * 私 = 僕 = 俺

생각 안납니까?	私のこと、覚えてませんか? (저~) ➡ あ! 思い出しました。(아. 생각납니다.)
생각에 변함이 없습니까?	考えに変わりはありませんか。 ➡ もちろんです! (물론이죠!)
생각을 바꿨습니다.	考えを変えました。 = 考え方を変えました。
생각이 삐딱해!	考え方が歪んでる!
생각이 있습니다.	[방법] 考えがあります。 // 私にいい考えがあります。(저에게 좋은~)
생각이 틀렸습니다.	考え方が間違っています。
생각 잘 하고 결정해.	よく考えて決めて。 = よく考えて決めてね。 = よく考えて決めろよ。
생각 중입니까?	① [고민유무] 何か考え事でもあるんですか。 = 何か悩み事でもあるんですか。 (무슨~) ➡ いえ、ちょっと眠くてぼーっとしてただけです。 (아니요. 좀 졸려서 멍하니 있었던 것 뿐입니다.) ② ['무엇'에 초점] 一体何を考えているんですか。(대체 무엇을~)

생각 중입니다.	考えています。 = 考え中です。
생각지도 못한 일입니다.	思いもよらなかった事です。
생각한 대로야.	[예상이 빗나가지 않음] やっぱり思った通り! = やっぱり思った通りだわ! = やっぱり思った通りだな! (역시~)
생각할수록 혼란스럽습니다.	考えれば考えるほど分からなくなります。
생각해 보겠습니다.	考えてみます。 = 考えさせてください。 ← どうするつもりですか。 (어떻게 할 생각입니까?)
생각해 보세요.	考えてみてください。
생각해 볼 시간 좀 주세요.	当分考えさせてください。 = 当分考える時間をください。 = 当分考える余裕をください。(당분간~)
생각해 봤습니다.	考えてみました。

생겼습니다.	①[생성] できました。
	// 新しい友達ができました。
	(새로운 친구가~)
	②[입수] 手に入りました。
	// 新鮮ないわしが手に入りました。
	(신선한 정어리가~)

345

	③[여자] きれいです。(예쁘게 생겼습니다.)
	④[남자] かっこいいです。
	= ハンサムです。(잘 생겼습니다.)
생김새를 하고 있습니까?	①[얼굴] 森さんはどんな顔ですか。 (모리씨는 어떤~)
	②[차림] どんな格好をしていますか。 (어떤~)
생리대 있어?	ナプキンある?
생리대 좀 사다주세요.	ナプキンを買って来てください。
생리 중입니다.	生理中です。
생사람 잡지 마세요.	ぬれぎぬを着せないでください。
생선이 싱싱합니까?	お魚は新鮮ですか。
	➡ そりゃあ、釣ったばかりですので。 (그야 방금 잡아 올렸으니까요.)
생수 있습니까?	[상점] お水売ってますか。* お水 = 水
생일선물입니다.	誕生日プレゼントです。
생일은 몇월 몇일(언제) 입니까?	誕生日は何月何日ですか。
	= 誕生日はいつですか。
	➡ 私の誕生日は 4 月29日です。 (내 생일은 4월 29일입니다.)
생일 축하합니다.	お誕生日おめでとうございます!
	* お誕生日 = 誕生日

346

생일파티를 엽시다.	誕生パーティーを開きましょう。
생트집 잡지 마세요.	変な言いがかりつけないでください。
생활에 익숙해졌습니까?	ここでの生活に慣れましたか。(여기~) ➡ はい、なんとか。(네. 그런대로요.)
생활에 찌든 냄새가 난다.	所帯じみたにおいがする。

 샤

샤워중입니다.	シャワーを浴びています。 = シャワー中です。
샤프 (#) 버튼을누르세요.	☞ 우물정자 (#) 버튼을 누르세요.
샤프 좀 빌려줘.	シャーペン貸して。

 서

서늘해졌습니다.	[날씨] 涼しくなりました。 // だいぶ涼しくなりました。(꽤~)
서두르자!	急ごう! = 急ぎましょう!
서두르지 마세요.	急がないで。= 急がないでください。
서두르지 말고, 천천히 해!	急がないで、ゆっくり!

서둘러!	急<ruby>急<rt>いそ</rt></ruby>いで! = <ruby>急<rt>いそ</rt></ruby>げ!
서둘러 주세요.	<ruby>急<rt>いそ</rt></ruby>いで。 = <ruby>急<rt>いそ</rt></ruby>いでください。
서로 인사하자.	お<ruby>互<rt>たが</rt></ruby>いに<ruby>挨拶<rt>あいさつ</rt></ruby>しよう。
서류가 필요합니까?	<ruby>書類<rt>しょるい</rt></ruby>が<ruby>必要<rt>ひつよう</rt></ruby>ですか。
서류는 이력서만 있으면 됩니다.	<ruby>書類<rt>しょるい</rt></ruby>は<ruby>履歴書<rt>りれきしょ</rt></ruby>だけでいいです。 = <ruby>書類<rt>しょるい</rt></ruby>は<ruby>履歴書<rt>りれきしょ</rt></ruby>だけで<ruby>構<rt>かま</rt></ruby>いません。
서리가 내립니다.	<ruby>霜<rt>しも</rt></ruby>が<ruby>降<rt>ふ</rt></ruby>っています。
서먹서먹하네요.	ぎこちないですね。 = ギクシャクしてますね。
서비스는 엉망입니다.	サービスはめちゃくちゃです。 // <ruby>味<rt>あじ</rt></ruby>はいいけど、サービスはめちゃくちゃです。(맛은 좋지만~)
서슬이 시퍼렇다.	ものすごい<ruby>剣幕<rt>けんまく</rt></ruby>だ。
서운해하지 마.	がっかりしないで。 // <ruby>会<rt>あ</rt></ruby>えなかったからってがっかりしないで。(못 만났다고~.)
서울에 살고 있습니다.	ソウルに<ruby>住<rt>す</rt></ruby>んでいます。
서쪽에서 해가 뜨겠네.	どういう<ruby>風<rt>かぜ</rt></ruby>の<ruby>吹<rt>ふ</rt></ruby>き<ruby>回<rt>まわ</rt></ruby>し? ← <ruby>今日<rt>きょう</rt></ruby>は<ruby>俺<rt>おれ</rt></ruby>がおごるよ。(오늘은 내가 낼게.)

선

| 선량한 사람입니다. | やさしい人です。 = 善良な人です。 |

선물이야!
プレゼント!

선배님!
先輩!

선생님, 안녕하세요?
[아침] 先生、おはようございます。
[점심] 先生、こんにちは。
[저녁] 先生、こんばんは。

선생님이 되고 싶어요.
[꿈] 先生になりたいです。

선약이 있습니다.
先約があります。
= 先約がありますので。

선착순이다!
早い者勝ちよ!
= 早い者勝ちだよ!

선택의 여지가 없습니다.
選択の余地がありません。
// ほとんどの場合、子供には選択の
余地がありません。
(대부분의경우 아이들에게는~)

선택해!
選べ! = 選択しろ!

선풍기를 켭시다.
扇風機をつけましょう。

설

설	お正月 ☞ 구정
설거지 내가 할게.	皿洗いは私がするよ。 *私 = 僕 = 俺
설렁설렁 할거면 아예 하지 마.	適当にするつもりならいっそやるな!
설레어요.	ドキドキします。 // 彼の顔を見ただけでドキドキします。 (그의 얼굴만 봐도~)
설마!	まさか! = うそ!
설명하자면 긴데.	説明したら長くなるけど。
설사난 것 같아.	下痢みたい。
설상가상.	泣きっ面に蜂。
설설 기는거 있지.	たじたじになってたよ。 // あの森さんが彼女の前ではたじたじになってたよ。 (그 모리씨가 여자친구 앞에서는~)
설자리가 점점 없어지네요.	どんどん居場所がなくなってますね。
설치지마.	でしゃばるな。 = でしゃばらないで。
설탕 넣을까요?	お砂糖を入れましょうか。 ➡ そうですね。(네.)

섭

| 섭섭합니다. | [헤어지기] 残念_{ざんねん}です。= 心寂_{こころさび}しいです。
= 名残惜_{なごりお}しいです。
// これでお別_{わか}れとは本当_{ほんとう}に名残惜_{なごりお}し
いです。(이렇게 헤어지다니 정말~) |

성

성가시게 하네.	煩_{わずら}わしいわね。= 煩_{わずら}わしいな。 = 面倒_{めんどう}ね。= 面倒_{めんどう}だな。= うるさいわね。 = うるさいな。
성격이 너무 좋습니다.	とても性格_{せいかく}がいいです。
성격이 좀 화끈합니다.	大胆_{だいたん}です。
싱공하시길 빕니다.	成功_{せいこう}することを祈_{いの}っています。
성공할 겁니다.	① [내의지] 成功_{せいこう}します。 ② [타인의 추측] 成功_{せいこう}するでしょう。 // いつか必_{かなら}ず成功_{せいこう}するでしょう。 (언젠가 꼭~)
성공해서 돌아오세요.	成功_{せいこう}して戻_{もど}って来_きてください。
성내지 마세요.	怒_{おこ}らないで。= 怒_{おこ}らないでください。
성씨가 독특하네요.	変_かわった名字_{みょうじ}ですね。

성씨

すずき 鈴木 //	さとう 佐藤 //	こばやし 小林 //	たなか 田中 //	たかはし 高橋
わたなべ // 渡辺	さいとう 斉藤 //	いとう 伊藤 //	かとう 加藤 //	なかむら 中村
やまもと // 山本	やまだ 山田 //	ささき 佐々木 //	やまぐち 山口 //	いのうえ 井上
よしだ // 吉田	いしい 石井 //	きむら 木村 //	しみず 清水 //	かねこ 金子
まつもと // 松本	いしかわ 石川 //	あべ 安部 //	はやし 林 //	もり 森 // 池田 いけだ
はせがわ // 長谷川	あおき 青木 //	えんどう 遠藤 //	おがわ 小川 //	やまざき 山崎
はしもと // 橋本	なかじま 中島 //	ごとう 後藤 //	ふじた 藤田 //	こんどう 近藤
やました // 山下	わだ 和田 //	うちだ 内田 //	みうら 三浦 //	おかだ 岡田
なかやま // 中山	おの 小野 //	おおた 太田 //	はら 原 //	こじま 小島
よこやま // 横山	まえだ 前田 //	むらかみ 村上 //	ふくだ 福田	

성의 표시니 받아주세요.

ほんの気持ちですので受け取ってください。

➡ ありがとうございます。(감사합니다.)

성의표시입니다.

ほんの気持ちです。

성이 뭐니?

名字は何て言うの。

➡ 林よ。= 林だよ。(하야시야.)

성적표가 나왔어요.

成績表が出ました。

➡ どうだった？(어땠어?)

성질도 급하네.

せっかちだな。= 短気だな。
= 気が短いな。

성질이 깐깐해!

まったく頑固だよ。(정말이지~)

성질이 좀 더러워요.	たちが悪いです。
성함을 여쭤봐도 될까요?	お名前をお聞きしてもよろしいですか。 ➡ もちろんです。森一成と言います。 (물론이지요. 저는 모리 카즈나리라고합니다.)
성함이 어떻게 되십니까?	すみませんが、お名前は何ですか。 (실례지만~) ➡ 森一成です。＝森一成と言います。 (모리 카즈나리라고합니다.)
성형수술 했어요?	美容整形したんですか。 ＝ 整形手術したんですか。 ➡ 全然していません。(전혀 안했어요.)
성희롱 당했어요.	セクハラされました。

세관 신고서를 작성해주세요.	税関申告書を記入してください。
세로로 읽어봐.	縦に読んでみて。
세살버릇 여든까지 간다.	すずめ百まで踊り忘れず。 ＝ みつごの魂百まで。
세상물정을 몰라 큰일이야.	世間知らずで困ったわ。
세상에!	[감탄] まあ! ＝ おお!

세상은 돌고 돈다.	世界はめぐりめぐる。 せかい
세상을 떠났습니다.	[사망] 亡くなりました。 な = 息を引き取りました。 いき ひ と
세세한건 그 때 이야기하자.	詳しいことはその時になってから話 くわ とき はな そう。
세세한 것까지 신경쓰다 대머리된다.	細かいこと気にしてるとハゲんなるよ。 こま き
세수하고 싶은데.	顔を洗いたいんだけど。 かお あら
세숫비누는 어디에 있습니까?	石鹸はどこにありますか。 せっけん ➡ それじゃない? (그거 아니야?)
세 쌍둥이가 태어났습니다.	三つ子が生まれました。 み ご う
세어 보세요.	[숫자] 数えてみてください。 かぞ
세워 주세요.	停めてください。 と // ちょっとそこで停めてください。 と (저기서 잠깐~)
세월은 사람을 기다려주지 않는다.	歳月は人を待たず。 さいげつ ひと ま
세월이 약이야.	[위로] 時間が癒してくれるよ。 じかん いや
세월이 유수 같다.	光陰矢の如し。 こういん や ごと
세월이 참 빠르다.	時間が経つの早いね。 じかん た はや

人

= 時間経つの早いな。

세일합니까?

セール中ですか。
➡ はい、全商品２割引となっており
ます。(네. 모든 상품을 20% 세일하고 있습니다.)

세제를 다 썼습니다.

洗剤を使い切りました。

세차는 얼마입니까?

洗車はいくらですか。
➡ いろいろなコースがございます。
(다양한 코스가 있습니다.)

세탁소는 어디에
있습니까?

クリーニング屋はどこにありますか。
➡ 大通りにあります。(큰길에 있습니다.)

세탁소에 맡기려고.

クリーニングに預けようと思って。

세트메뉴에 커피는
들어갑니까?

[패스트푸드점] セットメニューにコーヒー
は付いていますか。
➡ コーヒーは別料金です。
(커피는 별도요금입니다.)

섹

섹시하다!

セクシー！ ＝ セクシーだな！
// ポーズが超セクシー！
＝ ポーズがマジセクシーだな！
(포즈가 정말~)

센

센 불에 볶으세요.	強火で炒めてください。
센서가 달려있어요.	センサーが付いています。
센스있네.	[배려심] 気が利くじゃん。 // 予めワインも用意しとくなんて、気が利くじゃん。(미리 와인도 준비해 두다니~)
센 척하지마.	強がるなよ。

셋

셋까지 셀 동안 나와.	みっつ数えるまで出て来いよ。
셋째입니다.	① [셋째 딸] 三女です。 ② [셋째 아들] 三男です。 ③ [세번째] 三番目です。

셔

셔츠 사러 왔는데요.	シャツを買いに来たんですが。
셔터가 어딨어?	[기계] シャッター、どこ？
셔틀버스를 운행하고 있어요.	シャトルバスを運行しています。

소개팅 할래?	コンパ、出る?
소개하겠습니다.	ご紹介します。
소개해 줄래요?	ご紹介頂けますか。
소고기가 낫지.	牛肉のほうがいいよ。
소곤대지 말고 당당하게 말하지 그래?	ひそひそ話してないで、堂々と言ったらどう?
소귀에 경 읽기네.	〈속담〉馬の耳に念仏。
소금 좀 건네주세요.	塩を取ってください。
소꿉놀이 하자.	おままごとしよう。
소꿉친구일 뿐이야.	ただの幼なじみだよ。
소독해두면 괜찮아.	消毒しとけば大丈夫だよ。
소란 피우지마!	さわがないで! ＝ さわぐな!
소리내지마!	①[물건] 音を立てないで! ②[목소리] 声を出さないで! ③[조용] 静かに!
소리 좀 줄여주세요.	[라디오 등] ボリュームをしぼってください。
소리 좀 크게 해 주세요.	[라디오 등] ボリュームを上げてください。

소리치지 마!	声を上げないで! = 声を上げるな!
소매치기 당했어요.	スリに遭いました。
소매치기 조심하세요.	スリにご注意ください。
소문내지 마세요.	噂を立てないでください。
소변 보러 갔어요.	トイレに行きました。 = お手洗いに行きました。
소식이 있으면 바로 연락해주세요. (좋은~)	良い知らせがあったらすぐご連絡ください。
소심하구나!	小心者だね!
소심한 반항이냐?	ささやかな反抗のつもり?
소용없어.	[무의미] 意味がない。 // あの人じゃなきゃ、勝っても意味がない。(그 사람이 아니면 이겨도~)
소원 빌어요!	① [말하기] 願い事を言ってください。 ② [쓰기] 願い事を書いてください。
소잃고 외양간 고치기네.	① 後の祭りだね。 ② 後悔先に立たず。(속담)
소주 한병 주세요.	焼酎一本ください。
소탐대실.	二兎を追うものは一兎も得ず。

소파에 앉으세요.	ソファーにお掛けになってください。
소포왔어요.	[배달] 宅配です。
소화불량 같습니다.	消化不良のようです。
소화불량에 잘 듣는 약 있나요?	消化不良によく効く薬ありますか。

속

속단하지 마.	早まらないで。 = 早合点しないで。
속 보인다!	こんたん丸見え! = こんたん見え見え!
속상해요.	[슬픔] 悲しいです。 // 誤解されてるみたいで悲しいです。 (오해받고 있는 것 같아~.)
속셈이야?	何たくらんでるんだ? (무슨~) ➡ 何もたくらんでないよ。(속셈은 무슨.)
속이 다 시원하다!	すっきりした! // 悩み事打ち明けたらすっきりした! (고민 털어놓으니~.)
속이 불편합니다.	気持ち悪いです。 = 気分が悪いです。 = 胃の調子が悪いです。
속이 시원하나?	せいせいする?

속지 마세요.	<ruby>騙<rt>だま</rt></ruby>されないでください!
속히 연락주세요.	<ruby>早急<rt>さっきゅう</rt></ruby>にご<ruby>連絡<rt>れんらく</rt></ruby>ください。

손

손가락이 따끔거립니다.	<ruby>指<rt>ゆび</rt></ruby>がヒリヒリします。
손가락 하나 건드리기만 해봐!	<ruby>指一本<rt>ゆびいっぽん</rt></ruby><ruby>触<rt>ふ</rt></ruby>れてみろ!
손금 봐줄까?	<ruby>手相<rt>てそう</rt></ruby><ruby>見<rt>み</rt></ruby>てあげようか。
손난로가 있어서 그렇게 춥진 않을거야.	ほっかいろあるから、そんなに<ruby>寒<rt>さむ</rt></ruby>くはないと<ruby>思<rt>おも</rt></ruby>うよ。
손 놓으세요.	<ruby>手<rt>て</rt></ruby>を<ruby>離<rt>はな</rt></ruby>してください。
손 놔요!	① [손을 잡고 있는 경우] <ruby>手<rt>て</rt></ruby><ruby>離<rt>はな</rt></ruby>して! ② [몸을 잡고 있는 경우] <ruby>離<rt>はな</rt></ruby>して!
손님 오셨습니다.	お<ruby>客様<rt>きゃくさま</rt></ruby>がいらっしゃいました。
손대지 마세요.	<ruby>触<rt>さわ</rt></ruby>らないでください。 ＝<ruby>手<rt>て</rt></ruby>を<ruby>付<rt>つ</rt></ruby>けないでください。 ＝<ruby>触<rt>ふ</rt></ruby>れないでください。
손도 대지 않았어요.	<ruby>手<rt>て</rt></ruby>も<ruby>付<rt>つ</rt></ruby>けていません。
손 들어!	<ruby>手<rt>て</rt></ruby>をあげろ!

손 들었다!	[항복] 降参だ! = 私の負けだ! (내가 졌다!)
손 뗄거야.	[범죄] 足洗うから。 // 子供産まれたら足洗うから。 (애 태어나면~.)
손목을 삐었어.	手首ひねっちゃった。
손수 만들었어요.	[수제작] 手作りです。
손 씻고 와라.	手を洗って来なさい。
손 씻었어요.	手洗いました。
손을 데었습니다.	手を火傷しました。
손 이리내!	手をこっちに出しなさい!
손 잡고 가자.	手つないで行こう。
손 좀 봐줘라.	[혼내줌] 痛い目見せてやれ!
손 좀 줘봐!	<mark>手出してみて!</mark>
손주는 언제 태어나나요?	孫はいつ生まれるんですか。
손치워!	手離せ!
손톱에 할퀴었어요.	爪にひっかかれました。
손톱 좀 깎아!	爪切りなさい!
손펴봐!	手開いてみて!

人

솔

| 솔깃한 정보가 있어. | <ruby>耳<rt>みみ</rt></ruby><ruby>寄<rt>よ</rt></ruby>りな<ruby>情報<rt>じょうほう</rt></ruby>があるよ。 |
| 솔직히 말해(봐)! | <ruby>正直<rt>しょうじき</rt></ruby>に<ruby>言<rt>い</rt></ruby>え！ ＝ <ruby>正直<rt>しょうじき</rt></ruby>に<ruby>話<rt>はな</rt></ruby>せ！ |

송

| 송구스럽게 생각합니다. | <ruby>残念<rt>ざんねん</rt></ruby>に<ruby>思<rt>おも</rt></ruby>います。 |
| 송별회 준비로 바빠요. | <ruby>送別会<rt>そうべつかい</rt></ruby>の<ruby>準備<rt>じゅんび</rt></ruby>で<ruby>忙<rt>いそが</rt></ruby>しいです。 |

쇼

쇼크입니다.	ショックです。
쇼킹했어요.	ショックでした。 ＝ ショックを<ruby>受<rt>う</rt></ruby>けました。(쇼크 받았어요)
쇼핑백은 있으신가요?	[계산대]<ruby>買<rt>か</rt></ruby>い<ruby>物袋<rt>ものぶくろ</rt></ruby>は<ruby>持<rt>も</rt></ruby>ちですか。
쇼핑하고 싶습니다.	ショッピングがしたいです。 ＝ <ruby>買<rt>か</rt></ruby>い<ruby>物<rt>もの</rt></ruby>がしたいです。

수

| 수건으로 얼굴 닦으세요. | タオルで<ruby>顔<rt>かお</rt></ruby>を<ruby>拭<rt>ふ</rt></ruby>いてください。 |

수고하셨습니다!	お疲れ様でした。= ご苦労様でした。
수다 좀 그만 떨어!	おしゃべりはほどほどにしなさい! = おしゃべりはやめてください!
수도꼭지를 돌려봐.	蛇口をひねってみて。
수리 좀 해주세요.	修理してください。
수리 중입니까?	修理中ですか。= 修理してますか。
수북히 쌓여있어요.	どっさりあります。
수속은 다 끝났습니다.	手続きは全て終了しました。
수수료로 10% 받습니다.	手数料として1割頂きます。
수수합니다.	[패션] 地味です。
수술은 잘 됐대?	手術はうまくいったって?
수술해야합니다.	手術しなければなりません。
수신인 주소는 아래 쪽에 쓰세요.	受取人の住所は下のほうにご記入ください。
수신자 부담입니다.	[택배] 着払いです。
수업은 몇시에 시작해요?	授業は何時に始まりますか。 ➡ 午前8時半です。(오전 8시 반요.)
수업을 마치겠습니다.	授業を終わります。

수업을 몇시간 합니까?	授業は何時間ですか? → 4時間です。(4시간합니다.)
수업을 빼먹었습니다.	授業をサボりました。
수업하러 가니?	授業行くの?
수영을 못 합니다.	泳げません。
수영을 잘 합니까?	水泳は得意ですか。 → ⓐ得意です。(잘합니다.) ⓑ普通です = まあまあです。(보통입니다.) ⓒ苦手です。= 下手です。(잘 못합니다.) ⓓ泳げません。(못합니다.)
수족관보다는 동물원이지!	水族館よりは動物園でしょ。
수척해졌네.	痩せたね。= やつれたね。
수컷이에요.	雄です。※ 암컷: 雌
수표밖에 없는데요.	小切手しかないんですが。
수프 먹을래요.	スープが飲みたいです。
수험생이라 힘들겠네.	受験生だから大変だね。
수험표는 잘 챙겼니?	受験票はちゃんと入れた?

숙

숙박인가요?	お泊まりですか。
숙박카드를 작성해주세요.	宿泊カードをご記入ください。
숙제는 다 끝냈어요.	宿題は全部終わったよ。
숙제는 다 했습니다.	宿題は全部やりました。(숙제는 다했습니다.) // 先生から出された宿題は全部やりました (선생님이 내준~)
숙제 먼저 하고 놀아라.	宿題を先に済ませてから遊びなさい。
숙취로 머리가 지끈지끈해요.	二日酔いで頭がズキズキします。

순

순딩이구나.	あどけないな。＝無邪気だな。
순서를 지켜주세요.	① [절차] 手順を守ってください。 ② 順序を守ってください。
순순히 나오는게 좋을걸?	おとなしく出て来たほうがいいぞ。
순전히 제 책임이에요.	全的に私の責任です。
순진한 척 쩔어.	めっちゃぶりっ子だよ。

술

술 가져왜!	① [부탁] 酒を持って来て! ② [명령] 酒を持って来い!
술기운에 그런 말 하지마.	酔った勢いでそんなこと言わないで。
술 끊었어요.	酒は止めました。
술 냄새 나!	酒臭い!
술 너무 많이 마셨어요.	飲みすぎました。= 飲みすぎです。
술래가 누구야?	鬼、誰?
술래잡기하자!	鬼ごっこしよう!
술 마셔도 됩니까?	お酒を飲んでもいいですか。 ➡ もちろんです。(물론이지요.)
술 마시면 안 됩니다.	お酒を飲んではいけません。
술 맛 떨어지네!	酒が不味くなる!
술 못 마셔요.	お酒はあまり飲めません。
술버릇이 나빠요.	酒癖が悪いです。
술안주는 뭐로 할까요?	おつまみは何にしましょうか。
술 완전 쎄.	めっちゃいける口だよ。

술이 너무 독합니다.	お酒がきつすぎます。
술 잘 마십니다.	お酒が強いです。= いける口です。
술 취했구나.	酔っぱらい!
술 한잔 사겠습니다.	一杯おごります。
술 할줄 압니다.	お酒飲めます。

숨

숨 막혀요.	息が詰まります。= 息が詰まりそう!
숨박꼭질하자.	かくれんぼしよう。
숨 쉬어!	息吸って!
숨을 깊이 들이 쉬세요.	深く深呼吸してください。
숨 좀 돌리고.	呼吸を整えてから。
숨 죽이고 뭘 봐?	息を殺して何見てんの。
숨지말고 나와.	隠れないで出て来て。 = 隠れないで出て来い。

쉬

쉬고 싶습니다.	<ruby>休<rt>やす</rt></ruby>みたいです。 // しばらく<ruby>休<rt>やす</rt></ruby>みたいです。(잠시~) // <ruby>今週<rt>こんしゅう</rt></ruby>は<ruby>休<rt>やす</rt></ruby>みたいです。(이번 주에는~)

쉬세요.	<ruby>少<rt>すこ</rt></ruby>し<ruby>休<rt>やす</rt></ruby>んでください。(좀~)
	// しばらく<ruby>休<rt>やす</rt></ruby>んでください。(잠시~)
	// ゆっくり<ruby>休<rt>やす</rt></ruby>んでください。(푹 ~)

쉬야하고 싶어.	おしっこしたい。
쉬엄쉬엄해!	<ruby>休<rt>やす</rt></ruby>み<ruby>休<rt>やす</rt></ruby>みやりなよ。 = <ruby>休<rt>やす</rt></ruby>みながらやれよ。

쉽

쉽게 믿지 마세요.	<ruby>簡単<rt>かんたん</rt></ruby>に<ruby>信<rt>しん</rt></ruby>じないでください。 = むやみに<ruby>信<rt>しん</rt></ruby>じないでください。
쉽게 보지 마.	① [난이도] <ruby>甘<rt>あま</rt></ruby>く<ruby>見<rt>み</rt></ruby>んなよ。 ② [비하함] なめんなよ。
쉽지 않습니다.	<ruby>簡単<rt>かんたん</rt></ruby>じゃありません。 // この<ruby>仕事<rt>しごと</rt></ruby>はそんなに<ruby>簡単<rt>かんたん</rt></ruby>じゃありません。(이 일은 그리~)

368

쉿!	[의성어] シッ!

슈크림빵 먹고싶어.	シュークリーム、食べたい。
슈퍼맨같아.	スーパーマンみたい!
슈퍼에 가자.	スーパーに行こう。

슛!	シュート!

스마트폰으로 바꾸길 잘했어.	スマホにかえてよかった。
스위치는 어디에 있어요?	スイッチはどこにありますか。 ➡ 玄関の左側にあります。 (현관 왼쪽에 있습니다.)
스케줄이 빡빡합니다.	スケジュールがギチギチです。
스키 타러 가자!	滑りに行こう! = スキーに行こう!

스테이크 하나 주세요.	ステーキ一<ruby>一<rt>ひと</rt></ruby>つください。
스톱!	ストップ!
스트레스가 너무 심합니다.	ひどいストレスです。
스트레스 쌓여!	ストレス<ruby>溜<rt>た</rt></ruby>まる!
스트레스 해소법이라도 있나요?	ストレス<ruby>解消法<rt>かいしょうほう</rt></ruby>でもあるんですか。

슬슬 가볼까?	そろそろ<ruby>行<rt>い</rt></ruby>ってみようか。
슬쩍 물어보지 그래?	それとなく<ruby>聞<rt>き</rt></ruby>いてみれば?
슬쩍 바꿔치기 했어.	こっそり<ruby>取<rt>と</rt></ruby>り<ruby>替<rt>か</rt></ruby>えといた。
슬픈 일이라도 있어?	<ruby>悲<rt>かな</rt></ruby>しいことでもあんの。

습관이 됐습니다.	<ruby>習慣<rt>しゅうかん</rt></ruby>になりました。 = くせになりました。

승낙했어요.	<ruby>承諾<rt>しょうだく</rt></ruby>しました。

승진을 축하합니다.	昇進おめでとうございます。
승패를 가리기가 어렵습니다.	勝敗がつけ難いです。

시

시간나면 놀러오세요.	暇な時は遊びに来てください。
시간나면 전화주세요.	暇な時電話ください。
시간낭비야.	時間の無駄だよ。
시간 내주세요.	時間出してください。
시간 다 됐습니다.	時間になりました。
시간도 늦었는데 빨리 자.	そろそろ遅いし、早く寝なさい。
시간 없습니다.	時間がありません。
시간에 늦겠어.	間に合わないかも。
시간은 얼마나 걸립니까?	時間はどのくらいかかりますか。 ➡ 18時間くらいかかります。 (18시간 정도 걸립니다.)
시간을 어떻게 보냅니까?	どのように過ごしますか。 ➡ ネットで小説を読みます。 (인터넷으로 소설을 읽습니다.)
시간이 많습니다.	暇です。

371

시간이 언제 납니까?	いつ時間空(じかんあ)いてますか。 ➡ 明日(あした)の夕方(ゆうがた)なら大丈夫(だいじょうぶ)です。 (내일 저녁이라면 괜찮아요.)
시간이 없습니다.	[시간이 임박] 時間(じかん)がありません。
시간이 지났습니다.	経(た)ちました。 = 時間(じかん)が経(た)ちました。 // もう10年(ねん)も経(た)ちました。(벌써 10년이나~)
시간이 충분합니다.	時間(じかん)は十分(じゅうぶん)あります。
시간 있습니까?	時間(じかん)ありますか。 ➡ ごめんなさい、重要(じゅうよう)な用事(ようじ)があるんで。(미안합니다. 중요한 일이 있어서요.)
시간 좀 내주세요.	ちょっと時間出(じかんだ)してもらえませんか。
시간지켜라.	[약속시간!] 時間守(じかんまも)れよ。
시간 참 빠르네요.	本当(ほんとう)に早(はや)いですね。 // もうお嬢(じょう)さんがむっつなんて、本当(ほんとう)に早(はや)いですね。(벌써 따님이 6살이라니~)
시계가 안맞네.	時計(とけい)が合(あ)ってないね。
시기가 좋지 않아.	タイミングがよくないよ。
시기하는거야?	ねたんでんの。
시끄러워!	うるさい!

시끄러워 죽겠네.	超^{ちょう}うるさい!
시끌벅적한 곳을 좋아합니다.	にぎやかな所^{ところ}が好^すきです。
시네요.	[맛] すっぱいですね。
시도해봐!	試^{ため}してみなよ! = トライしてみなよ。
시력이 좋지 않습니다.	視力^{しりょく}が良^よくありません。 = 目^めがよく見^みえません。
시범 좀 보여주세요.	お手本^{てほん}を見^みせてください。
시비거냐?	ガンつけてんのか。
시비걸지마세요.	言^いいがかりをつけないでください。
시시껄렁한 이야기 들으러 온 거 아니야.	そんなつまんない話^{はなし}聞^ききに来^きたわけじゃないから。

시시해!	① [터무니없음] ばかばかしい!
	// この本^{ほん}の内容^{ないよう}、マジばかばかしい! (이 책 내용 정말~!)
	② [지루함] つまんない。
	// あの子^この言^いうことはいつもつまんない。 (걔가 말하는건 늘~.)

시어머니와 사이가 안좋아요.	姑^{しゅうとめ}との仲^{なか}がよくありません。
시원한 걸로 마시고 싶습니다.	冷^{つめ}たいものが飲^のみたいです。

시원합니다.	① [기분] すっきりしています。 = すっきりしました。 // 心配事_{しんぱいごと}が解決_{かいけつ}してすっきりしました。(걱정거리가 해결돼서~.) ② [날씨] 涼_{すず}しいです。
시원해!	① [기분] 気持_{き も}ちいい! ② [날씨] 涼_{すず}しい!
시작!	開始_{かいし}! = 始_{はじ}め!
시작도 안 했습니다.	[작업 착수전] 手_ても付_つけていません。
시작은 너가 먼저 했어!	お前_{まえ}が先_{さき}に始_{はじ}めたからな!
시작하세요.	始_{はじ}めてください。
시장가야 되는데.	買_かい出_だしに行_いかなくちゃ。
시장합니까?	[배고픔] お腹_{なか}空_すいてますか。 ➡ ⓐ はい! (예!) ⓑ なんとか耐_たえられます。 (그런대로 견딜만합니다.) ⓒ 大丈夫_{だいじょうぶ}です。(괜찮습니다.)
시집가고 싶어요.	結婚_{けっこん}したいです。
시집 갔습니까?	結婚_{けっこん}しましたか。
시집 안 갑니다.	結婚_{けっこん}しません。= お嫁_{よめ}に行_いきません。

시차적응이 안됩니다.	時差_{じさ}ぼけが直_{なお}っていません。
시치미 떼지 마.	==とぼけないで。==
	= ==しらばっくれないで。==
	= しらをきらないで。
시키는 대로 하겠습니다.	言_いわれたとおりにします。
시키는 대로 해!	言_いわれたとおりにしろ!
	= 指示通_{しじどお}りに動_{うご}け!
시팔!	[비속어] くそ!
시험에 떨어졌어요.	試験_{しけん}に落_おちました。
시험에 통과했어?	試験_{しけん}はパスした?
시험에 합격했어요.	試験_{しけん}に合格_{ごうかく}しました。
	= 試験_{しけん}に受_うかりました。
시험은 어떻게 봤어?	試験_{しけん}はどうだった?
	➡ まあまあ。(그럭저럭.)
시험이 끝났어요.	試験_{しけん}が終_おわりました。
시험이 내일이에요.	明日_{あした}が試験_{しけん}です。

식

식구는 몇 명입니까?	何人家族_{なんにんかぞく}ですか。

➡ ⓐ 父、母、姉と私、全部で四人家族です。

（아빠, 엄마, 누나와 저. 모두 네 식구입니다.）

ⓑ 六人家族です。父、母、兄一人、姉二人、そして私です。

（여섯 식구입니다. 아빠, 엄마, 형 하나, 누나 둘 그리고 접니다.）

식기 전에 드세요.

冷める前に召し上がってください。

식단 짜는게 제일 힘들어!

献立を作るのが一番大変だよ。

식당은 몇시에 문을 엽니까?

食堂は何時に開きますか。

➡ 朝6時です。（아침 6시요.）

식당이 있습니까?

食堂はありますか。

식빵에 발라 먹어.

[권유] 食パンに塗って食べなよ。

식사라도 하면서 얘기나눕시다.

食事でもしながら話し合いましょう。

식사 언제할까요?

お食事はいつします？

➡ ⓐ 今すぐしましょう。（지금 바로해요.）

ⓑ もうちょっと後でです。（더 있다가 해요.）

식사에 초대해도 될까요?

お食事に招待してもよろしいですか。

식사준비 좀 도와줄래요?

食事の支度、手伝ってもらえますか。

➡ わかりました。（그러죠.）

식사중에 죄송합니다.	食事中に申し訳ありません。
식사중 입니다.	食事中です。
식사하러 갑시다.	ご飯食べに行こう。= 食事に行こう。
식사후에 디저트도 있습니까?	食後のデザートもありますか。 ➡ もちろん、ご用意しておきました。 (물론 준비해 두었습니다.)
식상해.	[진부함] ありきたりじゃん！ // あんなストーリーはありきたりじゃん。(그런 스토리는~.)
식었는데 따뜻하게 데워줄래요?	冷めたので温めてもらえますか。
식욕이 없습니다.	食欲がありません。
식욕이 왕성합니다.	食欲旺盛です。
식은땀 났어.	冷や汗かいたよ。
식은 죽 먹기야.	楽勝だよ。= ちょろいもんだよ。 = 朝飯前だよ。
식재료는 어디서 구해오세요?	食材はどこから仕入れて来るんですか。
식중독에 걸렸습니다.	食中毒になりました。
식탐을 엄청 부려.	食意地が張ってるよ。

식혀서 먹어.	冷まして食べて。
식후땡할까?	食後の一服でもしようか。
식후에 하나씩 드세요.	[일약] 食後に一錠ずつお飲みください。

신

신경과민이야!	神経過敏だよ!
신경 꺼!	① [간섭] 干渉すんな! = 干渉しないで! ② [걱정] 心配すんな! = 気にすんな!
신경 써 주셔서 감사합니다.	気を使っていただき、ありがとうございます。
신경쓰지 않아요.	気にしていません。 // とっくに彼のことは気にしていません。(이미 그에 대해서는~)
신경쓸 것 없어요.	気にすることありません。 // ささいなミスなんか気にすることありません。(사소한 실수따위~.)
신경질나 죽겠네.	イライラする!
신고했습니까?	届けました? // 警察に届けました?(경찰에~)

→ ⓐ 届けました。(신고했습니다.)

ⓑ まだ届けていません。
(아직 안 했습니다.)

신나게 놀아 보자.	ぱーっと遊ぼう!
신나게 마셔 보자.	ぱーっと飲もう!
신랑, 신부를 위해 건배!	新郎、新婦に乾杯!
신랑, 신부의 앞날을 축복합니다.	新郎、新婦の前途を祝福します。
신문 좀 갖다주세요.	新聞を持って来てください。
신발 벗지마세요.	靴を脱がないでください。
신발 사이즈가 어떻게 되세요?	靴のサイズはどうなりますか。
신사숙녀 여러분!	レディース・アンド・ジェントルマン!
신세 많았습니다.	お世話になりました。
신세한탄 좀 작작해.	愚痴んのもほどほどにしろよ。
신신당부했으니 괜찮을거야.	何回も言っといたから大丈夫だよ。
신어보세요.	[양말, 신발] 履いてみてください。
신호등에서 오른쪽으로 도세요.	信号で右に曲がってください。 ／あの前の信号で右に曲がってください。(저 앞~)

| 신혼여행은 어디로 갑니까? | 新婚旅行はどこへ行きますか。 |
| | ➡ ハワイです。(하와이로요.) |

실

실감이 안나요.	実感が沸きません。
실격처리됐어요.	失格になりました。
실내에서 놀자.	室内で遊ぼう。
실내화로 갈아신으세요.	上履きに履き替えてください。
실뜨기하자.	あやとりしよう。
실력은 여전하군.	やっぱり腕は落ちてないな。
실례지만	[질문] 失礼ですが、
실례합니다.	① すみません。
	② [(잠시) 자리를 뜰 때] 失礼します。
	= お先に失礼します。(~. 먼저 가보겠습니다.)
실례합니다, 좀 지나가겠습니다.	すみません、ちょっと通ります。
	➡ ここを通ってください。
	(이리로 지나가시죠.)
실례했습니다.	① 失礼しました。
	➡ ⓐ 大丈夫ですよ。(괜찮아요.)

	⑥ そんなことおっしゃらないで ください。(그런 말씀 마세요.) ② [정식사과] もう 申し訳ありませんでした。
실마리를 찾았어!	いとぐち 糸口をつかんだぞ!
실망스럽습니다.	ガッカリです。 // きたい 期待してたのにガッカリです。 (기대했었는데~.)
실망시키지 마세요.	ガッカリさせないでください。 // こんど 今度こそはガッカリさせないでく ださい。(이번 만큼은~)
실망하지 마세요.	ガッカリしないでください。
실망했습니다.	ガッカリしました。
실명할 수도 있대.	しりょく うしな 視力を失うかもしれないって。
실물이 낫네요.	じつぶつ 実物のほうがかわいいですね。 // しゃしん じつぶつ 写真よりは実物のほうがかわいい ですね。(사진 보다는~.)
실생활에 도움이 될까요?	じっせいかつ やく た 実生活に役に立つでしょうか。
실수를 한 적이 있습니다.	おか ミスを犯したことがあります。
실수 없도록 해!	しっぱい 失敗のないようにな!
실실대지마.	にやにやすんな。

실연당했어?	<ruby>失恋<rt>しつれん</rt></ruby>したの？ ➡ そうみたい。(그런 것 같아.)
실용성이 떨어져요.	<ruby>実用性<rt>じつようせい</rt></ruby>がないですね。
실종됐어요.	<ruby>行方不明<rt>ゆくえ ふめい</rt></ruby>になりました。
실천으로 옮기는게 힘들지.	<ruby>行動<rt>こうどう</rt></ruby>にうつすのが<ruby>大変<rt>たいへん</rt></ruby>なんだよ。
실컷 놀았어요.	<ruby>存分<rt>ぞんぶん</rt></ruby>に<ruby>楽<rt>たの</rt></ruby>しみました。
실컷 먹었어요.	たらふく<ruby>食<rt>た</rt></ruby>べました。
실컷 잔소리 듣고 왔어.	さんざん<ruby>小言言<rt>こごと い</rt></ruby>われたよ。
실패는 성공의 어머니이다.	<ruby>失敗<rt>しっぱい</rt></ruby>は<ruby>成功<rt>せいこう</rt></ruby>のもと。
실패하면 죽는다!	[협박]<ruby>失敗<rt>しっぱい</rt></ruby>したらただじゃおかないぞ!
실패했어요.	<ruby>失敗<rt>しっぱい</rt></ruby>しました。
실형을 선고받았어요.	<ruby>実刑<rt>じっけい</rt></ruby>を<ruby>言<rt>い</rt></ruby>い<ruby>渡<rt>わた</rt></ruby>されました。
실화에요?	<ruby>実際<rt>じっさい</rt></ruby>にあった<ruby>話<rt>はなし</rt></ruby>なんですか。

싫어요!	① [원치 않음] <ruby>嫌<rt>いや</rt></ruby>です! ② [마음에 안 듬] <ruby>気<rt>き</rt></ruby>に<ruby>入<rt>い</rt></ruby>りません!

	③ [거절] 結構_{けっこう}です!
	← この雑誌_{ざっし}を購読_{こうどく}してみてはいかがですか。(이 잡지를 구독해 보세요.)
싫증나!	飽_あきちゃった! // 毎日同_{まいにちおな}じ仕事_{しごと}の繰_くり返_{かえ}しで飽_あきちゃった! (매일 똑같은 일 반복이라~!)

심

심각하게 생각하지 마세요.	① [진지함] 深刻_{しんこく}にならないでください。 ② [깊이 생각함] 深_{ふか}く考_{かんが}えないでください。
심각합니다.	[병이나 사태가] 深刻_{しんこく}です。
심드렁하던데.	あまり乗_のり気_きじゃないみたいだったよ。
심려를 끼쳐 드려 정말 죄송합니다.	ご心配_{しんぱい}をおかけして本当_{ほんとう}に申_{もう}し訳_{わけ}ありません。
심령사진이다.	心霊写真_{しんれいしゃしん}だ!
심리테스트 해볼래?	心理_{しんり}テストやってみる?
심보가 더러워!	根性悪_{こんじょうわる}い!
심부름 좀 해줄래?	お使_{つか}いに行_いってきてくれる?

심사숙고해서 결정하세요.	十分に考えて決めてください。 = じっくり考えて決めてください。
심술쟁이같으니라고!	意地悪!
심심풀이로 끝말잇기나 할까?	暇潰しにしりとりでもしようか。
심심해!	退屈! = つまんない!
심장마비 걸리는 줄 알았어!	[놀람] 心臓止まるかと思った!
심하잖아요.	[불만] あんまりじゃないですか。 = ひどいじゃないですか。
심호흡하세요.	深呼吸してください。

십분 남았습니다.	あと10分です。
십중팔구 도중에 관둘걸?	おおかた途中で止めると思うよ。

싱거워요.	味が薄いです。
싱글 룸으로 주세요.	シングルルームにしてください。

싱글 벙글하시네요.	にこにこしてますね。
싱숭생숭 한가보지?	落<おち着<つかないようだね。
싱싱하다!	[과일·야채 등이] 新鮮<しんせんだ!
싱크대 청소 좀 해야겠다.	① [독백] 流<ながし台<だいの掃除<そうじしなくちゃ。 ② [조언] 流<ながし台<だいの掃除<そうじしたほうがいいんじゃない?

싸

싸게 좀 해주세요.	安<やすくしてください。 = まけてください。
싸구려 같잖아!	安<やすっぽいじゃん。
싸다!	安<やすい!
싸다니지 말고 공부 좀 해!	ほっつき回<まわってないで勉強<べんきょうしなさい!
싸대기 맞았어요.	ビンタされました。
싸면 안돼.	[소변] もらしたらダメよ。
싸우지 말고 잘 지내요.	喧嘩<けんかしないで仲良<なかよくね。
싸웠어요?	喧嘩<けんかしたの。 = けんかしたんですか。
싸 주세요.	包<つつんでください。

싹

싹 나왔다!	[식물] 芽出た!
싹 다 잘라버려!	[해고] 全員クビだ!
싹둑 잘랐네!	[머리카락] ばっさり切ったの!
싹싹 빌어도 시원찮을 판에.	土下座しても許してもらえるか分かんないっていうのに。
싹싹하구나.	愛想がいいね。

싼

싼게 비지떡이다.	安いものには裏がある。
싼 티나.	安っぽいよ。

쌀

쌀쌀맞다니까.	[성격] 冷たいんだから。
쌀쌀합니다.	[날씨] 寒いです。=冷え込んでいます。

쌍

쌍꺼풀을 수술했어요.	二重まぶたの手術をしました。
쌍놈!	〈속어〉 ゲス野朗!
쌍둥이였구나.	双子だったんだ。 // どうりでよく似てると思ったら、双子だったんだ。(어쩐지 많이 닮았다 싶더니~.)
쌍스러운 말 좀 그만해.	下品な言葉使うの、やめて。

쌔

쌔고 쌨어!	[많음] ありふれてるよ。 // その程度の実力者はありふれてるよ。(그 정도 실력자는~.)
쌔비다 걸렸어.	[절도] 盗んでるところを見つかっちゃった。

쌤

쌤통이다!	ざまあみろ!

387

쌩까냐?	[외면] シカトするわけ? = シカトかよ。
쌩쌩이 할 줄 알아?	[줄넘기] 二重飛びできる?
쌩얼이야?	☞ 민낯이야?

써!	[맛] 苦い!
써 보세요.	① [글씨] 書いてみてください。 ② [사용] 使ってみてください。 ③ [모자] かぶってみてください。 ④ [안경] かけてみてください。
써 봐!	① [글씨] 書いてみて! ② [물건] 使ってみて! ③ [모자] かぶってみて! ④ [안경] かけてみて!
써 봐도 됩니까?	使ってみてもいいですか。 ➡ もちろんです。(그럼요.)

| 썩 꺼져! | さっさと失せろ! = とっとと失せろ! |

썩 나개!	[밖으로] さっさと出て行け! = とっとと出て行け!
썩은건 버려.	腐ったのは捨てて。
썩히는건 아까워.	[재능] 無駄にするなんてもったいない。 // 才能を無駄にするなんてもったいない。 (재능을~.)

썰

썰렁하다!	さむい! = しらける!
썰렁한 자식!	さむい奴!
썰어주세요.	[고기 등을 얇게] 刻んでください。

썼

썼습니다.	① [글씨] 書きました。
	 // 片想いの子にラブレターを書きました。 (짝사랑하는 아이에게 러브레터를~)
	 ② [사용] 使いました。
	 // 全部で1000円使いました。 (총 1000엔~.)

| 쑥덕거리지 말고 일에
집중해! | ひそひそ話してないで、仕事に集中! |
| 쑥쓰럽냐? | 照れてんの。// 何照れてんの。(뭐가 그리~.) |

쓰다듬지 마!	なでないで! ＝なでるな! // 子供じゃあるまいし、なでないで! (애도 아니고~)
쓰라리고 아파요.	ひりひりして痛いです。
쓰레기 좀 버리고 와줄래?	ゴミ捨てて来てくれる?
쓰세요.	① [글씨] 書いてください。 ② [사용] 使ってください。 ③ [모자] かぶってください。 ④ [안경] かけてください。

| 쓸데없는 걱정마세요. | 余計な心配しないでください。 |
| 쓸데없는 말 작작해! | つまらないこと言うのもほどほどに
しろ! |

쓸데없는 소리 하지마.	余計なこと言うな! = つまらないこと言うな! = くだらないこと言うな!
쓸데없는 짓 하지마!	余計なことするな!
쓸데없는 참견!	余計なお世話!
쓸모 없는 놈!	[무능] 使えない奴!
쓸쓸합니다.	寂しいです。

씹고 다니나봐.	[뒷담화] 陰口たたいてるらしいよ。
씹을래?	[껌] かむ?
씹히는 맛이 좋네요.	歯応えがいいですね。

씻고 자!	洗ってから寝なさい。

아

아가리 닥쳐!	〈속어〉黙ってろ！ // その口引き裂く前に黙ってろ！ (아가리 찢어 버리기 전에,~)
아가야!	[남자아이] 坊や！ = ぼく！
아까 말했잖아!	さっき言ったじゃん。
아까 먹었어.	さっき食べたよ。
아까 왔다 갔어.	さっき来てたよ。
아까워서 그래?	<mark>勿体無いわけ？</mark>

아깝다!	① 勿体無い！
	// まだ使えるのに捨てるなんてもったいない。(아직 쓸 수 있는데 버리다니~.)
	② [간발의 차이로] 惜しい！
	// 惜しい！あと5分だったのに！
	(5분만 더 있으면 됐는데~!)

아낌없이 줬으니 그걸로 됐어.	惜しみなくやったから、それでいいよ。
아내가 바람났습니다.	妻が浮気しました。
아내가 임신했습니다.	妻が妊娠しました。
아는 사이입니까?	お知り合いですか。 ➡ ⓐ 一度だけお会いしたことがあります。(딱 한번 뵀어요.)

ⓑ 知っていますが、親しくはありません。(알지만, 친하지는 않아요.)

아니꼬와 죽겠네.	憎たらしいったらありゃしない。
아니나다를까, 걔가 범인이라며?	案の定、彼が犯人だって？
아니땐 굴뚝에 연기나랴.	火の無いところに煙は立たぬ。
아니라고 생각합니다.	違うと思います。
아니지?	違うよね？ = 違うでしょ？
아닌 밤 중에 홍두깨.	青天の霹靂。
아닙니까?	[반문] 違いますか？
아닙니다.	違います。
아담한 사람이 좋아요.	小柄な人が好きです。
아들과 딸입니다.	息子と娘です。
아랑곳하지 않고 지 할 일만 해.	知らん顔で自分のことばかりやってるよ。
아랫사람이라고 함부로 대하지 마세요.	目下の人だからって見くびらないでください。
아르바이트합니까?	アルバイトをしていますか。 = バイトしてますか。

아름답습니다!	美しいです! = きれいです! // 私が見た人の中であなたが一番美 しいです。(제가 봤던 사람 중에 당신이 가장~)
아리송한 부분이 너무 많아.	はっきりしないところが多すぎる。
아마 그럴겁니다.	恐らくそうでしょう。= 多分そうでしょう。
아마 모를겁니다.	恐らく知らないでしょう。 // 多分知らないでしょう。
아마추어 치곤 잘하네.	素人にしては上手いね。
아무거나 다 좋습니다.	何でもいいです。
아무거나 시키세요.	① [음식주문] 適当に頼んでください。 ② [분부] 何でもお申し付けください。
아무거나 잘 먹습니다.	何でもよく食べます。
아무것도 모릅니다.	[사실] 何も知りません。
아무것도 아닙니다.	① [사태] 何でもありません。 ② [대단치 않음] 大した事ありません。 // この程度の怪我は大した事ありま せん。(이 정도 다친 건~) ③ [일처리] 楽勝です。☞ 식은 죽 먹기야!
아무래도 좋습니다.	どうでもいいです。 // 腕さえ良ければ学歴なんかどうでも いいです。(실력만 좋다면 학력따위~.)

아무리 그래도 소용없어.	いくらやっても無駄^{む だ}だよ。
아무짝에도 소용이 없어!	使^{つか}いものにならないんだから!
아무쪼록 잘 부탁드립니다.	何卒^{なにとぞ}どうぞよろしくおねがいします。
아무튼 내일까진 꼭 해줘.	とにかく明日^{あした}までは絶対^{ぜったい}やってよ。
아버지는 어디서 근무하십니까?	お父^{とう}さんはどこで勤務^{きんむ}されていますか。
아뿔싸!	☞ 아차!
아삭아삭!	さくさく!
아쉽네요.	残念^{ざんねん}ですね。 // これでお別^{わか}れとは残念^{ざんねん}ですね。 (이제 이별이라니~.)
아십니까?	知^しっていますか。= ご存知^{ぞんじ}ですか。 // 明日^{あした}の日程^{にってい}はご存知^{ぞんじ}ですか。 (내일 일정은~?)
아야!	[고통] いたっ!
아이스크림 사 줘.	アイスクリーム、買^かって。
아이스티 마시고 싶어.	アイスティー飲^のみたい。
아저씨같아.	[부정적 인상] オヤジみたい。
아주 좋아요.	とてもいいです。 ※ とても = すごく

아주 좋았어!	とても良^よかったよ! ※ とても = すごく
아직까진 괜찮아요.	今^{いま}のところはまだ大丈夫^{だいじょうぶ}です。
아직도 모르겠어요?	まだ分^わかんないの。
아직 안잤어?	まだ寝^ねてなかったの。

아차!	① [실수] しまった!
	// しまった! 財布^{さいふ}置^おき忘^{わす}れた!
	(~! 지갑 두고 내렸다!)
	② [어떤 일이 갑자기 생각이 남] そうだ!
	// そうだ! 今日^{きょう}約束^{やくそく}あったんだ!
	(~! 오늘 약속있었지!)

아침 먹자.	朝^{あさ}ご飯^{はん}食^たべよう。
아침 몇시에 출발합니까?	朝^{あさ}何時^{なんじ}に出発^{しゅっぱつ}ですか。 ➡ 7時^じです。(7시에요.)
아침식사는 어디서 합니까?	朝食^{ちょうしょく}はどこで食^たべますか。 ➡ 1階^{かい}のレストランです。 (1층 레스토랑에서요.)
아침식사는 언제할래?	朝^{あさ}ご飯^{はん}はいつにする?
아침식사는 포함됩니까?	朝食付^{ちょうしょくつき}ですか。
아침은 거의 안먹어요.	朝^{あさ}ご飯^{はん}はほとんど食^たべません。
아침잠이 많습니다.	朝^{あさ}に弱^{よわ}いです。

아파요!	[고통호소] 痛いです！

악기라도 배워보지 그래?	楽器でも習ってみれば。
악랄하다!	悪どいな。
악마의 속삭임에 넘어가버렸어.	悪魔のささやきにそそのかされちゃって。
악명 높던데?	かなり評判悪いみたいだけど。
악몽에 시달리는 것 같던데.	悪夢にうなされてたみたいだけど。
악수해주세요.	握手してください。
악의는 없었어요.	悪気はなかったんです。

안가봐도 돼?	行ってみなくていいの。
안갑니까?	行きませんか。 ➡ 少ししてからすぐに行きます。 (좀 있다가 바로 갈게요.)
안갑니다.	[의지·예정] 行きません。

안개꼈네.	[날씨] 霧^{きり}が出^でてるね。
안경을 낍니다.	眼鏡^{めがね}をかけています。
안내해 드리겠습니다.	ご案内^{あんない}します。= ご案内致^{あんないいた}します。
안녕!	① [만남·아침] おはよう!
	② [만남·점심] こんにちは!
	③ [만남·저녁] こんばんは!
	④ [헤어짐] バイバイ! = じゃね!
안녕하세요!	① [만남·아침] おはようございます!
	② [만남·점심] こんにちは!
	③ [만남·저녁] こんばんは!
안녕히 가세요!	① [작별인사] バイバイ! = じゃあね!
	= さようなら!
	② [주인이 손님에게 하는 작별인사] お気^きをつけて。
안녕히 주무세요.	おやすみなさい。
안된다면 안됩니다.	ダメと言^いったらダメです。
안될 것 같습니다.	無理^{むり}だと思^{おも}います。 = 難^{むずか}しいと思^{おも}います。

안됩니다.	① [금지] ダメです。= いけません。
	// 今行^{いまい}っちゃいけません。 (지금 가면~.)
	② [불가능] できません。= 無理^{むり}です。
	// どんなに頑張^{がんば}ってもできません。
	(아무리 노력해도~.)

안됐습니다.	① [나이 · 시간] なっていません。
	// まだ12時になっていません。
	(아직 12시가~.)
	② [성사여부] ダメでした。
	// 説得はしてみたんですが、ダメ
	でした。(설득은 해 봤지만~.)
	③ [동정] 残念です。
	// 今回もすべっちゃったなんて残念
	です。(이번에도 떨어졌다니~.)

안들어올거야?	[잔소리] 帰らないの。 // もう11時回ってるけど、帰らない の。(벌써 11시 넘었는데~?)
안면 있는 사이지?	顔見知りでしょ?
안 봐도 알아요.	見なくても分かります。
안부 전해주세요.	宜しくお伝えください。 // お母さんによろしくお伝えください。 (어머님께~.)
안 삽니다.	買いません。
안색이 안 좋아 보입니다.	顔色が悪いですね。
안성맞춤이네!	打って付けじゃん! = ちょうどいいじゃん! = おあつらえ向きじゃん!

안 속아!	<ruby>騙<rt>だま</rt></ruby>されないよ!
안심이 좋아, 등심이 좋아?	ヒレがいい、ロースがいい?
안심하세요.	ご<ruby>安心<rt>あんしん</rt></ruby>ください。 =<ruby>安心<rt>あんしん</rt></ruby>してください。 // <ruby>大<rt>たい</rt></ruby>した<ruby>事<rt>こと</rt></ruby>ないようなのでご<ruby>安心<rt>あんしん</rt></ruby>ください。(별 일 없는 듯 하니~.)
안심했어요.	ほっとしました。 =<ruby>安心<rt>あんしん</rt></ruby>しました。
안쓰러워 죽겠네.	<ruby>気<rt>き</rt></ruby>の<ruby>毒<rt>どく</rt></ruby>すぎるよ。 // <ruby>振<rt>ふ</rt></ruby>られてヘコんでんの<ruby>見<rt>み</rt></ruby>たら<ruby>気<rt>き</rt></ruby>の<ruby>毒<rt>どく</rt></ruby>すぎるよ。(차여서 시무룩한거 보니~.)
안약을 넣어!	<ruby>目薬<rt>めぐすり</rt></ruby>をさしなよ!
안에 뭐가 있습니까?	<ruby>中<rt>なか</rt></ruby>に<ruby>何<rt>なに</rt></ruby>がありますか。 ➡ⓐ クレジットカードが<ruby>入<rt>はい</rt></ruby>っています。 (신용카드가 들어있어요.) ⓑ <ruby>何<rt>なに</rt></ruby>もありません。(아무것도 없습니다.)
안 왔습니다.	①[도착]<ruby>来<rt>き</rt></ruby>ていません。 // <ruby>合<rt>ごう</rt></ruby>コン<ruby>相手<rt>あいて</rt></ruby>がまだ<ruby>来<rt>き</rt></ruby>ていません。 (미팅 상대가 아직~.) ②[귀가]<ruby>帰<rt>かえ</rt></ruby>っていません。 // <ruby>主人<rt>しゅじん</rt></ruby>はまだ<ruby>帰<rt>かえ</rt></ruby>っていません。 (남편은 아직~.)

안전벨트 매주세요.	シートベルトを締^しめてください。
안전합니까?	安全^{あんぜん}ですか。
안절부절 못하고 왜그래?	そわそわしてどうしたの。
안정을 취하세요.	[진찰] 安静^{あんせい}にしてください。
안주는 뭐로 할래?	おつまみは何^{なに}にする？
안쪽으로 드시죠.	①[실내] 奥^{おく}へお入^{はい}りください。 ➡ その必要^{ひつよう}はありません。 （그럴 필요 없습니다.） ②[집안] お上^あがりください。
안타깝습니다.	お気^きの毒^{どく}です。 = 残念^{ざんねん}です。
안하는게 좋겠어요.	やめたほうがいいでしょう。
안합니다.	しません。 = やりません。
안했습니다.	してません。 = やってません。

앉아 계세요.	座^{すわ}ってててください。 = お掛^かけになってください。 // しばらく座^{すわ}っててください。（잠시~）
앉아도 됩니까?	座^{すわ}ってもいいですか。

	= 掛^かけてもいいですか。
앉아서 기다리세요.	お掛^かけになってお待^まちください。
앉아서 이야기하자.	座^{すわ}って話^{はな}そう。
앉아요!	① [정중] 座^{すわ}ってください。 ➡ 大丈夫^{だいじょうぶ}です。= 結構^{けっこう}です。 (괜찮습니다.) ② [명령] 座^{すわ}りなさい。
앉아 주세요.	座^{すわ}ってください。
앉았다 가세요.	座^{すわ}って行^いってください。
앉은키가 커!	座高^{ざこう}が高^{たか}い!

알

알거지잖아?	すっからかんじゃん。
알게 되어 반갑습니다.	お会^あいできて嬉^{うれ}しいです。 ☞ 만나뵙게 되어 반갑습니다.
알게 뭐야!	[방임] 知^しるか! ☞ 냅뒤! ほっとけ!
알고 있습니까?	ご存知^{ぞんじ}ですか。 ➡ ⓐ 知^しっています。 = 存^{ぞん}じています。 (알고 있습니다.) ⓑ 知^しりません。

402

	= 存_{ぞん}じておりません。(모릅니다.)
알딸딸해요.	ほろ酔_よい気分_{きぶん}です。
알러지가 있습니다.	アレルギーがあります。 // 牛肉_{ぎゅうにく}のアレルギーがあります。(소고기~)
알려주세요.	教_{おし}えてください。 // この漢字_{かんじ}の読_よみ方_{かた}を教_{おし}えてください。(이 한자 독음을~.)
알려줘서 고맙습니다.	教_{おし}えてくださって、ありがとうございます。
알려지는게 무서워서 그러냐?	知_しられんのが怖_{こわ}いわけ？
알록달록해서 예쁘다!	色_{いろ}とりどりできれい!
알림!	[안내문] お知_しらせ!
알맞게 익었네.	① [고기] ちょうどよく焼_やけてるじゃん。 ② [과일] ちょうどよく熟_うれてるじゃん。
알맹이가 없는게 문제야.	[핵심] 中身_{なかみ}がないのが問題_{もんだい}なんだよ。
알쏭달쏭해요.	はっきりしません。 // 彼女_{かのじょ}が何故_{なぜ}そんなことしたのかはっきりしません。(그녀가 왜 그런 짓을 했는지~.)
알아내고 말꺼야!	突_つき止_とめてみせる!

알아둘 게 있어.	知っておくべきことがある。
알아둬!	知っておけ!
알아듣게 얘기했을텐데?	十分話したと思ったんだけど？
알아듣게 좀 얘기해 봐!	分かるように説明して!
알아들었습니까?	①[이해] 分かりましたか。 ②[청해] 聞き取れましたか。
알아들을 수 있습니까?	[가능] 分かりますか? ➡ ⓐ 分かります。(알아들을 수 있습니다.) ⓑ 分かりません。(알아들을 수 없습니다.)
알아 맞혀봐!	当ててみて! = 当ててごらん!
알아보시겠습니까?	[면식] 覚えていらっしゃいますか。 // 去年お会いしましたが、私のこと覚えていらっしゃいますか。 (작년에 뵀는데 저~?) ➡ わかりません。 = 覚えていません。(못 알아보겠는데요.)
알아봐 주세요.	[조사] 調べてください。
알아봤습니까?	調べてみました？ ➡ ⓐ 調べてはみたんですが。 (알아보긴 했는데요.) ⓑ まだです。(아직요.)

알아서 결정해!	自分で決めて！ = 自分で決めろ！
알아서 해!	① [남성투] 好きにしろ！ = 勝手にしろ！ ② [여성투] 好きにして！ = 勝手にして！
알아챘어?	気付いた？ // やっと気付いた？ (이제야~?)
알았습니까?	分かりましたか。
알았습니다.	分かりました。 = 了解しました。 = 承知いたしました。
알찬 하루였어요.	充実した1日でした。
알통 짱이다!	筋肉もりもり！

암기력 끝내준다!	すごい暗記力！
암만해도 모르겠어!	どうしても分かんないよ。
암암리에 거래되고 있어요.	ひそかに取引されています。
암에 걸렸습니다.	癌になりました。 ➡ 治療はできると言っていましたか。 (치료할 수 있답니까?)
암호가 걸려있어.	暗号がかかってるよ。

압

압니까?	ご存知ですか。＝知っていますか。 → 存じています。 ＝知っています。(알고 있습니다.)
압도적으로 많네.	圧倒的に多いね。
압사당할 것 같아!	押し潰されそう!
압수야.	没収だよ。 // マンガは学校に持って来たら没収だよ。(만화책은 학교에 갖고오면~.)

앗

| 앗! | [감탄사] あっ! |

앙

앙갚음 해줄테다.	仕返ししてやる。＝復讐してやる。
앙상하게 말랐네.	やつれてるね。＝げっそりしてるね。
앙심 품은 것 아냐?	恨みもってるんじゃない?
앙코르!	アンコール!

앞

앞날은 아무도 모르는 거잖아.	先のことなんて誰にも分かんないじゃん。
앞뒤가 안맞잖아!	つじつまが合わないじゃん!
앞머리 좀 정리해봐.	前髪ちゃんと整えて。
앞서서 걱정할 필요 없어.	先立って心配することないよ。
앞으로 가!	まっすぐ行って!
앞으로 가다가 우회전하면 됩니다.	まっすぐ行って右に曲がってください。
앞으로 나오세요.	[실내] 前に出て来てください。
앞이 캄캄해!	[암담한 현실] お先真っ暗!
앞장서요!	[설득] 先頭に立って!
앞치마 가져왔어?	エプロン持ってきた?

애

애기 봐야돼.	赤ちゃんの面倒見なきゃいけないんだ。

407

애꿎은 동생한테 화풀이하지 마.	何の罪もない弟に当たんなよ。 ※ 弟: 남동생　妹: 여동생
애늙은이같아.	年寄りくさい。
애당초 너가 나쁜거잖아.	① [남자말투] そもそもお前が悪いんだろ。 ② [여자말투] そもそもあんたが悪いんでしょ。
애도 아니고.	子供じゃあるまいし。 ∥ 子供じゃあるまいし、一人で行けるわよ。(~ 혼자 갈 수 있어.)
애매하게 말하니까 그러지.	曖昧に言うからでしょ。
애먹이지 말고 빨리 해.	手こずらせないで早くして。
애보기가 어디 쉬운 줄 알아?	お守りがそんなに簡単だと思う?
애석합니다.	名残惜しいです。
애송이가 뭘 안다고!	お前ごときに何が分かる!
애완동물은 키운 적이 없어서.	ペットは飼ったことなくて。
애인이 생겼습니다.	恋人ができました。
애인있습니까?	恋人はいますか。 ➡ ⓐ います。(있습니다.) 　 ⓑ いません。(없습니다.)

408

	관련표현
	彼氏 (남자친구) // 彼女 (여자친구) // 恋人 (애인)
	// 愛人 (불륜상대) // 元カレ (전 남자친구)
	// 元カノ (전 여자친구)

애지중지 하던 것 아니야?	大事にしてたもんじゃないの。
애태우지 말고 빨리 말해.	じらさないで早く言って。

야!	① [사람을 부름] おい! ② [감탄·칭찬] わあ!
야간도주했대.	夜逃げしたらしいよ。
야경보러가자!	夜景見に行こう!
야구 잘 하네.	野球上手いね。 = 野球上手だね。
야근을 밥먹듯이 해!	残業ばっかり!
야단났네!	大変だ! = 大変なことになったよ!
야단맞기 전에 빨리 해.	叱られる前に早くやって。 = 怒られる前に早くやって。
야맹증이에요.	鳥目です。
야무지다니까.	[성격] しっかり者だよ。

409

	= しっかりしてるよ。
야옹!	[고양이 울음소리] ニャー
야하다!	① [노출] エロい! = いやらしい! = エッチ! ② [화려함] 派手!

약

약 먹고 자.	薬を飲んでから寝なさい。
약삭빠른 놈.	ずる賢い奴め。
약소하지만 받아주세요.	つまらないものですが、受け取ってください。
약속!	[새끼 손가락 걸어서] 約束!
약속시간이랑 장소 잡자.	待ち合わせの時間と場所を決めましょう。
약속 어기지 마!	約束破らないでよ。= 約束破んなよ!
약속을 어겼습니다.	約束を破りました。
약속을 지킬 겁니다.	約束は守ります。
약속 있습니다.	約束があります。
약속해 주세요.	[승낙] 約束してください。

약속했어!	[다짐] 約束<ruby>やくそく</ruby>したよ! = 指切<ruby>ゆびき</ruby>りしたからね!
약아빠졌다니깐!	ずる賢<ruby>がしこ</ruby>いったらありゃしない!
약올라 죽겠네!	腹立<ruby>はらた</ruby>つ!
약은 식후에 드세요.	薬<ruby>くすり</ruby>は食後<ruby>しょくご</ruby>に召<ruby>め</ruby>し上<ruby>あ</ruby>がってください。
약은 하루에 세번 먹습니다.	薬<ruby>くすり</ruby>は一日<ruby>いちにち</ruby>に三回<ruby>さんかい</ruby>飲<ruby>の</ruby>みます。
약점만 꼬집지 마세요.	弱<ruby>よわ</ruby>みばかり突<ruby>つ</ruby>かないでください。
약타러 왔습니다.	薬<ruby>くすり</ruby>を受<ruby>う</ruby>け取<ruby>と</ruby>りに来<ruby>き</ruby>ました。
약하네!	弱<ruby>よわ</ruby>いじゃん!
약혼자 있다는게 사실이야?	婚約者<ruby>こんやくしゃ</ruby>いるって、本当<ruby>ほんとう</ruby>?
약효가 끝내준대.	すごい効<ruby>き</ruby>き目<ruby>め</ruby>らしいよ。

얄미워!	憎<ruby>にく</ruby>たらしい!

얇게 썰어주세요.	薄<ruby>うす</ruby>く切<ruby>き</ruby>ってください。

| 얇게 입고왔네. | 薄着だね。 |
| 얇습니다. | 薄いです。 |

| **얌전 그만떨지?** | いい加減、猫かぶんなよ。 |
| 얌전하게 있어! | 大人しくしてなさい!
☞ 가만있어! じっとしてなさい! |

양다리 걸치고 있어.	二股かけてるよ。
양로원따위 절대 안보내!	老人ホームになんか絶対行かせないから!
양보해 줄 수 없나요?	譲ってもらえませんか。
양손으로 받으세요.	両手で受け取ってください。
양약은 입에 쓰다.	良薬口に苦し。
양자택일하세요.	二者択一してください。
양쪽 다 먹고싶어!	両方食べたい!
양치기소년같으니라구.	[거짓말쟁이] ウソつきめ。

양치질하고 자.	歯磨きしてから寝なさい。
양해 바랍니다.	ご了承ください。

얕보지마.	なめんなよ。＝甘く見んなよ。 ＝見くびんなよ。＝あなどんなよ。
얕은데서 놀아.	浅いところで遊んでね。 ＝浅いところで遊びなさい。

얘기 나누고 있습니다.	①話をしています。＝話中です。 ＝話し合っています。 ②[수다] おしゃべりをしています。
얘기 똑똑히 들어!	ちゃんと聞け!
얘기 좀 나눕시다.	ちょっとお話しましょう。
얘기 좀 들어봐요.	話を聞いてください。 ➡ どんな言い訳も聞きたくありませ ん。(어떤 변명도 듣고 싶지 않아요.)
얘기해 주세요.	①[말하다] 話してください。

② [알리다 · 가르치다] 教えてください。

〃 駅に着いたら教えてください。
(역에 도착하면~)

어

어금니 꽉 깨물어.	歯くいしばれよ。
어깨가 욱신거립니다.	肩がずきずきします。
어깨 좀 두드려라.	肩を叩いてちょうだい。 ➡ ⓐ 気持ちいいですか。(시원하세요?) ⓑ ここですか。(여기요?)
어느것으로 하시겠어요?	何になさいますか。
어느것이 제일 잘 팔리나요?	<mark>何が一番売れてますか。</mark>
어느 나라 사람입니까?	どこの国の人ですか? = 何人ですか。 ➡ 私は韓国人です。(나는 한국사람입니다.)
어느새 이런 시간이네요.	<mark>いつの間にかこんな時間ですね。</mark>
어두워서 하나도 안보여.	暗くて何も見えない。
어디가?	どこ行くの。 ➡ ⓐ レポート提出に。(레포트 제출하러.) ⓑ ちょっとそこまで。(잠깐 요 앞에요.)

414

어디가서 잠깐 얘기 좀 해요.	どこかで少し話しましょう。
어디갑니까?	[인사형식] どこに行かれるんですか。 = どちらにおいでですか。
어디 갔었습니까?	どこに行ってたんですか。 ➡ⓐ 叔母の家に行ってました。 (이모 집에 갔었어요.) ⓑ 友達に会いに行きました。 (친구 만나러 갔었어요.)
어디로 갈까요?	どこに行きましょうか。 ➡ カンナムまで。(강남이요.)
어디 사람입니까?	どこの人ですか。 ➡ ソウルです。(서울입니다.)
어디서 뵌 것 같은데...	どこかでお会いしたような気がするんですが。
어디서 왔습니까?	どこからいらっしゃったんですか。 ➡ⓐ 韓国から来ました。(한국에서 왔습니다.) ⓑ 大阪から来ました。(오사카에서 왔습니다.)
어디십니까?	① [위치] どこですか。 ② [전화상대방] どちら様ですか。
어디야?	[위치확인] どこ?
어디에 있어요?	① [사람·동물] どこにいますか。 ② [식물·사물] どこにありますか。

415

어디입니까?	どこですか。 一番(いちばん)お気(き)に入(い)りの場所(ばしょ)はどこですか。 (가장 마음에 드는 장소는~?)
어디 좀 보자!	[관찰] 見(み)てみましょう。= どれどれ。
어딜 만져!	<mark>どこ触(さわ)ってんのよ!</mark> = どこ触(さわ)ってんだよ!
어때.	[막무가내] 別(べつ)にいいじゃん。 一緒(いっしょ)に行(い)っても別(べつ)にいいじゃん。 (같이 가면 뭐~.)
어때?	[질문] どう?
어땠어요?	どうでした? 今日(きょう)の公演(こうえん)、どうでした?(오늘 공연~?) ➡ とても良(よ)かったですよ。(정말 좋았어요.)
어떤 남자에요?	どんな男性(だんせい)ですか? ➡ 分(わ)かりません。(모르겠어요.)
어떤 여자에요?	どんな女性(じょせい)ですか?
어떻게 가는지 가르쳐 주세요.	どうやって行(い)くのか教(おし)えてください。 ➡ 地下鉄(ちかてつ)に乗(の)ってください。 (지하철을 타세요.)
어떻게 갑니까?	どうやって行(い)きますか。 ➡ 右(みぎ)に曲(ま)がった後(あと)に方向(ほうこう)を変(か)えずに まっすぐ行(い)ってください。 (우측으로 꺾어진 다음에 방향을 바꾸지 말고 쭉 가세요.)

어떻게 그럴 수 있죠?	どうしてそんなことができるんですか。
어떻게 된거야?	[사태] どうなってるんだ? = どうなってんの。 ➡ⓐ あいつ家出<ruby>いえで</ruby>しました。 　（그 녀석이 가출했어요.） 　ⓑ まだ分<ruby>わ</ruby>かりません。（아직 몰라요.）
어떻게 됐습니까?	どうなりましたか。 ➡ 全<ruby>すべ</ruby>て正常<ruby>せいじょう</ruby>です。（모든 것이 다 정상입니다.）
어떻게 생각해요?	どう思<ruby>おも</ruby>いますか。 ➡ⓐ とてもいい人<ruby>ひと</ruby>のようです。 　（참 좋은 사람 같습니다.） 　ⓑ 性格<ruby>せいかく</ruby>がイマイチだと思<ruby>おも</ruby>います。 　（성격이 별로인 것 같습니다.）
어떻게 알아!	分<ruby>わ</ruby>かるわけないでしょ! = 分<ruby>わ</ruby>かるはずないだろ!
어떻게 좀 해봐!	[해결방법] どうにかしてよ! = どうにかしろよ!
어떻게 하기로 했습니까?	どうすることにしました?
어떻게 하면 좋을까요?	どうすればいいでしょうか。 ➡ 慌<ruby>あわ</ruby>てないでください。方法<ruby>ほうほう</ruby>があるはずです。 （조급해 하지 마세요. 방법이 있을 겁니다.）

어떻게 한거야?	どうやったの?
어떻게 할 건데?	どうするつもり? ➡ とりあえず会いに行ってみようか と思って。(일단 만나러 가볼까 하고.)
어떻게 해야 좋을까요?	どうすればいいでしょうか。 ➡ まずは様子を見てみましょう。 (일단은 상황을 두고봅시다.)
어떻게 해야 좋을지 모르겠어요.	どうすればいいか分かりません。 ➡ じっくり考えてみよう。 (찬찬히 생각해 보자.)
어떻습니까?	どうですか。 // それでは明日はどうですか。 (그럼 내일은~)
어렴풋이 기억나요.	ぼんやりと覚えています。 = うっすらと覚えています。
어렵습니다.	[난이도] 難しいです。 // このゲームは子供には難しいです。 (이 게임은 어린아이에게는~.)
어른 둘, 아이 하나요.	[인원수] 大人二人、子供一人。
어른스럽다!	大人っぽいね。
어리광 부리지마!	甘えんな! = 甘えないで!
어리석었어요.	バカでした。= 愚かでした。

어리석은 짓 하지마!	バカなことはやめて。
	= バカなことはよせ。
어린애가 아닙니다.	子供<ruby>こども</ruby>じゃありません。
어린이날에 뭐 선물받았어?	子供<ruby>こども</ruby>の日<ruby>ひ</ruby>に何<ruby>なに</ruby>もらった? ➡ あたしはお人形<ruby>にんぎょう</ruby>さんもらったよ。 (난 인형 받았어.)
어마어마하게 크다!	とてつもなくでっかいな。
어머(나)!	あら! ☞ 맙소사!
어머니는 전업주부입니다.	母<ruby>はは</ruby>は専業主婦<ruby>せんぎょうしゅふ</ruby>です。
어물쩍 넘어가려 하지마.	ごまかそうとしないで。
	= ごまかそうとすんなよ。
어불성설이지.	屁理屈<ruby>へりくつ</ruby>だよ。= 理<ruby>り</ruby>にかなってないよ。 // 彼等<ruby>かれら</ruby>の主張<ruby>しゅちょう</ruby>は屁理屈<ruby>へりくつ</ruby>だよ。 (그들의 주장은~.)
어색해서 둘만 있긴 싫어.	居心地<ruby>いごこち</ruby>悪<ruby>わる</ruby>いから二人<ruby>ふたり</ruby>っきりは嫌<ruby>いや</ruby>だ。
어서 말해!	早<ruby>はや</ruby>く言<ruby>い</ruby>って! = 早<ruby>はや</ruby>く言<ruby>い</ruby>え!
어서 먹어!	早<ruby>はや</ruby>く食<ruby>た</ruby>べて! = 早<ruby>はや</ruby>く食<ruby>た</ruby>べろ!
어서 앉으세요.	どうぞ座<ruby>すわ</ruby>ってください。
	= どうぞお掛<ruby>か</ruby>けになってください。
어서 오십시오!	いらっしゃいませ!

어서 일어나!	早_{はや}く起_おきなさい!
어서 자!	早_{はや}く寝_ねなさい!
어안이 벙벙하더라.	呆気_{あっけ}にとられちゃったよ。
어언 5년이 다 됐네.	いつの間_まにか5年_{ねん}になるんだね。 ＝いつの間_まにか5年_{ねん}も経_たつんだね。
어울리는 것 같습니다.	① [조화] 似合_{にあ}うと思_{おも}います。 ＝お似合_{にあ}いだと思_{おも}います。 ∥二人_{ふたり}はとてもお似合_{にあ}いだと思_{おも}います。(둘이 잘~) ② [적합함] ふさわしいと思_{おも}います。 ∥その役_{やく}には彼_{かれ}が一番_{いちばん}ふさわしいと思_{おも}います。(그 역할에는 그가 가장~.)
어울리지 않아요.	① [조화] 似合_{にあ}いません。 ∥その服_{ふく}は君_{きみ}に似合_{にあ}いません。 (그 옷은 너에게~) ② [부적합함] ふさわしくないです。 ＝ふさわしくありません。 ∥彼_{かれ}は大統領_{だいとうりょう}にはふさわしくありません。(그는 대통령에는~) ③ [연애조건] 釣_つり合_あいません。 ∥彼_{かれ}と私_{わたし}とじゃ全然_{ぜんぜん}釣_つり合_あいません。(그와 나는 전혀~.)
어이가 없네!	あきれた!

420

어이없이 져버렸어.	[허망함] あっけなく負けちゃった。
어정쩡한 태도 취하니까 그렇지!	態度がはっきりしないからでしょ!
어제 뭐 했어요?	昨日何しました? ➡ 友達に会いました。(친구를 만났어요.)
어제 밤에 잘 잤습니까?	昨晩はよく眠れましたか。 ➡ よく眠れました。(잘 잤어요.)
어제 오늘일도 아니잖아?	[문제행동] 今に始まったことでもないでしょ。
어제일 같다.	昨日のことのようだ。
어중간하게 끝내려고?	中途半端に終わらせるつもり?
어지간하면 봐주지 그래?	それぐらいにしとけば? // 大したことないんなら、それぐらいにしとけば?(큰 일도 아닌데~?)
어지러워.	[증상] くらくらする。= 目眩がする。 // 走りっぱなしでくらくらする。(계속 뛰었더니~.)
어쨌든 일단 가보자.	とにかく、いったん行ってみよう。
어쩌다 그렇게 된거야?	どうしたの。 // どうしたの、その顔。(얼굴~?)
어쩌라고?	どうしろっていうんだ? = どうしろっていうのよ。

어쩌면 같이 갈 수도 있대.	ひょっとしたら一緒に行けるかも知れないって。
어쩐지!	どうりで! // どうりでよく会うと思った! (~ 자주 마주치더라!)
어쩔 수 없지 뭐.	仕方ないよ。= しょうがないよ。 = どうしようもないよ。
어차피 가는 길입니다.	どっちみち行く途中ですので。
어차피 같은 방향이니까요.	どうせ同じ方向ですし。
어처구니가 없네!	ばかばかしい! = あきれた!
어플 괜찮은 것 있으면 소개시켜줘.	お気に入りのアプリあったら紹介して。
어학연수를 가려고 합니다.	語学研修に行こうと思っています。
어학연수 왔습니다.	語学研修に来ました。
어항 물 좀 갈자.	水槽の水、取り替えよう。

억

억수로 많네!	超いっぱいある! = めっちゃ多い!
억양이 좀 이상해.	イントネーションがちょっと変。

422

억울합니다!	[누명] 悔<small>くや</small>しいです!
억울해 죽겠어요.	悔<small>くや</small>しくてたまりません。 = 残念<small>ざんねん</small>でなりません。
억장이 무너지는 느낌이었어요.	胸<small>むね</small>がつまる思<small>おも</small>いでした。
억지로 마시지 마세요.	無理<small>むり</small>に飲<small>の</small>まないでください。 // お酒<small>さけ</small>を無理<small>むり</small>に飲<small>の</small>まないでください。 (술을~)
억지로 하지마세요.	無理<small>むり</small>にしないでください。
억지부리지마.	意地張<small>いじは</small>らないで。 = 駄駄<small>だだ</small>こねないで。

언

언니는 일본에 있습니다.	姉<small>あね</small>は日本<small>にほん</small>にいます。
언동을 삼가 주세요.	言動<small>げんどう</small>を謹<small>つつし</small>んでください。
언뜻 보였어.	ちらっと見<small>み</small>えたよ。
언뜻 생각났어.	ふっと思<small>おも</small>い出<small>だ</small>した。
언제 갑니까?	いつ行<small>い</small>きますか。 ➡ 明日<small>あした</small>です。(내일이요.) 관련표현 明後日<small>あさって</small> (모레) // 明々後日<small>しあさって</small> (글피)

423

	// 今朝<ruby>けさ</ruby> (오늘 아침) // 今日<ruby>きょう</ruby>の午後<ruby>ごご</ruby> (오늘 오후)
	// 今晩<ruby>こんばん</ruby> (오늘 저녁)
	// 明日<ruby>あした</ruby>の午後<ruby>ごご</ruby>2時<ruby>じ</ruby> (내일 오후 두시)

언제 갔어요?	いつ行<ruby>い</ruby>きました?
	➡ ついさっき行<ruby>い</ruby>きました。(방금 갔습니다.)
	
	관련표현
	おととい (그저께) // 昨日<ruby>きのう</ruby> (어제) // 今日<ruby>きょう</ruby> (오늘)
	// 朝<ruby>あさ</ruby> (아침) // 夕方<ruby>ゆうがた</ruby> (저녁) // 午前<ruby>ごぜん</ruby> (오전)
	// 正午<ruby>しょうご</ruby> (정오) // 午後<ruby>ごご</ruby> (오후)

언제든지 다 좋습니다.	いつでもいいです。 = いつでも構<ruby>かま</ruby>いません。
언제입니까?	いつですか。
언제적 이야기야?	いつの頃<ruby>ころ</ruby>の話<ruby>はなし</ruby>?
언젠가 꼭 하고 말테다!	いつか絶対<ruby>ぜったい</ruby>やってやる! = いつか必<ruby>かなら</ruby>ずやってやる!
언짢아 하지말아요.	悪<ruby>わる</ruby>く思<ruby>おも</ruby>わないでください。
언짢으세요?	気<ruby>き</ruby>に触<ruby>さわ</ruby>りました?

얻어 맞았냐?	殴<ruby>なぐ</ruby>られたの。

얻어 터졌대.	ぼこぼこにされたんだって。 = 殴^{なぐ}られたんだって。

얼간이같으니라고!	出来損^{で きそこ}ないめ!
얼굴 빨개졌어.	顔赤^{かお あか}くなってるよ。
얼굴에 똥칠했지 뭐야.	<mark>メンツ丸^{まる}つぶれだよ。</mark>
얼굴에 손댔어요?	[성형] 美容整形^{び ようせいけい}しました?
얼굴에 철판 깔았구나!	<mark>ずうずうしいな。</mark>
얼굴을 이쪽으로 돌려봐요.	顔^{かお}をこちらに向^むけてください。
얼굴이 많이 익어요.	[구면] 見覚^{みおぼ}えがあります。
얼굴이 무서워요.	顔^{かお}が怖^{こわ}いです。
얼굴이 반쪽이 됐네.	顔^{かお}がこけたね。
얼굴이 왜 우거지상이냐!	何^{なに}しかめっ面^{つら}してんだよ! = 何^{なに}ふくれっ面^{つら}してんだよ! ➡ 何^{なん}でもありません。(아무 일도 아닙니다.)
얼떨결에 같이 가게 됐어요.	とんだ拍子^{ひょう し}に一緒^{いっしょ}に行^いくことになりました。
얼렁뚱땅 넘어갈 생각하지 마.	適当^{てきとう}にごまかせると思^{おも}うなよ。

얼룩졌어.	染みになっちゃった。
얼른 가!	さっさと行け! = 早く行け!
얼른 갔다올게.	すぐ行ってくるね。
얼마나 걸립니까?	どのくらいかかりますか。 // ここから駅までどのくらいかかります ますか。(여기서 역까지~) ➡ 歩いたら約２０分かかります。 (걸어가면 약20분 걸립니다.)
얼마나 합니까?	[가격] いくらですか。 ➡ 300 ウォンです。(300원이요.)
얼마든지 쓰세요.	[사용] いくらでも使ってください。
얼마든지 있습니다.	いくらでもあります。 // お金はいくらでもあります。(돈은~.)
얼마 못살거래요.	[수명] もう長くないって。
얼마입니까?	いくらですか。 ➡ ひとつ100円です。(하나에 100엔입니다.)
얼버무리지 말고 확실히 말해.	もごもごしないではっきり言って。
얼씨구나하고 나가던데?	<mark>ここぞとばかりに出て行ったよ。</mark>
얼씬도 못하게 만들어야지.	二度と来れないようにしてやる。 (두번 다시~.)

얼어 죽겠다!	凍え死にそう！
얼어 죽는 줄 알았습니다.	凍え死ぬかと思いました。
얼얼해.	ひりひりする。 // 切ったところがまだひりひりする。 (베인데가 아직도~.)
얼음장 같다.	氷のように冷たい。
얼음 좀 주세요.	氷をください。
얼짱!	[남자] イケメン！

얽매이고 싶지 않아.	縛られたくない。 // まだ特定の人に縛られたくない。 (아직 한 사람에게~.)
얽히고 싶지 않아.	巻き込まれたくない。 = 関わりたくない。 // 人の恋愛には関わりたくない。 (타인 연애사에는~.)

엄마를 닮았습니다.	お母さん似です。

엄살은!	大<ruby>げ<rt>おお</rt></ruby>さだなぁ!

大^{おお}げさだなぁ!

엄청난 결말이 기다리고 있었어요.	思^{おも}いもよらぬ結末^{けつまつ}が待^まち構^{かま}えていました。

엄합니다.	厳^{きび}しいです。

업무가 밀렸어요.	仕事^{しごと}がたまっています。

업신여기다 큰 코 다칠껄?	あなどってたら後悔^{こうかい}するよ?

업어줄까?	おんぶする?

없는 것보다 낫습니다.	ないよりマシです。 // どちらにせよないよりマシです。 (어쨌든~)

없던 걸로 합시다.	なかったことにしましょう。 = 水^{みず}に流^{なが}しましょう。

없습니다.	① [사람·동물] いません。 ② [식물·사물] ありません。

없어졌습니다.	① [사람·동물] いなくなりました。

// ちょっと目を離したすきに弟が
いなくなりました。
(잠깐 한눈판 사이에 남동생이~.)

② [식물·사물] なくなりました。
// 財布がなくなりました。(지갑이~.)

 엉

엉덩방아 찧은데가 아파.	尻餅ついたところが痛い。
엉뚱한 생각하지 마세요.	バカな考えは止めてください。
엉뚱한 소리마세요.	バカなこと言わないでください。
엉뚱한 애구나.	変わった子だね。
엉망이군!	メチャクチャだな。
엉망이 돼버렸어.	メチャクチャになっちゃった。 =台無しになっちゃった。
엉엉!	[우는 소리] わーんわーん!
엉터리야!	でたらめだ!

 엊

엊그저께 왔다갔어.	2、3日前に来てたよ。

	= 数日前に来てたよ。

엎어졌니?	コケたの。= 転んだの。
엎어지면 코 닿을데잖아.	目と鼻の先でしょ。
엎질러진 물이야.	後悔先に立たず。
엎치락 뒤치락 하는거 보니 잠 안오나봐.	寝返りうってんの見たら眠れないんだね。
엎친데 덮친 격이군!	泣きっ面に蜂だな!

에구구.	あれまあ。= ありゃりゃ。 // あらまあ、大変だったね。 (~. 큰 일을 겪었구나.)
에라, 모르겠다.	どうにでもなれ! = 知ったこっちゃない!
에어컨을 켜 주세요.	クーラーを付けてください。
에어컨이 고장났습니다.	クーラーが故障しました。
에어컨이 너무 세다!	クーラー効きすぎ!

에이씨!	〈속어〉くそっ!
에취!	くしゅん！= はっくしょん！
에헴.	[헛기침] ゴホン。

| 엑스레이(x-ray) 찍어보려고. | レントゲン写真、撮ってみようと思って。 |

| 엔간히 하고 쉬자. | もうそろそろ休もう。 |
| 엔간히 힘든게 아냐. | 生易しいもんじゃないよ。 |

| 엘리베이터를 이용하세요. | エレベーターをご利用ください。 |
| 엘리베이터 올라가요, 내려가요? | エレベーター上がります、下がります？ ➡ ⓐ 上がります。(올라갑니다.) ⓑ 下がります。(내려갑니다.) |

엘리베이터 타고 가자.	エレベーター乗って行こう。
엘리트구나.	エリートだね。＝エリートなんだ。

여권수속을 밟으려 왔는데요.	パスポートの手続きに来たんですが。
여권을 보여주세요.	パスポートを見せてください。
여권을 잃어버렸어요.	パスポートをなくしてしまいました。
여기가 어디에요?	ここはどこですか。 ➡ ここはカンファムンです。 (여기 광화문이에요.)
여기까지로 합시다.	ここまでにしましょう。 // 今日の会議はここまでにしましょう。(오늘 회의는~.)
여기는 웬일이야? // 여기 웬일이세요?	どうしたの、こんなところで。
여기를 봐 주세요.	ここを見てください。
여기서 가깝습니다.	ここから近いです。
여기서 끝내자.	これで終わりにしよう。
여기서 드실 겁니까, 가지고 가실 겁니까?	[패스트푸드점] こちらでお召し上がりですか? お持ち帰りですか?

	➡ ⓐ ここで食べます。(여기서 먹을 겁니다.) ⓑ 持って帰ります。(가지고 갑니다.)
여기서 말씀하세요.	ここでお話になってください。 ➡ そうしましょう。(그러죠.)
여기서 뭐해?	ここで何してんの。 = こんなところで何してんの。 ➡ ⓐ お茶を飲んでいます。(차 마셔요.) ⓑ 人を待っています。(누구 기다려요.) ⓒ お前に言うことがある。 (너한테 할 말이 있어.)
여기서 얼마나 걸립니까?	ここからどのくらいかかりますか。 ➡ ⓐ 遠くありません。(멀지 않습니다.) ⓑ 1時間です。(1시간이요.)
여기서 일합니까?	ここで働いているんですか。
여기 있습니다.	① [영수증·잔돈·물건 등을 건네줄 때] どうぞ。 ② [물건이 있는 곳] ここにあります。 ③ [사람·동물] ここにいます。 ④ [물건을 찾음] ここにありました。
여기저기 찾아봤는데 없어.	あちこち探してみたんだけど、な いよ。
여기저기 헤매느라 늦었어요.	道に迷っちゃって遅れてしまいま した。

여담 하나 할게요.	余談ですが。
여드름이 심해지고 있어.	にきびがひどくなってる。
여러가지로 감사했습니다.	色々とありがとうございました。 // 今まで色々とありがとうございました。(그 동안~)
여러말 할 필요 없잖아요?	くどくど言うこともないでしょ。 = くどくど言う必要もないでしょ。
여러모로 힘들겠네요.	色々と大変ですね。
여러분 안녕하세요!	皆さん、こんにちは!
여름방학 언제부터야?	夏休み、いつから? ➡ 7月中旬からだよ。(7월 중순부터야.)
여름은 후덥지근합니다.	夏は蒸し暑いです。 // 東京の夏は蒸し暑いです。(동경의~)
여보세요!	[전화] もしもし!
여봐란 듯이 성공할테다!	これ見よがしに成功してやる!
여유부릴 시간 없을텐데?	余裕かましてる暇ないと思うんだけど。
여유 좀 작작 부리지 그래?	何余裕かましてんの。

434

여자들은 다 똑같아.	女はみんな同じだ。
여자를 밝힙니다.	女好きです。
여자의 마음을 모르겠습니다.	女心が分かりません。
여전하구나.	相変わらずだね。= 変わってないね。
여차여차해서 이렇게 된거에요.	かくかく云々でこうなったんです。
여차하면 내가 달려갈게.	いざとなったら俺が駆け付けるから。
여태까지 뭐하고 있었어?	今まで何やってたの。
여태 안오고 뭐해.	まだ来ないで何やってんの。
여하간 가보자.	とにかく行ってみよう。
여한이 없네요.	心残りはありません。 // これで死んでも心残りはありません。(더 이상 죽어도~.)
여행 갈까요?	旅行に行きましょうか。
여행왔습니다.	旅行に来ました。
여호와의 증인이에요.	エホバの証人です。

역광이라 잘 안나올 것 같은데?	逆行（ぎゃっこう）だからきれいに写（うつ）らないと思（おも）うよ。
역광인데 괜찮아?	[사진촬영] 逆行（ぎゃっこう）だけど大丈夫（だいじょうぶ）?
역무원에게 문의해 주세요.	駅員（えきいん）にお問（と）い合（あ）わせください。
역부족인가봐.	力不足（ちからぶそく）みたい。
역시 너 답다!	[능력·기법] さすがお前（まえ）らしいな!
역 앞에서 기다릴게!	駅（えき）の前（まえ）で待（ま）ってるね!
역에 도착하면 알려주세요.	駅（えき）に着（つ）いたら教（おし）えてください。
역을 지나쳤나봐.	乗（の）り過（す）ごしちゃったみたい。
역전했어!	[경기·흐름] 逆転（ぎゃくてん）だ!
역효과 날 줄 알았다니까!	裏目（うらめ）に出（で）ると思（おも）ったよ!

엮이고싶지 않아.	関（かか）わりたくない!

436

연

연결해 드리겠습니다.	[전화연결] お繋（つな）ぎいたします。 = お取（と）り次（つ）ぎいたします。
연금은 기대하기 힘들어.	年金（ねんきん）は期待（きたい）できないよ。
연기됐어요.	延期（えんき）されました。
연대보증 섰다 줄줄이 망했어요.	連帯保証（れんたいほしょう）でみんなつぶれちゃいました。
연락드릴게요.	ご連絡（れんらく）いたします。 // 折（お）り返（かえ）しご連絡（れんらく）いたします。(다시~.)
연락이 안 됩니다.	連絡（れんらく）がつきません。
연락주세요.	ご連絡（れんらく）ください。 - ご連絡（れんらく）お願（ねが）いします。
연락처입니다.	連絡先（れんらくさき）です。 // これは私（わたし）の連絡先（れんらくさき）です。(이건 저의~)
연말연시는 망년회 때문에 바쁘잖아.	年末年始（ねんまつねんし）は忘年会（ぼうねんかい）で忙（いそが）しいでしょ。
연말연시에는 늘 바쁘죠?	年末年始（ねんまつねんし）はいつも忙（いそが）しいですよね。
연상은 솔직히 좀 어려워요.	年上（としうえ）は正直苦手（しょうじきにがて）です。
연상이 좋지 않아?	年上（としうえ）がよくない?

연쇄살인범이 잡혔대.	連続殺人事件の犯人が捕まったんだって。
연습 게을리하지 마.	練習怠けんなよ。
연습 좀 해!	練習しろ!
연애결혼이에요?	恋愛結婚ですか。 ➡ いいえ、お見合いです。 (아니요. 선봤어요.)
연예인은 사생활도 없냐?	芸能人はプライバシーもないわけ？
연예인이 되고 싶어요.	芸能人になりたいです。
연체됐습니다.	延滞されています。 ∥返却期間から本日まで90日延滞されています。(반납기간으로부터 오늘까지 90일~.)
연하고 맛있어!	[고기]柔らかくておいしい！
연하랑 사귄대.	年下と付き合ってるんだって。
연휴인데 야외로 놀러 갑시다.	連休なんだし、外に遊びに行きましょう。

열

열나고 목도 아픕니다.	熱もあるし、喉も痛いです。

열등감 느낄 필요 없어!	引け目感じることないよ。
열량 이렇게나 높아?	カロリー、こんなに高いの!
열려라 참깨!	開け、ゴマ!
열받네!	ムカつくなぁ! = 腹立つなぁ!
열쇠 어디뒀더라?	鍵、どこ置いたっけ?
열쇠 잠궜어?	鍵かけた?
열심히 하는구나.	熱心だね。= 頑張ってるね。
열심히 하자!	頑張ろう!
열심히 할게요.	頑張ります。
열어(봐)!	開けてみて。
열은 내린 것 같아.	熱は引いたみたい。
열은 없습니다.	熱はありません。
열이 내렸습니다.	熱が下がりました。
열중 쉬어!	休め!
열풍이래.	ブームなんだって。

염

염려하지 마세요.	心配（しんぱい）しないでください。
염병할!	畜生（ちくしょう）! = くそ!
염색했네!	髪（かみ）、染（そ）めたんだ。
염장지르나?	[애인자랑!] のろけ?
염증을 일으키고 있어요.	炎症（えんしょう）を起（お）こしかけています。
염치 없는 놈.	ずうずうしい! = あつかましい!

엿

엿들었냐?	盗（ぬす）み聞（ぎ）きしたの。
엿 먹어라!	[보복공격] これでもくらえ!
엿보면 죽을 줄 알어!	覗（のぞ）いたらただじゃおかないからね。

영

영감같아!	[늙은이] じじくさい! = 年寄（としよ）りみたい!
영광입니다.	光栄（こうえい）です。
영문과 출신이라며?	英文科（えいぶんか）出（で）たんだって?

영문을 모르겠어.	わけが分(わ)かんないよ。
영(0) 번을 누르고 나서, 지역번호를 누르세요.	0番(ばん)を押(お)した後(あと)、地域番号(ちいきばんごう)を押(お)してください。
영수증 없으면 안된대.	レシートがなきゃダメなんだって。
영수증 주세요.	領収書(りょうしゅうしょ)をください。 = レシートお願(ねが)いします。
영 안땡기는데.	<mark>どうも気(き)が向(む)かないなあ。</mark>
영양가 없는 이야기 그만하고 일 좀 해!	<mark>つまんない話(はなし)はそれぐらいにして、仕事(しごと)仕事(しごと)!</mark>
영양실조로 어지러워요.	栄養失調(えいようしっちょう)でくらくらします。 = 栄養失調(えいようしっちょう)で目眩(めまい)がします。
영어를 할 줄 압니까?	英語(えいご)が出来(でき)ますか。 ➡ ⓐ はい! (예!) ⓑ 少(すこ)し出来(でき)ます。(조금 할 줄 압니다.) ⓒ 出来(でき)ません。(할 줄 모릅니다.) ⓓ 少(すこ)しも出来(でき)ません。(조금도 못합니다.)
영업이 끝났습니다.	営業(えいぎょう)は終了(しゅうりょう)しました。
영원이란게 존재할까?	永遠(えいえん)っていうものなんて、あるのかな。
영원히 행복하세요.	いつまでもお幸(しあわ)せに!

영향을 안 받을 리 없죠.	影響が出ないわけがありません。
영화관에서 보는게 나아.	映画館で見たほうがいいよ。
영화는 몇시부터 상영합니까?	映画は何時から上映ですか。 → 午後 5 時です。(오후 5시입니다.)
영화보러갈까요?	映画観に行きましょうか。

옆

옆구리 살이 신경쓰여요.	脇腹の贅肉が気になります。
옆에 앉아도 될까요?	隣に座ってもいいですか。 → もちろんです。(물론이죠.)
옆으로 서 주세요.	横に並んでください。
옆자리에 사람 있습니까?	隣、空いてますか。 → はい、どうぞ。(아니요. 앉으세요.)
옆집에 이사왔어요.	隣に引っ越してきました。

예

예!	はい!
예감이 딱 들어맞았네요.	ずばり予想的中ですね。

	= ずばり予想が当たりましたね。
예감이 안좋아.	不吉な予感がする。 = いやな予感がする。
예감이 틀린 적이 없거든요.	予感が外れたことないんですよ。
예금 이체해 둬.	振り込んどいて。
예년 수준을 유지하고 있습니다.	平年並みです。
예를 들어 어떤 것?	例えばどんなの?
예리한데?	[칼날 · 관찰력] 鋭いな。
예매해야 합니까?	前もって買わなければなりませんか。 = 予約しなければなりませんか。
예민한 사람이니 잘 부탁해.	デリケートな人だから、よろしくね。
예쁩니다.	綺麗です。= 美しいです。
예사롭지 않은데?	[분위기] ただごとじゃないな。
예산초과에요.	予算オーバーです。
예선은 통과했어요.	予選は通りました。
예습복습 철저히 해!	予習と復習はしっかりとね!
예약할 수 있습니까?	予約できますか。

예약했습니까?	予約しましたか。
예의가 없네요.	礼儀がなってませんね。
예전으로 돌아가고 싶어.	昔に戻りたい。
예지몽이었나봐!	正夢だったんだ!

옛

옛날 그대로야!	昔のままだ!
옛날이야기 해주세요!	昔話やって!

오

오글오글해!	[닭살지러움] こっぱずかしいな。
오기부리지마.	意地張んなよ。
오냐오냐하니까 눈에 뵈는게 없나보지?	ちやほやされて怖いもん知らずになったようだね。
오늘따라 비 엄청오네.	今日に限ってすごい雨!
오늘은 몇월 몇일입니까?	今日は何月何日ですか。
오늘은 무슨 요일입니까?	今日は何曜日ですか。

오늘은 이만 들어가봐.	[아르바이트] 今日はもう上がっていいよ。
오늘이 몇일이더라?	今日何日だっけ？
오다가다 얼굴은 몇 번 봤어요.	通りすがりに何回か会ったことはあります。
오도방정 좀 떨지마.	騒ぎ立てんなよ。
오래 기다리게해서 죄송합니다.	お待たせしました。
오래 살고 싶습니다.	長生きしたいです。
오랜만입니다.	お久しぶりです。
오른손잡이에요.	右利きです。 ※ 오른손잡이：右利き　왼손잡이：左利き

오른쪽으로 도세요.	右に曲がってください。
	// 出て右に曲がってください。(나가서~)
	// ひとつ目の信号で右に曲がってください。(첫번째 신호등에서~)

오바이트할 것 같아요.	吐きそうです。
오버하는 거 아니야?	大げさなんじゃないの。
오분 남았어요.	あと5分です。
오빠!	[친오빠] お兄ちゃん!

오시느라 고생하셨습니다.	ようこそお越しくださいました。
오싹했어!	ぞっとした!
오전 내내 바빴어요.	午前中はずっと忙しかったです。
오전시간은 다 괜찮습니다.	午前中はいつでも大丈夫です。
오줌마려워!	[어린이] おしっこ!
오지랖 넓은 것도 정도껏 해줘.	<mark>おせっかいもほどほどにしろよ。</mark>
오지 않았습니까?	来ませんでしたか。
오해받기 싫어요.	誤解されたくありません。
오해하지 마세요.	誤解しないでください。
오후내내 바빴어요.	午後はずっと忙しかったです。
오후시간은 다 좋습니다.	午後ならいつでもオッケーです。

옥

옥상에서 고기 구워먹자!	屋上で焼き肉パーティーしよう!
옥에 티야!	玉に瑕!
옥케이!	オッケー!
옥탑방에 살아요.	屋根裏部屋に住んでいます。

온

온난화의 영향으로 겨울에도 따뜻해요.	温暖化の影響で冬でも暖かいです。
온데간데 없이 사라졌어요.	跡形もなく消えました。
온몸이 나른해요.	全身がだるいです。
온몸이 땀으로 젖었습니다.	全身汗びっしょりです。
온순해 보여.	素直でやさしそう。
온종일 비가 오네.	一日中雨だね。
온지는 얼마나 됐습니까?	来てどのくらいになりますか。 ➡ もう半年になります。 (벌써 반년이나 지났어요.)
온천여행은 어디가 좋을까?	温泉旅行はどこがいい？
온통 흙 투성이네.	すっかり泥だらけじゃん。

올

올거야?	来るの？ // いつ来るの？(언제~) ➡ 私も分かんない。(나도 몰라.)
올 들어 벌써 몇 번째야!	今年に入ってもう何回目だよ！

447

올 수 있습니까?	<ruby>来<rt>こ</rt></ruby>られますか。
올테면 와라!	[싸움] <ruby>来<rt>く</rt></ruby>るならさっさとかかって<ruby>来<rt>こ</rt></ruby>い!
올해도 잘 부탁해.	<ruby>今年<rt>ことし</rt></ruby>もよろしくね。

| 옳은 말씀입니다! | ごもっともです。 |

| 옷갈아 입자. | [어린이] お<ruby>洋服<rt>ようふく</rt></ruby><ruby>着替<rt>きが</rt></ruby>えよう。 |
| 옷을 더 껴입고 나가세요. | <ruby>服<rt>ふく</rt></ruby>をもっと<ruby>着込<rt>きこ</rt></ruby>んで<ruby>行<rt>い</rt></ruby>ってください。 |

와 본 적이 있습니까?	<ruby>来<rt>き</rt></ruby>た<ruby>事<rt>こと</rt></ruby>がありますか。
와 주시겠어요?	お<ruby>越<rt>こ</rt></ruby>し<ruby>頂<rt>いただ</rt></ruby>けますか。
와 줘서 감사합니다.	お<ruby>越<rt>こ</rt></ruby>し<ruby>頂<rt>いただ</rt></ruby>きありがとうございます。

| 완고해서 말이 안통해. | <ruby>頑固<rt>がんこ</rt></ruby>で<ruby>話<rt>はなし</rt></ruby>が<ruby>通<rt>つう</rt></ruby>じないよ。 |

완력으로라도 데리고 갈거야.	力^{ちから}ずくでも連^つれて行^いくからな。
완벽한 사람은 없다.	完璧^{かんぺき}な人^{ひと}はいない。
완벽합니다.	①完璧^{かんぺき}です。 ②[나무랄 데가 없음] 非^ひの打^うち所^{どころ}がありません。
완전 알랑거려.	めっちゃ媚^こびてる。
완전하지 않습니다.	完全^{かんぜん}ではありません。
완치될 수 있나요?	治^{なお}りますか。

왔다 갔어.	来^きてたよ。 // 一週間^{いっしゅうかん}ほど前^{まえ}に来^きてたよ。 (1주일 쯤 전에~)

왜그래?	どうしたの。= どうしたんだよ。
왜 나야?	何^{なん}で私^{わたし}なの。 ※ 私^{わたし}=僕^{ぼく}=俺^{おれ}
왜 또 그래?	またどうしたの。

왜소한 사람이 좋아요.	[체격] 小柄_{こがら}な人_{ひと}が好_すきです。
왜 안 되는데?	何_{なん}でダメなの。
왜 안 오는거야?	何_{なん}で来_こないの。 ➡ お仕事_{しごと}だって。(일이 있대.)
왜요?	何_{なん}でですか。= どうしてですか。
왜 울어?	何_{なん}で泣_ないてるの。
왜 웃어?	何_{なん}で笑_{わら}うの。 ➡ 笑_{わら}ってません。(안 웃었어요.)
왜이리 안와?	何_{なん}でこんなに来_こないの。
왜 자꾸 그래?	どうしたんだよ。= どうしたのよ。
왜 하필 그녀석이야?	何_{なん}でよりによってあいつなんだよ。

외 🌸 🌸 🌸

외곽지역에 살아요.	外_{はず}れに住_すんでいます。
외국인입니다.	外国人_{がいこくじん}です。
외도하는거 아니지?	[바람] 浮気_{うわき}してるんじゃないよね。
외동이라 그런지 제 멋대로야.	一人_{ひとり}っ子_こだからかわがままなんだよね。

외로움을 많이 타는 편이에요.	<mark>さびしがり屋です。</mark>
외면하지마.	目をそらさないで。 // 真実から目をそらさないで。(진실을~.)
외모로 판단하지 마세요.	見た目で判断しないでください。 = 外見で判断しないでください。
외상됩니까?	ツケにしてもらえます? ➡ ダメです。(안됩니다.)
외식하러 갈까?	外食にしようか。
외출 금지다.	外出禁止だ。 // 今日から当分は外出禁止だ。 (오늘부터 당분간~)
외출 중입니다.	[회사] 席を外しておりますが。

왼

왼손잡이야?	左利きなの? ☞ 오른손잡이에요.
왼쪽으로 가세요.	左に行ってください。
왼쪽으로 도세요.	左に曲がってください。 // 出て左に曲がってください。(나가서~)

요

요구사항이 너무 많은 것 아니야?	ちょっと要求^{ようきゅう}しすぎじゃない?
요까짓게 얼마나 한다고.	こんなもん、そんなに高^{たか}くもないでしょ。
요령이 뭔가요?	コツって何^{なん}ですか。
요리에 푹 빠져있어요.	料理^{りょうり}にはまってます。
요리조리 잘 피한다니까.	本当^{ほんとう}に要領^{ようりょう}がいいんだから。
요사이 부쩍 추워졌네요.	最近^{さいきん}めっきり寒^{さむ}くなりましたね。
요요와서 도로 살쪘어!	[다이어트] リバウンドでまた太^{ふと}っちゃった!
요점만 말해!	要点^{ようてん}だけ言^いえ!
요즘 바쁩니까?	最近忙^{さいきんいそが}しいですか。

욕

욕봤네.	[고생] 大変^{たいへん}だったね。
욕심이 너무 많은 것 아니야?	欲張^{よくば}りすぎじゃない?
욕하지 마세요.	[험담] 悪^{わる}く言^いわないでください。

용

용감하구나.	勇気あるね。
용건만 간단히 말씀하세요.	用件だけ簡単におっしゃってください。
	➡ そうしましょう。(그러죠.)
용돈 주세요.	お小遣い、ちょうだい。
용서 안할거야!	許さない!
용서해 주세요.	許してください。
용하대.	[의사] 腕は確からしいよ。

우

우거지상을 쓰고 왜그래?	どうしたの。しかめっ面して。(그래요. 저도 기뻐요.)
우기면 다인 줄 알아!	何でも意地張ればいいと思ってんの!
우냐?	泣いてるの?
우는 소리하길래 못하는 줄 알았더니.	弱音吐くからダメなのかと思ってたら。
우롱하냐?	ばかにしてんのか!
우리끼리 얘기인데.	[비밀] ここだけの話なんだけど。

우물정자(#) 버튼을 누르세요.	シャープを押^おしてください。 // 電話番号^{でんわばんごう}を押^おしてからシャープを 　押^おしてください。(전화번호를 누른 후~.)
우물쭈물하다 뺏긴다!	ぐずぐずしてたら横取^{よこど}りされちゃうよ。
우박이 내립니다.	雹^{ひょう}が降^ふっています。
우산 가져왔습니까?	傘持^{かさも}って来^きましたか。 ➡ 忘^{わす}れちゃいました。(깜빡했어요.)
우산 좀 빌려주세요.	傘貸^{かさか}してもらえますか。
우습게 보지 마세요.	見^みくびらないでください。 = 甘^{あま}く見^みないでください。
우습지!	[너무 쉬움] ちょろいもんだよ。 // こんなの、ちょろいもんだよ。 　(이런 것쯤은~!)
우승했습니다.	優勝^{ゆうしょう}しました。
우여곡절이 많았지만 이젠 괜찮아요.	色々^{いろいろ}あったけど、もう大丈夫^{だいじょうぶ}です。
우연히 만났습니다.	偶然会^{ぐうぜんあ}いました。
우열을 가리기 힘듭니다.	優劣^{ゆうれつ}がつけがたいです。
우울증에 걸렸나봐요.	うつ病^{びょう}らしいですよ。
우울해요.	憂鬱^{ゆううつ}です。= ブルーです。 // 雨^{あめ}の日^ひはブルーです。

	= 雨の日は憂鬱です。(비 오는 날은~.)
우유를 마시겠습니다.	[선택] 牛乳にします。 = 牛乳を飲みます。
우유부단하는 것도 정도가 있지!	優柔不断にもほどがあるでしょ!
우정을 영원히 잊지 않을 것입니다.	友情をいつまでも忘れません。
우정을 위하여 건배!	友情に乾杯!
우쭐거리긴!	いい気になりやがって! = 図に乗りやがって!
우체국이 있습니까?	郵便局はありますか。
우체통이 어디에 있습니까?	郵便ポストはどこにありますか。

욱신거려요.	ずきずきします。 // 怪我したところがずきずきします。 (다친데가~.)
욱하는 성질이 있습니다.	かっとなるところがあります。

운다고 해결될 일이야?	泣いたってどうにもならないでしょ!

운동은 좋아하세요?	運動は好きですか。 → 勿論好きです。(물론 좋아하지요.)
운동화 신고 오세요.	スニーカーで来てください。
운명은 스스로 만들어 가는거야!	運命は自分で切り開いていくもんだよ!
운세 좀 봐볼까?	運勢でも占ってみようか。
운이 안 따르네.	==ついてないね。==
운전할 줄 알아요?	運転できますか。
운 좋은 줄 알아!	ついてるな。

울고불고 난리칠 땐 언제고.	今さっきまで泣きわめいてたくせに。
울고 싶습니다.	泣きたいです。
울보!	泣き虫!
울지 마세요!	泣かないでください!
울컥하게 만드네.	==むっとするなぁ。==

움직이지 마세요.	じっとしといてください。

	=動かないでください。

웃기지도 않아.	[냉소] バカげてる。
웃는게 더 예뻐.	笑ったほうがかわいいよ。
웃으면 가만 안둬!	笑ったらただじゃおかないから!
웃음이 많은 애네.	よく笑う子だね。
웃자고 한 말인데.	冗談だったのに。

웅얼거리지 말고 똑바로 말해!	ぶつぶつ言わないではっきり言って!
웅크려 앉아서 뭐해?	しゃがみこんで何やってんの。

원고 마감이 코앞이라서.	原稿の締切がもうすぐなんで。
원만하게 잘 진행되고 있어요.	[경과] 順調に進んでいます。
원망하니?	恨んでるの。=根に持ってんの。

원산지를 확인하고 구매해 주세요.	げんさん ち かくにん うえ か もと 原産地を確認の上、お買い求めください。
원샷!	いっき <mark>一気!</mark>
원인제공은 너가 한거잖아.	げんいん まえ そもそもの原因はお前なんだろ。
원조교제하다 걸렸대.	えんこう <mark>援交してんのバレたんだって。</mark> えんこう えんじょこうさい ※ 援交 : 援助交際의 약자
원피스가 정말 잘 어울리네요.	ほんとう にあ ワンピースが本当によくお似合いですね。
원하는게 뭐야?	なに もくてき なに ねら 何が目的なの。＝何が狙いなの。

월

월급날입니다.	きゅうりょうび 給料日です。
월급쟁이는 다 그렇죠, 뭘.	<mark>サラリーマンなんて、みんなそんなもんでしょ。</mark>
월등히 잘해요!	ぬ ずば抜けてますよ!
월말까지는 방 빼줘요!	げつまつ へ や あ 月末までに部屋空けてくださいよ!

웬

웬 떡이냐!	しめた!
웬만하면 봐줘라.	ほどほどにしときなよ。
웬일이래?	どういう風<small>かぜ</small>の吹<small>ふ</small>き回<small>まわ</small>し?

위

위로라고 하는거야?	慰<small>なぐさ</small>めてるつもり?
위로해줘서 고마워요.	慰<small>なぐさ</small>めてくれてありがとう。
위아래도 몰라 보냐?	上下<small>うえした</small>の区別<small>く べつ</small>もつかないのか。
위층에 삽니다.	上<small>うえ</small>の階<small>かい</small>に住<small>す</small>んでいます。
위태위태한데 괜찮겠어?	危<small>あぶ</small>なっかしいけど、大丈夫<small>だいじょう ぶ</small>?
위하는게 아니야!	[잘못된 도움] ためになんないよ! // そんなことしたってあいつのため になんないよ! (그런 짓 해봤자 녀석을~!)
위하여!	[건배구호] 乾杯<small>かんぱい</small>!
위험해!	危<small>あぶ</small>ない!

459

윗

윗도리 잘 챙겼어?	上着ちゃんと持った?
윗몸일으키기로 단련했거든.	腹筋で鍛えたから。
윗사람한테 그 태도는 문제가 있는 것 같은데?	目上の人に対してその態度はないでしょ。

유

유가족들이 슬퍼하는건 당연하지요.	遺族の悲しみはごもっともです。
유감입니다.	残念です。
유괴당했어요!	誘拐されました!
유난 떨기는!	大げさだなぁ!
유난히 비가 많이 왔지.	取り分けたくさんの雨が降ったね。
유달리 눈에 띄더라구요.	一際目立ってました。
유령 나온대!	幽霊が出るんだって!
유리하게 말 바꾸지마.	いいように話を変えんな。
유머감각이 있는 사람이었으면 좋겠어.	ユーモアのある人だといいな。

유명한 사람입니다.	有名な人です。＝有名人です。 // この映画の監督はとても有名な人です。(이 영화의 감독은 아주~)
유명해 질거야!	① [추측] 有名になると思うよ! // 彼は絶対有名になると思うよ。 (그는 틀림없이~) ② [의지] 有名になってやる!
유부녀입니다.	人妻です。
유부초밥이라면 금방 만들 수 있어.	いなり寿司ならすぐ作れるよ。
유비무환이잖아.	備えあれば憂いなしでしょ。
유사시에는 즉시 연락하도록!	非常時はすぐに連絡すること!
유산이 꽤 있나봐.	かなりの遺産があるらしいよ。
유언비어를 퍼뜨린게 누구야!	デマ流したの、誰?
유일한 희망이에요.	唯一の希望です。
유치원에 다닙니다.	幼稚園に通っています。
유치해!	幼稚っぽい!
유턴해 주세요.	Uターンしてください。
유통기한이 지났습니다.	賞味期限が切れました。

유학생입니다.	留学生（りゅうがくせい）です。
유행 지난지가 언젠데!	いつの頃（ころ）の流行（はや）りだよ！
유혹하는 거야?	誘（さそ）ってんの。

육교 건너면 바로야!	歩道橋（ほどうきょう）渡（わた）ってすぐだよ。
육류는 잘 안먹어요.	肉類（にくるい）は苦手（にがて）です。
육아 때문에 정신이 없어요.	育児（いくじ）で目一杯（めいっぱい）です。

| 윤곽은 대충 잡혔어요. | 大（おお）きな枠（わく）は決（き）まりました。 |

| 율동하냐? | [몸치] リズム体操（たいそう）? |

| 융통성이 없어! | 融通（ゆうずう）が利（き）かないなぁ。 |

으

으레 그렇지 뭐.	たいがい、そんなもんでしょ。
으스대지마.	威張<ruby>威張<rt>い ば</rt></ruby>んな。
으스스한데?	ぞくっとするね。

은

은근히 기대하는 눈치던데?	ひそかに<ruby>期待<rt>き たい</rt></ruby>してるっぽかったよ。
은근히 물어봐줘.	それとなく<ruby>聞<rt>き</rt></ruby>いてみて。
은행에 갑니다.	<ruby>銀行<rt>ぎんこう</rt></ruby>に<ruby>行<rt>い</rt></ruby>きます。
은행에서 일합니다.	<ruby>銀行<rt>ぎんこう</rt></ruby>で<ruby>働<rt>はたら</rt></ruby>いています。
은혜를 원수로 갚다니!	<ruby>恩<rt>おん</rt></ruby>を<ruby>仇<rt>あだ</rt></ruby>で<ruby>返<rt>かえ</rt></ruby>すとは! = <ruby>恩<rt>おん</rt></ruby>を<ruby>仇<rt>あだ</rt></ruby>で<ruby>返<rt>かえ</rt></ruby>すなんて!
은혼식을 축하합니다.	<ruby>銀婚式<rt>ぎんこんしき</rt></ruby>、おめでとうございます。

음

음료는 뭘로 하시겠습니까?	お<ruby>飲<rt>の</rt></ruby>み<ruby>物<rt>もの</rt></ruby>は<ruby>何<rt>なに</rt></ruby>になさいますか。
음식솜씨가 훌륭하네요.	<ruby>料理<rt>りょうり</rt></ruby>の<ruby>腕<rt>うで</rt></ruby>がいいですね。

음식을 가려 먹으면 못써.	好き嫌いはダメよ。
음악적 재능을 타고났어요.	生まれつき音楽の才能に恵まれています。
음치입니다.	音痴です。
음침해서 싫어.	暗くて苦手。
음흉해!	エッチ!

응

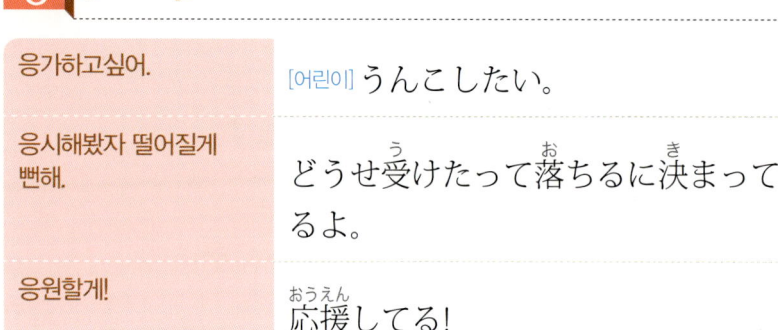

응가하고싶어.	[어린이] うんこしたい。
응시해봤자 떨어질게 뻔해.	どうせ受けたって落ちるに決まってるよ。
응원할게!	応援してる!

의

의사를 불러주세요.	医者を呼んでください。
의심스럽습니다.	疑わしいです。 = 怪しいです。

| 이 가는게 엄청 심해. | [잠버릇] 歯軋_{はぎし}り超_{ちょう}すごいよ。 |

이 가는게 엄청 심해.
[잠버릇] 歯軋り超すごいよ。

이가 빠졌네.
[접시·컵·톱날 등] 欠けてる。

이가 한 대 나갔더라구.
[치아] 歯が一本折れちゃってさ。

이가 흔들흔들해.
歯がぐらぐらしてる。

이거 어떻습니까?
これはどうですか。
➡ ⓐ とてもいいです。(아주 좋아요.)
　 ⓑ まあまあです。(그런대로요.)

이거 주세요.
これください。

이것저것 좀 샀습니다.
あれこれ買いました。

이것 좀 봐!
これ見て!

이게 누구야!
[반가움] これは、これは!

이게 뭐야?
何、これ?
➡ 私にも分かりません。(나도 모르겠어요.)

이게 뭡니까?
[물건] これは何ですか。
➡ 友達のプレゼントです。
　 (친구한테 줄 선물이에요.)

이겼어!
勝った!

이기적으로 굴지 마세요.
わがまま言わないでください。

이기적입니다.	わがままです。＝自分勝手です。 ＝自己中です。
이날 이때까지 뭐하고 있었어?	今まで何やってたの。
이놈의 자식!	この野郎!
이대로 포기하려고?	このまま諦めちゃうの?
이따가 다시 얘기합시다.	後でまた話しましょう。
이따 다시 전화할게.	後でまた電話するね。
이따위게 뭐라고.	何だ、こんな物。
이래봬도 힘은 꽤 있다구.	こう見えても腕には結構自信あるよ。
이래서야 예선이나 통과하겠어?	こんなんで予選も通れないんじゃない?
이래저래 바빴어요.	なんだかんだで忙しかったの。
이러고 있을 시간이 없습니다.	こうしてる時間がありません。
이러면 안되겠지?	これじゃマズいよね。
이러쿵 저러쿵 말 마세요.	ああだこうだ言わないでください。 //後ろで私のこと、ああだこうだ言 わないでください (뒤에서 저에 대해~)
이런 게 아닙니다.	こんなんじゃありません。
이런 느낌 처음입니다.	こんな気持ち、初めてです。

466

이런다고 뭐가 달라지죠?	こんなことして、何が変わるんですか。
이런 적이 어디 한 두번이냐!	今に始まったことじゃないでしょ。
이럴 줄 알았다!	① [결과] こうなると思った! ② [행동] こんなこっだろうと思った!
이럴 필요없습니다.	そんな必要ありません。
이렇게 될 줄 알았습니다.	[예상] こうなると思ったよ。
이렇게 말이야?	[상대가 원하는 동작을 취하면서] こう?
이렇게 맛있는 음식은 처음 먹어봅니다.	こんなに美味しい物は初めてです。
이렇게 찾아주셔서 감사합니다.	[매장] ご来店ありがとうございます。
이렇게 하면 되겠습니까?	こうすればいいでしょうか。
이렇게 합시다.	こうしましょう。
이렇다 저렇다 말할 입장이 아니잖아?	ああだこうだ言える立場じゃないでしょ。
이렇다할 방법이 없어요.	これと言って方法がありません。
이력서 한 장 들고 오세요.	履歴書だけ持ってきてください。
이를 악물고 하던데?	歯を食いしばってやってたよ。
이름을 말씀해 주세요.	お名前をおっしゃってください。

이름이 뭐랬지? // 이름이 뭐였더라?	[기억을 더듬으면서] 名前^{なまえ}なんだっけ？ ➡ 田中^{たなか}と申^{もう}します。(타나카라고합니다.)
이름이 뭐야?	[나이어린 사람에게 씀] お名前^{なまえ}は？
이리와! // 이리오세요.	①[경어] こちらへどうぞ。 = こちらにお越^こしください。 ②[명령] こっちに来^きなさい！ = こっちに来^こい！
이리 좀 와봐요.	ちょっとこちらに来^きてください。
이만 가보겠습니다.	そろそろ失礼^{しつれい}します。
이만 물러갑니다.	そろそろお暇致^{いとまいた}します。
이메일(E-mail)로 보내주세요.	Eメールで送^{おく}ってください。
이메일(E-mail) 주소입니다.	メルアドです。 = Eメールのアドレスです。
이모티콘 너무 많이 쓰는 것 아냐?	絵文字^{えもじ}使^{つか}いすぎっしょ。 = 絵文字^{えもじ}使^{つか}いすぎだろ。
이목구비가 또렷해서 예뻐.	目鼻立^{めはなだ}ちがくっきりしててきれい。
이번에는 또 뭐야?	また何^{なん}だ？
이번에야말로 끝장입니다!	[일이 잘못됨] 今度^{こんど}こそ終^おわりだ！
이번 연휴에 어디 갑니까?	今度^{こんど}の連休^{れんきゅう}はどこへ行^いきますか。

	➡ <ruby>東京<rt>とうきょう</rt></ruby>です。(도쿄요.)
이번이 처음입니다.	<ruby>今回<rt>こんかい</rt></ruby>が<ruby>初<rt>はじ</rt></ruby>めてです。
이번 주말에 시간있습니까?	<ruby>今週末<rt>こんしゅうまつ</rt></ruby>、<ruby>時間<rt>じかん</rt></ruby>ありますか。 ➡ デートの<ruby>約束<rt>やくそく</rt></ruby>があるんですが… (데이트가 있는데요.) **관련표현** <ruby>今週<rt>こんしゅう</rt></ruby> 이번주 // <ruby>月曜日<rt>げつようび</rt></ruby> 월요일 // <ruby>火曜日<rt>かようび</rt></ruby> 화요일 // <ruby>水曜日<rt>すいようび</rt></ruby> 수요일 // <ruby>木曜日<rt>もくようび</rt></ruby> 목요일 // <ruby>金曜日<rt>きんようび</rt></ruby> 금요일 // <ruby>土曜日<rt>どようび</rt></ruby> 토요일 // <ruby>日曜日<rt>にちようび</rt></ruby> 일요일
이번 주 토요일은 친구 생일입니다.	<ruby>今週<rt>こんしゅう</rt></ruby>の<ruby>土曜日<rt>どようび</rt></ruby>は<ruby>友達<rt>ともだち</rt></ruby>の<ruby>誕生日<rt>たんじょうび</rt></ruby>です。
이봐요!	① [사람을 부름] おい! ② ちょっと!
이분은 누구십니까?	この<ruby>方<rt>かた</rt></ruby>はどなたですか。 ➡ ⓐ この<ruby>方<rt>かた</rt></ruby>は<ruby>私達<rt>わたしたち</rt></ruby>のガイドです。 (이분은 우리 가이드입니다.) ⓑ この<ruby>方<rt>かた</rt></ruby>は<ruby>作家<rt>さっか</rt></ruby>です。(이분은 작가입니다.) ⓒ この<ruby>方<rt>かた</rt></ruby>は<ruby>画家<rt>がか</rt></ruby>です。(이분은 화가입니다.) ⓓ この<ruby>方<rt>かた</rt></ruby>は<ruby>社長<rt>しゃちょう</rt></ruby>です。(이분은 사장님입니다.) ⓔ この<ruby>方<rt>かた</rt></ruby>は<ruby>私<rt>わたし</rt></ruby>の<ruby>友人<rt>ゆうじん</rt></ruby>の<ruby>山田<rt>やまだ</rt></ruby>さんです。(이분은 저의 친구 야마다씨입니다.) ⓕ この<ruby>方<rt>かた</rt></ruby>は<ruby>私<rt>わたし</rt></ruby>の<ruby>上司<rt>じょうし</rt></ruby>です。 (이분은 제 상사입니다.)

이불 개세요.	布団をたたんでください。
이불에 오줌 쌌어?	**オネショしたの?**
이불 잘 덮고 자세요.	布団をきちんとかけて寝てください。
이불 펴세요.	布団を敷いてください。
이사가서 정리되면 전화주세요.	引越しが済んだらお電話ください。
이상!	[보고 완료] 以上!
이상야릇한 말을 자꾸 하냐.	へんてこりんなこと、よく言うね。
이상하게 생각마세요.	変に思わないでください。
이상하네!	変だなぁ! = おかしいなぁ!
이상형이 어떻게 돼요?	**どんな人が理想のタイプですか。**
이색적인거 먹으러 가자.	変わったもの、食べに行こう。
이성에겐 인기 없는 타입이에요.	異性にはモテないタイプです。
이성을 잃었습니다.	理性を失いました。
이에 대해서는 정말 죄송스럽게 생각합니다.	これに関しては本当に申し訳なく感じております。
이왕이면 같이 가자.	どうせなら一緒に行こう。

470

이용당한거잖아.	利用されただけじゃん。
이유가 뭡니까?	どうしてですか? = なぜですか?
이유를 잘 모르겠습니다.	理由がよく分かりません。
이의 없습니다.	異議ありません。
이익이 안나요.	利益が出ません。
이제 가봐야겠어요.	[시간이돼서] そろそろ帰ります。
이제 곧 나옵니다.	[주문한 것] もうすぐ出ます。
이제 그만해!	もうやめなさい!
이제야 알 것 같아요.	やっと分かったような気がします。
이제 지겨워!	もう、うんざり!
이중인격같아.	二重人格みたい。
이쪽에 앉으세요.	こちらにお掛けください。
이쪽으로 오세요.	こちらへどうぞ。
이쯤에서 끝내자!	これぐらいで終わりにしよう!
이차 가자!	[술자리] 二次会行くぞ!
이틀은 걸려요.	二日はかかります。

이해했습니까?	理解<ruby>り<rt></rt></ruby>しましたか? 理解<ruby>りかい<rt></rt></ruby>しましたか? → やっと理解<ruby>りかい<rt></rt></ruby>しました。 (이제야 이해했습니다.)
이혼하자!	離婚<ruby>りこん<rt></rt></ruby>しよう！= 離婚<ruby>りこん<rt></rt></ruby>しましょう！

익명으로 글이 올라왔어요.	[인터넷 게시판] 匿名<ruby>とくめい<rt></rt></ruby>で書<ruby>か<rt></rt></ruby>き込<ruby>こ<rt></rt></ruby>みがありました。
익숙해졌습니까?	慣<ruby>な<rt></rt></ruby>れましたか。 // ここの生活<ruby>せいかつ<rt></rt></ruby>に慣<ruby>な<rt></rt></ruby>れましたか。 (여기 생활에~) → まあまあです。(그런대로요.)
익숙해졌습니다.	慣<ruby>な<rt></rt></ruby>れました。
익었어요?	① [육류 등] 焼<ruby>や<rt></rt></ruby>けました？ → 焼<ruby>や<rt></rt></ruby>けすぎました。(너무 익었어요.) ② [면·라면 등] 出来<ruby>でき<rt></rt></ruby>ました？ → もうすぐ出来<ruby>でき<rt></rt></ruby>ます。(곧 됩니다.) ③ [과일] 熟<ruby>う<rt></rt></ruby>れてます？

인기가 많구나.	[이성] もてるね。

인기있는 요리가 뭡니까?	[음식점] お得意の料理は何ですか。 ➡ 焼き鳥です。(닭꼬치입니다.)
인도로 가주세요.	[차도이용금지] 歩道を歩いてください。
인사성이 바르네요.	礼儀正しいですね。
인사치레로 하는 말 아니에요.	うわべだけで言ってるんじゃないよ。
인상쓰지마.	怖い顔しないで。
인생은 한편의 드라마이다.	人生はドラマだ。
인생이란 이런거야.	人生なんてこんなものさ。
인생 종쳤네.	人生棒に振ったね。
인스턴트 식품은 몸에 안좋아요.	インスタント食品は体に悪いよ。
인연이 있네요.	縁がありますね。
인원수 좀 세어봐.	人数数えてみて。
인정머리 없는 놈!	薄情者!
인정 못해!	① [인정] 認めない! ② [불복] 認められない!
인정사정 안봐주더라니까.	情け容赦もないんだよ。
인정합니다.	認めます。

	//あなたを好きだということを認めます。(당신을 좋아한다는 걸~)
인질로 잡혀있어요!	人質に取られてるんです！
인터넷으로 검색해봐!	ネットで検索してみなよ。
인형같아!	[외모] お人形さんみたい!

일

일거리가 없어 죽겠어요.	仕事がなくて困っています。
일거수 일투족을 다 간섭한다니까.	やること、成すこと全部口出ししてくるんだから。
일기예보 봤어?	天気予報、見た? ➡ うん。今日は雨が降るらしいね。 (응. 오늘 비온다면서.)
일기장 몰래 훔쳐봤지?	日記こっそり見たでしょ!
일단 드셔 보세요.	とにかく食べてみてください。
일단락되면 한잔 하러가자.	一段落付いたら飲みに行こう。
일등복권 당첨을 축하합니다.	宝くじ一等、おめでとうございます。
일때문인데 어쩔 수 없잖아.	仕事なんだからしょうがないでしょ。

일러바쳤냐?	<mark>ちくったの。=ちくった?</mark>
일러줄걸 그랬나?	[가르쳐줌] 教_{おし}えてあげればよかったかな。
일렬로 서주세요.	一列_{いちれつ}に並_{なら}んでください。
일리가 있네요.	一理_{いちり}ありますね。
일밖에 몰라!	<mark>[투정] 仕事_{しごと}ばっかり!</mark>
일방적으로 당했어요.	一方的_{いっぽうてき}にやられました。
일방적이야!	[독선] 一方的_{いっぽうてき}だよ!
일복이 터졌구나!	[안쓰러움] 仕事_{しごと}の量_{りょう}がはんぱじゃないね。
일본노래 부를 줄 압니까?	日本_{にほん}の歌_{うた}、知_しってますか。
일본대사관은 어디에 있습니까?	日本大使館_{にほんたいしかん}はどこにありますか。
일본말을 참 잘합니다.	日本語_{にほんご}が本当_{ほんとう}に上手_{うま}いです。
일본사람입니까?	日本_{にほん}の方_{かた}ですか。=日本人_{にほんじん}ですか。
일본 생활에 익숙해 졌나요?	日本_{にほん}の生活_{せいかつ}には慣_なれましたか。 ➡ 慣_なれました。(익숙해졌어요.)
일본어로 뭐야?	日本語_{にほんご}で何_{なに}?
일본어로 어떻게 말하는 지 가르쳐 주세요.	日本語_{にほんご}でどう言_いうか教_{おし}えてください。

일본어를 얼마나 배웠어요?	日本語をどのくらい学びましたか。 ➡ ⓐ 6ヶ月学びました。(6개월 정도 배웠어요.) ⓑ 日本語を学び始めて一年経ちました。(일본어를 배운지 1년 되었어요.)
일본어를 잘 못해요.	日本語があまりできません。 = 日本語があまり上手くありません。
일본어를 할 줄 아는 가이드를 부탁합니다.	日本語のできるガイドをお願いします。
일본어를 할 줄 아세요?	日本語ができますか。 ➡ ⓐ できます。(할 줄 압니다.) ⓑ 勿論です。(물론이죠.) ⓒ あまりできません。(잘못합니다.) ⓓ できません。(못합니다.) ⓔ 少しできます。(조금 합니다.) ⓕ 一言二言しかできません。 (한두마디 밖에 못합니다.)
일부러 그런거지?	わざとでしょ。 ➡ わざとじゃありません。 (일부러 그런 게 아닙니다.)
일상생활에 지장은 없을 거에요.	日常生活に支障はないと思います。
일손이 부족합니다.	働き手が足りません。
일어나 밥먹어!	起きてご飯食べなさい。

일어나 학교 가야지!	起きて学校行きなさい!
일으켜 주세요.	[부축해서] 起こしてください。
일은 잘 돼가?	仕事はうまくいってる?
일을 방해하지 마세요.	仕事の邪魔をしないでください。
일을 해도해도 끝이 없네.	いくら仕事してもきりがない。
일을 확대시키지 마세요.	事を大きくしないでください。
일이 그렇게 간단한게 아닙니다.	そんなに簡単なものではありません。
일이 많아요.	[업무] 仕事が多いです。
일이 방금 끝났습니다.	仕事がついさっき終わりました。
일이 생겼어요!	[용무] 用事ができました! // 急な用事ができました! (급한~!)
일일이 말대꾸하지마!	いちいち口答えすんな!
일 있어서 나가봐야 합니다.	用事があって出掛けなければなりません。
일 있으면 전화줘.	[돌발상황] 何かあったら電話して。
일정이 어떻게 됩니까?	日程はどうなっていますか?

	➡ 午前中は東京タワーに行き、午後は博物館に行きます。 (오전에 도쿄타워에 가고, 오후는 박물관에 갑니다.)
일찌감치 포기해.	早めに諦めな。
일찍 들어왔네.	[귀가] 早かったね。
일처리가 확실하구만!	[업무성과] 見事な仕事ぶりだね!
일하는 중입니다.	仕事中です。
일하지 않는 자는 먹지도 말라.	働かぬもの食うべからず。
일행이 있습니다.	連れがいます。 = 同行者がいます。

읽어 보세요.	読んでみてください。

잃고 싶지 않다.	失いたくない。 // 君を失いたくない。(널~)
잃어버렸습니까?	失くしてしまったんですか。

임

임무가 워낙 막중해서 말이야.	[허풍] 超大事な任務任されててさ。
임신했습니다.	妊娠しました。 // 妻が妊娠しました。(아내가~)
임자가 있습니다.	① [남자친구] 彼氏がいます。 ② [여자친구] 彼女がいます。

입

입구가 어디에요?	入口はどこですか。 ➡ 左です。(왼쪽이요.)
입 닥쳐!	[명령] 黙れ!
입덧이 너무 심합니다.	悪阻がとてもひどいです。
입막음하려면 확실히 해.	口止めするならちゃんとやれよ。
입만 벌렸다하면 잔소리야.	小言ばっかりなんだから。
입만 살아가지고.	口先だけなんだから。
입맛이 까다롭습니다.	味にうるさいです。
입맛이 없어요.	食欲がありません。

입발린 소리 좀 그만해.	心こころにもないこと言いうなよ。
입버릇처럼 말했었잖아.	口癖くちぐせのように言いってたじゃん。
입상했습니까?	入賞にゅうしょうしました? ➡ 今回こんかいは入賞にゅうしょうできませんでした。 (이번엔 입상하지 못했습니다.)
입씨름하지 마세요.	言いい争あらそわないでください。
입안이 얼얼합니다.	口くちの中なかがひりひりします。
입양할까 하고.	養子ようしをとろうかなと思おもって。
입어보니 너무 작아요.	着きてみたら小ちいさすぎます。
입어보니 약간 치수가 안 맞아요.	着きてみたら若干じゃっかんサイズが合あいませんでした。
입어봐도 됩니까?	着きてみてもいいですか。 ＝ 試着しちゃくしてもいいですか。
입에 안맞으세요?	お口くちに合あいませんか。
입에 침이나 발라라.	[거짓말] 見みえ透すいた嘘うそをつくな。
입원했습니다.	入院にゅういんしました。
입이 너무 가벼워.	口軽くちかるすぎ。＝ おしゃべり。
입이 무겁네요.	口くちが堅かたいですね。

480

입이 싸서 탈이야!	口が軽いのが問題なんだよ。
입이 열개라도 할 말이 없다.	弁明の余地がない。
입장권은 어디서 삽니까?	入場券はどこで買いますか。 → 切符売り場です。(매표소요.)
입장료는 얼마입니까?	入場料はいくらですか。
입장을 바꿔놓고 생각해 보세요.	立場を変えて考えてみてください。

있는 집 자식이야?	[남자] ぼんぼん?
있는 척 하기는?	見栄張んなよ。
있습니다.	① [사물·식물] あります。 ② [사람·동물] います。 ③ [빈자리 문의나 노크에 대한 대답] 入ってます。 (화장실)
있잖아.	[생각] ねぇ。

잊어버려!	[기억을 지움] 忘れちゃいなよ! = 忘れちゃえよ!

	// あんな奴のことなんか忘れちゃえよ! (그딴 녀석~!)
잊어 버렸어요?	[망각] 忘れちゃいました?
잊은 것 없어?	[기대] 何か忘れてない?
잊을 수 없습니다.	忘れられません。
잊지 마세요.	忘れないでください。
잊지 않을게요.	忘れません。

자!	① [건네줌] はい! = はい! どうぞ。 ② [동작을 유도] さあ! // さあ! 早_{はや}く! (~! 어서!)
자거라!	寝_ねなさい! // 明日_{あした}も早_{はや}いからもう寝_ねなさい! (내일도 일찍 일어나야하니 이제~!)
자격없어!	資格_{しかく}はない! // あなたにそんなこと言_いう資格_{しかく}はない! (넌 그런말할~!)
자격증 땄어요.	資格_{しかく}を取_とりました。
자고 갈래?	[숙박] 泊_とまって行_いく? // 今晩_{こんばん}はここで泊_とまって行_いく? (오늘 밤엔 여기서~?) ➡ ⓐ そうする。(그렇게 할래.) ⓑ ううん、また今度_{こんど}にする。 (아니, 다음에 자고 갈게.)
자국 났어.	跡_{あと}ついてるよ。 // 眼鏡_{めがね}の跡_{あと}ついてるよ。(안경~)
자국이 남았어요.	跡_{あと}が残_{のこ}りました。= 跡_{あと}が残_{のこ}っています。 // ニキビの跡_{あと}が残_{のこ}りました。(여드름~)
자극 받았나보지?	刺激_{しげき}になったようだね。
자극 받았어요.	刺激_{しげき}を受_うけました。

ㅈ

자극이 필요한 거지.	刺激がほしいんだよ。
자기 분수를 알아야지.	身の程を知れ。
자기야!	① [남자에게] ダーリン! ② [여자에게] ハニー!
자기 중심적이야!	自己中!
자라보고 놀란 가슴 솥뚜껑 보고 놀란다.	羹に懲りて膾を吹く。
자랑스러워!	誇らしい! = 誇らしいよ! // 心底君が誇らしいよ! (진심으로 너가~!)
자료가 없어요.	[데이터] 資料がありません。 // その事件に関する資料がありませ ん。(그 사건과 관련한~)
자리로 돌아가 주세요.	席に戻ってください。 = 席にお戻りください。
자리를 양보 해주세요.	席を譲ってください。
자리를 예약하려고 합니다.	席の予約をしたいのですが。
자리에 앉아!	席に付いて! // チャイム鳴ったよ! 席に付いて! (종 쳤어! ~!)
자리에 없습니다.	席を外しております。

자리 있습니까?	[빈자리 확인] 席^{せき}空^あいてますか。 ➡ 申^{もう}し訳^{わけ}ございませんが、只今満席^{ただいままんせき}となっております。 (죄송하지만 현재 만석입니다.)
자리 좀 바꿔주실 수 있나요?	席^{せき}を代^かえてもらえますか。
자리 좀 비켜줄래?	①[위치변경 요구] ちょっと席^{せき}どいてくれる? ②[제3자와의 대화 희망] ちょっと席^{せき}はずしてもらえるかな。
자매학교입니다.	姉妹校^{しまいこう}です。 // 本校^{ほんこう}は次^{つぎ}の３校^{こう}と姉妹校^{しまいこう}です。 (우리 학교는 다음의 3학교와~)
자명종은 8시에 맞춰놨어요.	目覚^{めざ}まし時計^{どけい}は８時^じに合^あわせておきました。 ※ 目覚^{めざ}まし時計^{どけい} = アラーム
자버렸어.	[취침·잠자리] 寝^ねちゃった。
자뻑하지마.	己惚^{うぬぼ}れんなよ。
자살했대.	自殺^{じさつ}したんだって。
자상하시네요.	優^{やさ}しいんですね。
자세히 알아보세요.	詳^{くわ}しく調^{しら}べてみてください。
자신 없습니다.	自信^{じしん}ありません。 = 自信^{じしん}がありません。

ㅈ

자신을 가져!	<mark>自信を持て！＝自信を持って！</mark>
자신 있습니까?	自信ありますか。
	➡ ⓐ もちろんです。(물론이죠.)
	ⓑ 正直ありません。(솔직히없습니다.)
자업자득이야!	自業自得だ！＝自業自得よ！
	// あなたが先に手を出したんだから 自業自得よ！(너가 먼저 손댔으니~)
자자!	[재촉] さあさ！
	// さあさ！出発するよ！(~! 출발한다!)
자전거 탈 줄 알아요?	自転車に乗れますか。
자존심 상해!	<mark>プライド傷付いた！</mark>
자책하지 마세요.	自分を責めないでください。
자취를 감췄어요.	行方をくらましました。
자판기 없어?	[자동판매기] 自販機ない？
	※ 自販機＝自動販売機

작

작가가 되고 싶어요.	作家になりたいです。
	// 大きくなったら作家になりたいです。(크면~)

작년에 졸업했습니다.	去年卒業しました。 = 昨年卒業しました。
작동하지 않아요.	作動しません。 // パソコンが正常に作動しません。 (컴퓨터가 정상적으로~)
작문 실력이 형편없어요.	文章力が乏しいです。
작별 인사하러 왔어요.	お別れの挨拶に来ました。
작성해 주세요.	作成してください。 // こちらのカードを作成してくださ い。(이 카드를~.)
작습니다.	①[크기] 小さいです。 ②[키] 低いです。
작심삼일이야?	三日坊主なの? = 三日坊主なのか?
작업 거는거야?	[헌팅] ナンパしてるの?

작업중이야.	①[업무] 作業中だよ。
	// 彼は会議室で作業中だよ。
	(그는 회의실에서~)
	②[연애] 口説いてる。
	// また他の女口説いてる。
	(또 다른 여자한테~)

작은 것 같아요.	[사이즈] 小さいようです。 // この靴は少し小さいようです。 (이 신발은 좀~)

ㅈ

487

작은 것은 없습니까?	小さいの、ないですか。 = 小さいの、ありませんか。 // もう少し軽くて小さいの、ないですか。(좀 더 가볍고~)
작작 좀 해라!	いい加減にしろよ! = いい加減にしてよ! = ほどほどにしろよ! = ほどほどにしてよ!
작전타임!	作戦タイム!
작정하고 온 것 같아.	意気込んでるよ。

잔

잔돈 없습니다.	小銭がありません。
잔돈 필요 없습니다.	☞ 거스름돈은 필요 없습니다.
잔디밭에 들어가면 안 됩니다.	芝生に入ってはいけません。
잔뜩 먹었습니다.	うんと食べました。 = たらふく食べました。
잔 비웁시다.	[건배] 飲みましょう。
잔소리 좀 그만해!	ガミガミいうな! = 小言はそれくらいにして!

488

잔액이 없어요.	残額^{ざんがく}がないです。＝残額^{ざんがく}ゼロです。 ＝残額^{ざんがく}がありません。 ∥もう給料^{きゅうりょう}を遣^{つか}い果^はたして残額^{ざんがく}ゼロ です。(벌써 월급 다 쓰고~)
잔업은 일상다반사야.	残業^{ざんぎょう}は日常茶飯事^{にちじょうさはんじ}だよ。
잔인합니다.	残忍^{ざんにん}です。 ∥犯人^{はんにん}のしたことはあまりにも残忍^{ざんにん} です。(범인이 한 짓은 너무나도~)
잔잔한 음악이 좋아요.	静^{しず}かな音楽^{おんがく}が好^すきです。
잔털제거 좀 해.	ムダ毛処理^{げしょり}しなさいよ。

잘

잘가!	[작별인사] バイバイ! ＝じゃあね! ＝じゃあな! ☞ 안녕!
잘 기억해둬!	よく覚^{おぼ}えとけ! ＝よく覚^{おぼ}えておくように! ∥次^{つぎ}の試験^{しけん}に出^でるからよく覚^{おぼ}えとけ! (다음 시험에 나올테니~!) ※ よく ＝ しっかり
잘난 척 하지마.	偉^{えら}そうにすんな。＝大^{おお}きな顔^{かお}すんな。
잘 다녀오세요.	いってらっしゃい!

잘 다녀왔니?	お帰(かえ)り!
잘 되고있습니다.	[공부·일·사업] 順調(じゅんちょう)です。
잘 돼갑니까?	[공부·일·사업] 順調(じゅんちょう)ですか。 ➡ ⓐ 順調(じゅんちょう)です。 (잘 돼갑니다.) ⓑ 思(おも)うようにいきません。 (생각만큼 안되네요.)
잘됐네!	良(よ)かったじゃん! ∥ 発表会(はっぴょうかい)の準備(じゅんび)、助(たす)けてもらえるなんて良(よ)かったじゃん! (발표회 준비 도와준다니, ~!)
잘 들립니까?	よく聞(き)こえますか。 ➡ ⓐ よく聞(き)こえます。(잘 들립니다.) ⓑ すみません、もう少(すこ)し大(おお)きく言(い)ってください。 (죄송하지만 좀 더 크게 말해 주세요.)
잘 들어!	① [말] よく聞(き)け! ∥ 俺(おれ)の話(はなし)をよく聞(き)け! (내 말~!) ② [물건] ちゃんと持(も)て! ∥ 左(ひだり)の方(ほう)に傾(かたむ)いてるぞ! ちゃんと持(も)て! (왼쪽으로 기울었어!~)
잘렸습니다.	[실직] クビになりました。 ∥ 仕事(しごと)をクビになりました。(직장에서~)
잘 먹겠습니다.	いただきます。

잘 먹습니다.	① [많이 먹음] よく食べます。
	// あの人はよく食べます。(그 사람은~)
	② [기호] 好きです。
	// 日本料理が好きです。(일본요리를~)

잘 먹었습니다.	[인사표현] ごちそうさま。 = ごちそうさまでした。
잘 모르겠습니다.	よくわかりません。 = よく知りません。 // 当時のことはあまりよく知りません。 (당시 일은~)
잘못 봤습니다.	[착각] 見間違いでした。
잘 못합니다.	[미숙함] あまり上手くありません。 = あまり上手じゃありません。
잘못했습니다.	[사과] すみませんでした。 ➡ 大丈夫ですよ。(괜찮습니다.) ☞ 죄송합니다.
잘못했어!	悪かった! = ごめん! = すまなかった!
잘 보관하세요.	ちゃんと保管してください。 = きちんと保管してください。
잘 봐!	① [시범] よく見て! = よく見ろよ! // 私が一回やって見せるからよく 見て! (내가 한 번 보여줄테니까~!)

ㅈ

491

	② [시험] 頑張<ruby>がんば</ruby>って! // 試験<ruby>しけんがんば</ruby>頑張って! (시험~!)
잘 부탁드립니다.	どうぞ宜<ruby>よろ</ruby>しくお願<ruby>ねが</ruby>いします。 = どうぞ宜<ruby>よろ</ruby>しくお願<ruby>ねが</ruby>いいたします。 // 今後<ruby>こんご</ruby>ともどうぞ宜<ruby>よろ</ruby>しくお願<ruby>ねが</ruby>いします。(앞으로도~)
잘 부탁해.	よろしく。= どうぞよろしく。
잘 사세요!	[신혼부부에게] お幸<ruby>しあわ</ruby>せに!

잘 생각해 봐!	① [기억] よく思<ruby>おも</ruby>い出<ruby>だ</ruby>してみろよ!
	= よく思<ruby>おも</ruby>い出<ruby>だ</ruby>してみて!
	// 鍵<ruby>かぎ</ruby>置<ruby>お</ruby>いたとこ、よく思<ruby>おも</ruby>い出<ruby>だ</ruby>してみて! (열쇠둔데~!)
	② [심사숙고] よく考<ruby>かんが</ruby>えてみろよ!
	= よく考<ruby>かんが</ruby>えてみて!
	// どっちの方<ruby>ほう</ruby>が有利<ruby>ゆうり</ruby>か、よく考<ruby>かんが</ruby>えてみろよ! (어느 쪽이 더 유리한지~!)

잘 생겼어요?	かっこいいですか。= イケメンですか。 ➡ ⓐ かっこいいですよ。(잘 생겼어요.) ⓑ 不細工<ruby>ぶさいく</ruby>です。(못 생겼습니다.)
잘 생겼어!	かっこいい! = イケメン! = ハンサム! // 超<ruby>ちょう</ruby>イケメン! (완전~)
잘 섞어서 돌려.	[카드놀이] ちゃんと切<ruby>き</ruby>ってから回<ruby>まわ</ruby>せよ。

492

잘 속아요.	騙されやすいです。 = よく騙されます。 = すぐ騙されます。 // 弟は昔から本当によく騙されます。 (남동생은 옛날부터 정말~)
잘 쉬세요.	☞ 푹 쉬세요.
잘 시간입니다.	寝る時間です。
잘 안들립니다.	よく聞こえません。
잘 안보입니다.	よく見えません。

잘 알고 있습니다.	① [이해] よく分かっています。
	// 留学がどれほど大変なことかは
	よく分かっています。
	(유학이 얼마나 힘든 일인지는~)
	② [지식] よく知っています。
	// 彼についてはよく知っています。
	(그에 대해서는~)

잘 알면서.	<mark>よく知ってるくせに。</mark>
잘 어울려.	① [옷·악세서리] よく似合ってるよ。 ② [친구] よくつるんでるよ。 // 最近は隣のクラスの奴等とよく つるんでるよ。(요즘엔 옆 반 애들과~.)
잘 어울리는 한쌍이에요.	お似合いのカップルです。
잘 왔어요.	① [환영] ようこそ。 = いらっしゃい。

② [타이밍] ちょうど良かった! (마침~)

| 잘 자. | おやすみ。= おやすみなさい。 |

잘 잤습니다.

[숙면] ぐっすり眠れました。
// 夕べは珍しくぐっすり眠れました。
(어제밤엔 왠 일로~)

잘 잤어요?

よく眠れました?
= よく眠れましたか?
➡ ⓐ おかげさまでよく眠れました。
　　(덕분에 잘 잤어요.)
　ⓑ 寝床が変わるとよく眠れないん
　　です。 (잠자리가 바뀌면 잘 못자요.)

잘 지내.

[헤어짐] 元気でね。= 元気でな。

잘 지내고 있어요?

お元気ですか。

잘하는 요리가 뭡니까?

得意な料理は何ですか。
➡ チャーハンとチゲかな?
　(볶음밥이랑 찌개요.)

잘한다!

[칭찬] 上手いね! = 上手だね!

잘해!

[응원] 頑張れ!
// 今日の試合、頑張れ! (오늘 시합~!)

잘해봅시다.

[협력관계] 頑張りましょう。

잘했어!

よくやった! = 頑張った!

494

잠

잠겨 있어요.	閉まってます。= 鍵がかかってます。
잠궈 두세요.	鍵をかけといてください。
잠깐 나갔다 오겠습니다.	ちょっと外行ってきます。
잠깐 누워 계세요.	しばらく横になっててください。
잠깐만!	ちょっと待って! // ちょっと待って! もう少し考えてから。(~좀더 생각해 보고.)
잠깐만 기다리세요.	ちょっと待ってください。 = 少々お待ちください。
잠깐 쉬는 시간 할게요.	[강의] ちょっと休憩挟みますね。
잠깐 쉽시다.	しばらく休みましょう。
잠깐 실례합니다.	[잠시 자리를 뜸] ちょっと失礼します。
잠 깨웠지?	起こしちゃったでしょ? → ううん、大丈夫。(아니, 괜찮아.)
잠꼬대 하냐?	寝言言ってんの。
잠 들었어.	寝付いた。= 寝入ってる。 // 今ちょうど寝付いたところ。(지금 막~.)

잠버릇이 안좋아요.	寝相が悪いです。
잠옷으로 갈아 입으세요.	パジャマに着替えてください。 ＝寝巻きに着替えてください。
잠은 잘 주무십니까?	よく眠れますか。 ➡ ⓐ はい、よく眠れます。(네, 잘 잡니다.) ⓑ あまり眠れません。(별로 못 잡니다.) ⓒ 全く眠れません。(잠을 통 못 잡니다.)
잠을 한숨도 못잤습니다.	少しも眠れませんでした。 ＝全然眠れませんでした。 ＝一睡もできませんでした。

잡담하지 말고 빨리 일해.	おしゃべりしないで早く働きなさい。 ＝おしゃべりしないで早く仕事、仕事!
잡동사니 좀 버려.	がらくたは捨てて。 // お願いだから、がらくたは捨てて。 (부탁이니까~.)
잡아!	① [체포] 捕まえて! ＝捕まえろ! // 犯人を捕まえろ! (범인을~!) ② [쥐다] つかんで! ＝つかめ!

496

// ふらふらしてないで棒をつかめ！
(휘청거리지 말고 봉을~!)

잡아당기지 마세요.	引っ張らないで。 = 引っ張らないでください。
잡아 떼려고?	白を切るつもり？
잡아떼지 마!	<mark>しらばっくれないで！</mark> = しらばっくれるな！ = とぼけるな！
잡지라면 봤어.	雑誌なら見たよ。
잡지에 실렸더라.	雑誌に載ってたよ。
잡학박사구나	何でも博士だね。

장

장가가고 싶어요.	結婚したいです。
장가 갔어요.	結婚しました。
장기자랑 나가게?	出し物、出るの？
장기적으로 보면 그게 더 좋을 것 같아.	長い目で見ればそっちのほうがよさ そうだね。
장난이 아니야!	<mark>[속어] 半端ない！</mark>
장난치지 마!	ふざけるな！ = ふざけんなよ！

장난친 거야.	[농담] 冗談だよ。 <small>じょうだん</small>
장 보러 갔다 올게.	[시장] 買い出し行ってくるね。 <small>か　　だ　　い</small>
장사구나!	[힘] 力持ちだね。 <small>ちから も</small>
장사 잘 됩니까?	繁盛してますか。 <small>はんじょう</small> ➡ ⓐ 不景気です。(불경기예요.) <small>ふ けい き</small> ⓑ これから厳しくなりそうです。 <small>きび</small> (앞으로 어려워 질 것 같습니다.)
장소가 결정되는 대로 연락 드리겠습니다.	場所が決まり次第、ご連絡いたします。 <small>ば しょ　き　　　　しだい　　　れんらく</small>

재 🌸 🌸

재고도 없어요.	在庫もありません。 <small>ざい こ</small> = 在庫も残っていません。 <small>ざい こ　　のこ</small>
재능이 있어요.	才能があります。 <small>さいのう</small> ∥ 息子は音楽の方に才能があります。 <small>むす こ　　おんがく　ほう　 さいのう</small> (아들은 음악쪽에~)
재떨이 좀 가져다 줄래?	灰皿持って来てくれる? <small>はいざら も　　き</small>
재미없습니다.	面白くないです。 <small>おもしろ</small> = 面白くありません。 <small>おもしろ</small> = つまらないです。 ∥ この番組は全然面白くないです。 <small>ばんぐみ　　ぜんぜんおもしろ</small> (이 방송은 전혀 ~)

498

재미있는 방송 없어?	[방송] おもしろい番組、ない?
재미있을 것 같습니다.	面白そうです。
재발할 가능성은 없대요.	再発の恐れはないそうです。
재생 버튼을 눌러주세요.	再生ボタンを押してください。
재수 없네!	① [운수・행운] ついてないなぁ。 = 運がないなぁ。 ② [사람] ムカつく!
재수 없는 놈.	やな奴。
재수하려고?	[대학입학] 浪人するつもり?
재촉하지 마세요.	急き立てないでください。 = 催促しないでください。 // そんな風に急き立てないで。(그렇게~)
재활치료 잘 받으면 나을 수 있대.	リハビリちゃんと受けたら治るって。

저

저것과 같은 것으로 주세요.	[주문・요구] あれと同じものをください。
저것은 뭡니까?	あれは何ですか? → あれは広告です。(저건 광고입니다.)

저금통에 꽤 모았어요.	<ruby>貯金箱<rt>ちょきんばこ</rt></ruby>に<ruby>大分貯<rt>だいぶた</rt></ruby>まっています。 = <ruby>貯金箱<rt>ちょきんばこ</rt></ruby>にかなり<ruby>貯<rt>た</rt></ruby>まっています。
저기 봐!	① [장소] あそこ<ruby>見<rt>み</rt></ruby>て! ② [사물] あれ<ruby>見<rt>み</rt></ruby>て!
저기요!	① [사람을 불러세움] あの! = すみません! ② [장소] あそこです!
저녁 같이 해요.	<ruby>夕<rt>ゆう</rt></ruby>ご<ruby>飯<rt>はん</rt></ruby><ruby>一緒<rt>いっしょ</rt></ruby>に<ruby>食<rt>た</rt></ruby>べましょう。 = <ruby>夕食<rt>ゆうしょく</rt></ruby><ruby>一緒<rt>いっしょ</rt></ruby>に<ruby>食<rt>た</rt></ruby>べましょう。
저녁밥 다 됐어요?	<ruby>夕飯<rt>ゆうはん</rt></ruby>できましたか。 = <ruby>夕<rt>ゆう</rt></ruby>ご<ruby>飯<rt>はん</rt></ruby>できましたか。 ➡ もうすぐできます。(곧 됩니다.)
저녁시간은 다 좋습니다.	<ruby>夕方<rt>ゆうがた</rt></ruby>ならいつでも<ruby>構<rt>かま</rt></ruby>いません。 = <ruby>夕方<rt>ゆうがた</rt></ruby>ならいつでもオッケーです。
저는 ~입니다.	[자기소개] <ruby>私<rt>わたし</rt></ruby>は~です。 = <ruby>私<rt>わたし</rt></ruby>は~と<ruby>申<rt>もう</rt></ruby>します。
저도 그렇게 생각합니다.	<ruby>私<rt>わたし</rt></ruby>もそう<ruby>思<rt>おも</rt></ruby>います。
저도 그렇습니다.	<ruby>私<rt>わたし</rt></ruby>もそうです。
저력을 보여주자.	<ruby>底力<rt>そこぢから</rt></ruby>を<ruby>見<rt>み</rt></ruby>せてやろう。
저리가!	あっちいけ! ☞ 꺼져!

저리 꺼져!	失せろ！
저리로 좀 가줄래?	あっちに行ってくれる？ // 邪魔なんだけど、あっちに行って くれる？(방해되는데~)
저리 비켜!	そこ、どいて！= そこ、どけ！
저분은 누구십니까?	あの方はどなたですか。 ➡ ⓐあの方は日本語の先生です。 (저 분은 일본어 선생님입니다.) ⓑあの方はお医者さんです。 (저분은 의사선생님입니다.) ⓒ私の父です。(우리 아버지입니다.)
저 사람을 압니다.	あの人、知っています。
저의 명함입니다.	私の名刺です。
저쪽길로 갑시다.	あっちから行きましょう。
저쪽봐.	あっち向いて。
저쪽으로 가 봅시다.	あっちに行ってみましょう。
저쪽으로 가세요.	あっちに行ってください。 = あちらの方に行ってください。
저한테 있습니다.	[소유·소유권] 私が持っています。 = 私にあります。

ㅈ

적극적인 사람이 좋아요.	積極的な人が好き。
적당할 때 그만둬.	適当なとこで止めておけ。
적당히 얼버무리지 마세요.	適当にごまかさないでください。 ＝はぐらかさないでください。
적반하장이냐?!	逆ギレ？＝逆ギレかよ！
적어 주세요.	書いてください。 // 住所と氏名を書いてください。 (주소와 이름을~)
적응 됐나요?	慣れましたか。 // ここの生活には慣れましたか。 (여기 생활에는~) ➡ⓐ 今は少し慣れました。 (지금은 적응이 좀 됐어요.) ⓑ まだ慣れていません。 (아직 적응이 안 됩니다.)

| 전공이 뭐에요? | 専攻は何ですか。
➡ⓐ 日本語専攻です。(전공은 일본어입니다.)
ⓑ 経営学専攻です。(전공은 경영학입니다.) |

전기가 들어왔어요!	電気（でんき）がつきました!
전단지 알바나 할까?	チラシ配（くば）りでもする? = ビラ配（くば）りでもする? // お金（かね）もないし、チラシ配（くば）りでもする? (돈도 없는데~?)
전등을 끕시다.	電気（でんき）を消（け）しましょう。
전력을 다하도록!	全力（ぜんりょく）を尽（つ）くせ!
전망이 좋네요.	見晴（みは）らしがいいですね。 = いい眺（なが）めですね。
전문가입니다.	専門家（せんもんか）です。
전반전이 끝났어요.	前半戦（ぜんはんせん）が終（お）わりました。 ※ 前半戦（ぜんはんせん）(전반전) ↔ 後半戦（こうはんせん）(후반전)
전보다 좋아졌어요.	①[병세・상황] 前（まえ）よりよくなりました。 = 以前（いぜん）よりよくなりました。 ②[실력] 以前（いぜん）より上手（うま）くなりました。 = 前（まえ）より上手（うま）くなりました。 = 以前（いぜん）よりよくなりました。
전보다 훨씬 좋아!	前（まえ）より全然（ぜんぜん）いい! = 前（まえ）よりずっといい!
전부 가져가도 돼.	全部（ぜんぶ）持（も）って行（い）っていいよ。

ㅈ

	= 全部_{ぜんぶ}もらっていいよ。
전부해서 얼마야?	全部_{ぜんぶ}でいくら?
전시회 보러가자!	展覧会見_{てんらんかいみ}に行_いかない? = 展覧会見_{てんらんかいみ}に行_いこう! // チケット2枚_{まい}あるんだけど、一緒_{いっしょ}に展覧会見_{てんらんかいみ}に行_いかない? (티켓 2장 있는데 같이~)
전 아닙니다.	私_{わたし}は違_{ちが}います。
전 안됩니까?	私_{わたし}じゃダメですか。 = 私_{わたし}じゃいけませんか。 ➡ ⓐ 全然_{ぜんぜん}いいですよ。(전혀 상관 없어요.) 　 ⓑ いいと思_{おも}うよ。(돼요.) ※ 私_{わたし} = 僕_{ぼく} = 俺_{おれ}
전원 집합!	全員集合_{ぜんいんしゅうごう}!
전자레인지로 데워 먹자.	チンして食_たべよう。
전자사전으로 찾아봐.	電子辞書_{でんしじしょ}で調_{しら}べてみれば?
전자파 때문에 머리가 아파요.	電磁波_{でんじは}のせいで頭_{あたま}が痛_{いた}いです。 = 電磁波_{でんじは}のせいで頭_{あたま}がズキズキします。
전적으로 동의합니다.	全面的_{ぜんめんてき}に同意_{どうい}します。

전적으로 지지합니다.	全面的に支持します。 ぜんめんてき　しじ
전철역에 가려면 어떻게 갑니까?	電車の駅まではどうやって行けばい でんしゃ　えき　　　　　　　　　　　　い いですか。 ➡ ここをまっすぐ行ってください。 　　　　　　　　　　い 　　(앞으로 곧장 가세요.)
전치 1달 나왔어요.	全治 1 ヶ月と診断されました。 ぜんち　　かげつ　しんだん ∥集団リンチにより全治 1 ヶ月と診 　しゅうだん　　　　　　ぜんち　　かげつ　しん 　断されました。(집단 구타로 인해~) 　だん
전통을 지키자.	伝統を守ろう。 でんとう　まも
전학 간다는 게 사실이야?	<mark>転校するって、本当?</mark> てんこう　　　　　　ほんとう = 転校するってマジかよ。 　てんこう
전학생 왔다!	転校生来たよ! てんこうせいき
전할 말이 있습니까?	伝えたいことはありますか。 つた
전할 물건이 있습니다.	渡したいものがあります。 わた ∥最後に渡したいものがあります。 　さいご　わた 　(마지막으로~)
전해 드릴게요.	① [말] 伝えておきます。 　　　　　つた 　= お伝えいたします。 　　　　つた ② [물건] 渡しておきます。 　　　　　わた 　= お渡しいたします。 　　　　わた ∥私が責任をもってお渡しいたし 　わたし　せきにん　　　　　　わた 　ます。(제가 책임지고~)

ㅈ

505

전해 주세요.	① [말] 伝えてください。 = お伝えください。 // 事故状況及び負傷者数を伝えてください。(사고 상황 및 부상자수를~) ② [물건] 渡してください。
전혀 가망이 없습니다.	全然見込みがありません。 = 全く見込みがありません。 = 全く望みがありません。
전혀 모르겠습니다.	全然わかりません。 = 全くわかりません。 ☞ 하나도 모르겠어요.
전혀 안 들립니다.	全然聞こえません。 = 全く聞こえません。
전화가 끊겼습니다.	[사용정지] 携帯電話が利用停止になりました。(휴대폰~)
전화기 꺼져 있어.	電源が切れてる。
전화 끊겠습니다.	失礼いたします。
전화 끊는다!	[전화] じゃあな! = またね!(~. 안녕!)
전화 끊지 마세요.	電話切らないでください。
전화 드리겠습니다.	お電話致します。

	◈ 折り返しお電話致します。(다시~)
전화 바꿨습니다.	お電話変わりました。
전화 받아!	電話取って! = 電話出て!
전화 받지도 않고, 문자도 씹어.	電話にも出ないし、メールもシカトだよ。
전화번호는 몇번입니까?	電話番号は何番ですか。
전화번호를 가르쳐 줄 수 있나요?	電話番号教えてもらってもいいですか。
전화비는 다달이 얼마나 내요?	電話代は月々どのくらい払いますか。
전화 왔어!	電話だよ!
전화 왔어요.	① [벨소리] 電話鳴ってますよ。 ◈ 誰の携帯ですか。電話鳴ってますよ。(누구 핸드폰이에요?~) ② [착신] お電話ですよ。 ◈ 課長、お電話ですよ。(과장님,~)
전화 주세요.	お電話ください。 ◈ 分からないところがあったら、いつでもお電話ください。 (모르는 게 있으면 언제든지~)
전화 주셔서 감사합니다.	お電話ありがとうございます。

전화카드 있나요?	テレホンカード、ありますか。 ➡ 色々_{いろいろ}ございますが、どのようなも のをお求_{もと}めですか。 (여러 가지가 있는데, 어떤 것을 원하십니까?)
전화하지 마세요.	電話_{でんわ}しないでください。
전화 한 통만 쓸게.	電話_{でんわ}一本_{いっぽん}だけかけさせて。
전화해 줘.	電話_{でんわ}して。 // 十分後_{じゅっぷんご}にもう一回電話_{いっかいでんわ}して。 (10분 후에 다시~)

절

절교야!	絶交_{ぜっこう}だよ! // お前_{まえ}なんかとはもう絶交_{ぜっこう}だよ! (너따위 놈과는 앞으로~!)
절단해야 된대요.	切断_{せつだん}しなければならないそうです。 = 切断_{せつだん}せざるを得_えないそうです。
절대 그런 일 없습니다.	絶対_{ぜったい}にそんなことないです。 = 絶対_{ぜったい}にそのようなことはありませ ん。
절대 안 돼!	絶対_{ぜったい}にダメ!
절대 질 수 없지.	絶対負_{ぜったいま}けるわけにはいかない。

508

절망적입니다.	<ruby>絶望的<rt>ぜつぼうてき</rt></ruby>です。
절약하는 방법을 알려주세요.	<ruby>節約<rt>せつやく</rt></ruby>ワザを<ruby>教<rt>おし</rt></ruby>えてください。 = <ruby>節約法<rt>せつやくほう</rt></ruby>を<ruby>教<rt>おし</rt></ruby>えてください。
절차상에 문제가 있습니다.	<ruby>手続<rt>てつづ</rt></ruby>き<ruby>上<rt>じょう</rt></ruby>の<ruby>問題<rt>もんだい</rt></ruby>があります。
절충안을 제시합니다.	<ruby>折衷案<rt>せっちゅうあん</rt></ruby>を<ruby>提示<rt>ていじ</rt></ruby>します。
절친이야.	☞ 베프야.
절호의 기회입니다.	<ruby>絶好<rt>ぜっこう</rt></ruby>のチャンスです。 = <ruby>絶好<rt>ぜっこう</rt></ruby>の<ruby>機会<rt>きかい</rt></ruby>です。 // <ruby>円高<rt>えんだか</rt></ruby>のため、<ruby>海外<rt>かいがい</rt></ruby>で<ruby>買<rt>か</rt></ruby>い<ruby>物<rt>もの</rt></ruby>をするには<ruby>絶好<rt>ぜっこう</rt></ruby>のチャンスです。 (엔고로 인해 해외에서 쇼핑하기엔~)

젊어 보여요.	<ruby>若<rt>わか</rt></ruby>く<ruby>見<rt>み</rt></ruby>えます。 // <ruby>私<rt>わたし</rt></ruby>なんかより<ruby>全然<rt>ぜんぜん</rt></ruby><ruby>若<rt>わか</rt></ruby>く<ruby>見<rt>み</rt></ruby>えます。 (저보다 훨씬~)
젊은 층을 위한 패션을 소개합니다.	<ruby>若者<rt>わかもの</rt></ruby><ruby>向<rt>む</rt></ruby>けのファッションをご<ruby>紹介<rt>しょうかい</rt></ruby>します。
젊을 때니까 가능한 거잖아.	<ruby>若<rt>わか</rt></ruby>いからこそできるんじゃない。

| 젊음의 비결이 뭐에요? | 若^{わか}さの秘訣^{ひけつ}は何^{なん}ですか。 |

점검하고 있어요.	点検^{てんけん}しています。
점괘가 딱 맞았지 뭐야.	占^{うらな}いがずばり当^あたったの!
점수 떨어졌어요.	点数^{てんすう}が落^おちました。 // 頑張^{がんば}ったのにまた点数^{てんすう}が落^おちました。(열심히 했는데 또~)
점수 올랐어요.	点数^{てんすう}が上^あがりました。 = 点^{てん}が上^あがりました。 // 模擬試験^{もぎしけん}の点数^{てんすう}が上^あがりました。(모의시험~)
점심 같이 먹자.	① [완곡한 권유] お昼^{ひるいっしょ}一緒に食^たべよう。 ② [강한 권유] お昼^{ひるつ}付き合^あってよ。 // 久々^{ひさびさ}に会^あったんだし、お昼^{ひるつ}付き合^あってよ。(오랫만에 만났는데~)
점심시간에 축구하자.	[학교] 昼休^{ひるやす}みにサッカーしよう。
점심식사 시간이에요.	お昼^{ひる}の時間^{じかん}です。
점심에 약속이 있습니다.	お昼^{ひる}に約束^{やくそく}があります。 ➡ 誰^{だれ}と？(누구랑?)

510

점원이 친절했어요.	<ruby>店員<rt>てんいん</rt></ruby>さんがやさしかったです。
점잖게 좀 있어!	[타이름]<ruby>大人<rt>おとな</rt></ruby>しくしなさい! =お<ruby>行儀<rt>ぎょうぎ</rt></ruby>よくしなさい!
점점 따뜻해질 전망입니다.	だんだん<ruby>暖<rt>あたた</rt></ruby>かくなるでしょう。 =だんだん<ruby>暖<rt>あたた</rt></ruby>かくなる<ruby>見込<rt>みこ</rt></ruby>みです。

접

접니다.	<ruby>私<rt>わたし</rt></ruby>です。 ※<ruby>私<rt>わたし</rt></ruby>=<ruby>僕<rt>ぼく</rt></ruby>=<ruby>俺<rt>おれ</rt></ruby>
접속했습니다.	[인터넷]アクセスしました。 =<ruby>接続<rt>せつぞく</rt></ruby>しました。
접수는 몇일까지 입니까?	[등록]<ruby>受<rt>う</rt></ruby>け<ruby>付<rt>つ</rt></ruby>けは<ruby>何日<rt>なんにち</rt></ruby>までですか。
접수는 어디서 합니까?	[병원]<ruby>受付<rt>うけつけ</rt></ruby>はどこですか。
접시에 담기만 하면 돼.	あとはお<ruby>皿<rt>さら</rt></ruby>に<ruby>盛<rt>も</rt></ruby>るだけ。 ← お<ruby>腹<rt>なか</rt></ruby><ruby>空<rt>す</rt></ruby>いた〜。まだ? (배고파. 아직이야?)
접이식이에요.	<ruby>折<rt>お</rt></ruby>り<ruby>畳<rt>たた</rt></ruby>み<ruby>式<rt>しき</rt></ruby>になっています。
접지른 것 같아.	くじいたみたい。
접촉사고가 났어요.	<ruby>接触事故<rt>せっしょくじこ</rt></ruby>がありました。 =<ruby>接触事故<rt>せっしょくじこ</rt></ruby>が<ruby>起<rt>お</rt></ruby>きました。

젓가락을 사용할 줄 압니까?

お箸は使えますか。

➡ ⓐ 使えます。(사용할 줄 압니다.)

ⓑ 使えません。(사용할 줄 모릅니다.)

정각입니다.

ちょうどです。

// １２時ちょうどです。(12시~)

정곡을 찔렀구나.

図星だね。

정 그렇다면 한번만 해줄게.

そこまで言うなら１回だけだよ。

정기휴일(휴무)입니다.

定休日です。

// 土曜日は定休日です。 (토요일은~)

정도껏 해 둬라.

[협박] ほどほどにしろよ。

정리 좀 해!

[정리정돈] 片付けなさい!

정리해고 당했습니다.

リストラされました。

정말입니까?

[사실] 本当ですか？= マジっすか!

➡ まだ分かりません。(아직 잘 모르겠습니다.)

정말 잘 어울려요.

本当にお似合いです。

= 本当によく似合っています。

정말 좋겠다!	うらやましい！＝いいなぁ。
정반대입니다.	せいはんたい 正反対です。
정보통신업계가 유망합니다.	じょうほうつうしんぎょうかい ゆうぼう み 情報通信業界が有望と見られます。 じょうほうつうしんぎょうかい ゆうぼう し ＝情報通信業界が有望視されていま す。
정상영업 합니다.	どお えいぎょう いつも通り営業いたします。 つうじょうどお えいぎょう ＝通常通り営業いたします。
정상이 아닙니다.	ふ つう [성격·성질]普通じゃない。 ふ つう ＝普通じゃないよ。 かのじょ ふ つう //彼女はちょっと普通じゃないよ。 (그녀는 약간~)
정색하지마.	ま がお 真顔になんなよ。
정시에 가겠습니다.	よ ていどお い [예정시각]予定通り行きます。
정식으로 식사초대를 했습니다.	せいしき しょく じ しょうたい 正式に食事に招待しました。
정신 나간 소리하지 마.	い ふざけたこと言ってんじゃねぇよ。 ＝ふざけたことぬかしてんじゃねぇよ。
정신 없어!	き ち [소란스러움]気が散る！ おとな き ち //大人しくしてて！気が散る！ (가만히 좀 있어! ~!)
정신이 드니?	き 気がついた？

정신이 들겁니다.	<ruby>意識<rt>いしき</rt></ruby>が<ruby>戻<rt>もど</rt></ruby>るでしょう。
정신이 있는 거냐?	[제정신] <ruby>正気<rt>しょうき</rt></ruby>? = <ruby>気<rt>き</rt></ruby>は<ruby>確<rt>たし</rt></ruby>かなの? // そんな<ruby>大金<rt>たいきん</rt></ruby>あっさり<ruby>渡<rt>わた</rt></ruby>しちゃうなんて、<ruby>正気<rt>しょうき</rt></ruby>？ (그런 거금을 선뜻 건네주다니~?)
정신 좀 봐!	[망각] <ruby>私<rt>わたし</rt></ruby>としたことが。(내~)
정신 차렷!	しっかりしろ! = しっかりして!
정신차려보니 집이었어요.	<ruby>気<rt>き</rt></ruby>が<ruby>付<rt>つ</rt></ruby>いたら
정장 입고 오세요.	スーツで<ruby>来<rt>き</rt></ruby>てください。
정전기가 심해.	<ruby>静電気<rt>せいでんき</rt></ruby>すごいよ。 // <ruby>今<rt>いま</rt></ruby>の<ruby>時期<rt>じき</rt></ruby>は<ruby>静電気<rt>せいでんき</rt></ruby>すごいよ。 (지금같은 시기는~)
정직한 게 최고지.	<ruby>正直<rt>しょうじき</rt></ruby>が<ruby>一番<rt>いちばん</rt></ruby>。
정체되고 있습니다.	① [발전하지못함] <ruby>停滞<rt>ていたい</rt></ruby>しています。 // <ruby>都市機能<rt>としきのう</rt></ruby>が<ruby>停滞<rt>ていたい</rt></ruby>しています。 (도시기능이~) ② [교통] <ruby>渋滞<rt>じゅうたい</rt></ruby>しています。 = <ruby>込<rt>こ</rt></ruby>んでいます。 // <ruby>通勤<rt>つうきん</rt></ruby>ラッシュで<ruby>道路<rt>どうろ</rt></ruby>が<ruby>渋滞<rt>じゅうたい</rt></ruby>しています。(통근러쉬로 도로가~)
정체를 알았습니다.	<ruby>正体<rt>しょうたい</rt></ruby>を<ruby>突<rt>つ</rt></ruby>き<ruby>止<rt>と</rt></ruby>めました。 = <ruby>正体<rt>しょうたい</rt></ruby>を<ruby>掴<rt>つか</rt></ruby>みました。

ㅈ

정확한 대답입니다.	正確な答えです。
정확한 말씀입니다.	[동의] その通りです。 ← この株に投資したら確かなんだな？ (이 주식에 투자하면 틀림없다는거지?)

제

제가 맡아 두겠습니다.	私がお預りします。= 私が預ります。
제기랄!	くそ!= ちくしょう!
제때에 드세요.	[식사·약] 決まった時間にお召し上がりください。
제 때에 집합 장소로 돌아와주세요.	決まった時間に集合場所に戻って来てください。
제멋대로야!	自分勝手だよ!= 自己中だよ!
제모제를 사용해 보세요.	脱毛剤を使ってみてください。
제발!	[부탁] お願い!= 頼むよ!
제발 나가주세요.	[간청] お願いだから出て行ってください。
제발 이러지마!	お願いだからやめて! = お願いだからやめなさい!

제발 잠 좀 자자!	いい加減寝ようよ。
제발 철 좀 들어라.	いい加減、大人になりなさい! ＝いい加減、大人になれよ!
제법인데!	なかなかじゃん。＝やるじゃん。
제비뽑기하자.	くじびきしよう。
제사가 있어서요.	法事がありまして。
제안이 있어요.	提案があります。 //その代わり、ひとつ提案があります。(그 대신 한가지~)
제일 좋아하는 영화입니다.	一番好きな映画です。
제자로 받아주세요.	弟子にしてください。
제자리에 갖다 놔요.	元の位置に戻しておいてください。
제정신이 아니야!	正気じゃないよ!
제정신이 아니었습니다.	[불안함] 気が気ではありませんでした。 //ばれやしないかと、気が気ではありませんでした。(들키지는 않을까 싶어~)
제철과일은 뭔가요?	旬の果物は何ですか。
제 탓입니다.	私のせいです。※私＝僕＝俺

516

젠장!	[불만] くそっ! = ちくしょう!

졌습니다.	負けました。= 負けです。 // 3対2で負けました。(3대2로~)

조건이 안 맞아요.	条件が合いません。
조금만 참아!	少しだけ我慢して!
조급해하지 마세요.	焦らないで。
조깅 다녀올게.	ジョギング行って来る。
조마조마해.	はらはらする。 // ばれそうで、はらはらする。(들킬까봐~)
조만간 찾아 뵙겠습니다.	近いうちに伺います。
조무래기들은 내가 맡을게.	[싸움] ザコは俺が片付ける。
조심성이 많구나.	用心深いなぁ。

조심하세요!	<ruby>気<rt>き</rt></ruby>をつけてください。 =<ruby>用心<rt>ようじん</rt></ruby>してください。 = ご<ruby>注意<rt>ちゅうい</rt></ruby>ください。
조용하고 좋네.	<ruby>静<rt>しず</rt></ruby>かでいいね。
조용한데 가서 얘기 좀 합시다.	<ruby>静<rt>しず</rt></ruby>かなところに<ruby>行<rt>い</rt></ruby>って<ruby>少<rt>すこ</rt></ruby>し<ruby>話<rt>はな</rt></ruby>しましょう。
조용히(해)!	①<ruby>静<rt>しず</rt></ruby>かに(して)! ② [남성명령투]<ruby>黙<rt>だま</rt></ruby>ってろ!
조작 된거야.	[날조] でっちあげだよ。
조작 방법을 모르겠어.	<ruby>操作<rt>そうさ</rt></ruby>の<ruby>仕方<rt>しかた</rt></ruby>がわかんない。
조퇴했습니다.	<ruby>早退<rt>そうたい</rt></ruby>しました。

존경스럽습니다.	[탄복]<ruby>尊敬<rt>そんけい</rt></ruby>します。
존대말 쓰지 않으셔도 되요.	<ruby>敬語<rt>けいご</rt></ruby><ruby>使<rt>つか</rt></ruby>わなくて<ruby>結構<rt>けっこう</rt></ruby>ですよ。
존재감 없지 않냐?	<ruby>存在感<rt>そんざいかん</rt></ruby>ないよね。=<ruby>存在感薄<rt>そんざいかんうす</rt></ruby>いよね。 // うちのクラスの<ruby>森<rt>もり</rt></ruby>って、ホント<ruby>存在感<rt>そんざいかん</rt></ruby>ないよね。(우리반 모리. 정말~?)

졸

졸려!	眠い! = 眠たい!
졸려 죽겠어요.	眠くて死にそうです。
졸부같아!	成金みたいだよ! // そんな指輪はめてると成金みたいだよ! (그런 반지 끼고 있으면~.)
졸업 축하한다.	卒業おめでとう!
졸업했습니다.	卒業しました。 = 出ました。 // 彼は東京大学経済学部を卒業しました。 (그는 동경대학 경제학과를~)
졸지 마!	居眠りするな! = うとうとするな!

좀

좀 더 있다가지.	[조름] もうちょっと後で行きなよ。
좀도둑 들었대.	こそ泥に入られたらしいよ。
좀비 같아.	ゾンビみたい。
좀생이!	ケチ!
좀 쉬어야 합니다.	少し休まなければなりません。

좀이 쑤시나보지?	うずうずしてるみたいだね。 = むずむずしてるみたいだね。
좀 일찍 가세요.	少し早目に行ってください。
좀 있으면 돼.	[완료] あと少し。= あとちょっと。
좀처럼 없는 찬스야!	めったにないチャンスだよ!

종도 아니고 말이야.	[부려먹음] 召使いじゃあるまいし。
종례는 몇 시에 해요?	終礼は何時ですか。 ➡ 4時ちょうどです。(4시 정각이요.)
종로에서 뺨 맞고 한강 가서 눈 흘긴다.	江戸のかたきを長崎で討つ。
종류별로 하나씩 주세요.	種類別にひとつずつください。
종업원 좀 불러주세요.	従業員を呼んでください。
종이봉투에 넣어 주세요.	封筒に入れてください。
종이와 펜을 가져올게요.	紙とペンを持ってきますね。
종일 바빴어요.	一日中忙しかったです。
종잡을 수 없어요.	見当がつきません。

	// 彼の行動は見当がつきません。 (그 사람 행동은~)
종점까지 가버렸어요.	終点まで行ってしまいました。 = 終点まで行っちゃいました。
종종 등장해요.	たびたび登場します。
종지부를 찍자.	終止符を打とう。
종쳤어!	[학교] チャイム鳴ったよ! // チャイム鳴ったよ! 席について! (~! 자리에앉아!)

좋게 생각해.	[긍정적] 前向きに考えなさい。 = 肯定的に考えなさい。 = いい方向に考えなさい。
좋겠다!	[부러움] いいなぁ! = うらやましい!
좋기는 뭐가 좋아요!	何がいいんですか! = どこがいいんですか!
좋다고 생각합니다.	いいと思います。 // このアイデアが一番いいと思います。(이 아이디어가 제일~)

좋습니다.	① [승낙] いいですよ。= わかりました。
	② [어쩔 수 없는 용인] わかりましたよ。
	// そこまで言うなら、分かりましたよ。(그렇게까지 말한다면~.)
	③ [맘에 듦] いいですね。
	← この柄はどうですか。(이 무늬는 어때요?)
	④ [기분] いいです。
	// 久しぶりに散歩に出たら気持ちいいです。(오랜만에 산책나왔더니 기분~)
좋아서 난리입니다.	大はしゃぎです。
	// 海外旅行に行くと聞いて、みんな大はしゃぎです。(해외여행 간다는 얘기 듣고 다들~)
좋아서요.	[기쁨] 嬉しくて。
	← 何にこにこしてんの。(왜 방긋방긋 웃고있어?)
좋아서 이러는 줄 아세요?	好きでこうしてるんだと思う?
좋아서 하는 일인데요, 뭘!	好きでしていることなんですから。
좋아 죽네.	[느물거림] 鼻の下伸びてる。
좋아질 겁니다.	[상태] よくなるでしょう。
	// 時間が経てば全てよくなるでしょう。(시간이 지나면 다~.)
좋아하는 것 같아.	好きみたい。

	<ruby>彼<rt>かれ</rt></ruby>があんたのこと、<ruby>好<rt>す</rt></ruby>きみたい。 (걔가 너~)
좋아하는 사람 생겼구나?	<ruby>好<rt>す</rt></ruby>きな<ruby>人<rt>ひと</rt></ruby>できたんだ?
좋아합니다.	<ruby>好<rt>す</rt></ruby>きです。 <ruby>本気<rt>ほんき</rt></ruby>であなたのことが<ruby>好<rt>す</rt></ruby>きです。 (진심으로 당신을~)
좋았어!	①[감탄사] よし! ＝ やった! // やった! また<ruby>入<rt>はい</rt></ruby>った! (~! 또 들어갔다!) ②[감상] よかったよ! // <ruby>発表<rt>はっぴょう</rt></ruby>のテーマ、すごくよかった よ! (발표주제 정말~!)
좋으면서!	[기쁨] <ruby>嬉<rt>うれ</rt></ruby>しいくせに! ← あいつが<ruby>行<rt>い</rt></ruby>こうが<ruby>俺<rt>おれ</rt></ruby>には<ruby>関係<rt>かんけい</rt></ruby>ない よ。(걔가 가든 말든 나와는 상관 없어.)

좋으세요?	①[사정·형편] いいですか。
	// いつがいいですか。(언제가~)
	➡ ⓐ <ruby>早<rt>はや</rt></ruby>い<ruby>程<rt>ほど</rt></ruby>いいです。(빠를수록 좋습니다.)
	ⓑ いつでもいいです。(언제든 다 괜찮아요.)
	②[호불호] <ruby>好<rt>す</rt></ruby>きですか。
	// どっちが<ruby>好<rt>す</rt></ruby>きですか。(어느 쪽이~?)

좋은 곳을 알고 있습니다.	いい<ruby>所<rt>ところ</rt></ruby>を<ruby>知<rt>し</rt></ruby>っています。
좋은 공연 있으면 같이 보러가요.	おもしろい<ruby>公演<rt>こうえん</rt></ruby>があったら<ruby>一緒<rt>いっしょ</rt></ruby>に<ruby>見<rt>み</rt></ruby> に<ruby>行<rt>い</rt></ruby>きましょう。

ㅈ

좋은 기회입니다.	いい機会(きかい)です。 = いいチャンスです。
좋은 놈이라곤 한 놈도 없어.	いい奴(やつ)なんて一人(ひとり)もいないよ。
좋은 놈이야.	いい奴(やつ)だよ。 // お前(まえ)は本当(ほんとう)にいい奴(やつ)だよ。 (넌 정말~)
좋은 생각이 있어.	いい考(かんが)えがある。
좋은 시간 되십시오.	[레스토랑·카페] ごゆっくり、どうぞ。
좋은 아침입니다.	[아침인사] おはようございます。
좋은 일 있어요?	いい事(こと)ありました? = いい事(こと)でもあったんですか? // 何(なに)かいい事(こと)ありました? (무슨~?)
좋을 대로 하세요.	好(す)きにしてください。
좋지!	[찬성] いいね! ← 今日餃子食(きょうぎょうざた)べよう! (오늘 만두 먹자.)

| 좌석은 창가 쪽 괜찮으세요? | 座席(ざせき)は窓側(まどがわ)でよろしいですか。 |
| 좌석을 바꿀 수 있을까요? | 席(せき)をかえることはできますか。
→ はい、可能(かのう)です。 (네. 가능합니다.) |

좌석이 있습니까?	席^{せき}はありますか。
좌우명이에요.	座右^{ざゆう}の銘^{めい}です。= モットーです。
좌절하지 마세요.	諦^{あきら}めないでください。 = 挫折^{ざせつ}しないでください。
좌회전해 주세요.	左^{ひだり}に曲^まがってください。 = 左折^{させつ}してください。☞ 왼쪽으로 도세요.

 죄

죄송합니다.	① [미안함] すみません。= ごめんなさい。 ② [정중한 사과] 申^{もう}し訳^{わけ}ありません。 　 = 申^{もう}し訳^{わけ}ございません。 ③ [실례] すみません。

 주

주가가 폭락했어요.	株価^{かぶか}が暴落^{ぼうらく}しました。
주량이 셉니다.	お酒^{さけ}が強^{つよ}いです。= いける口^{くち}です。
주량이 약합니다.	お酒^{さけ}が弱^{よわ}いです。
주로 뭐하고 지내요?	主^{おも}に何^{なに}して過^すごします？

	// お<ruby>休<rt>やす</rt></ruby>みの<ruby>日<rt>ひ</rt></ruby>は<ruby>主<rt>おも</rt></ruby>に<ruby>何<rt>なに</rt></ruby>して<ruby>過<rt>す</rt></ruby>ごします? (쉬는 날에는~?)
주말에 시간이 있습니까?	<ruby>週末<rt>しゅうまつ</rt></ruby>に<ruby>時間<rt>じかん</rt></ruby>ありますか。
주머니 사정이 안 좋습니다.	<ruby>懐<rt>ふところ</rt></ruby><ruby>具合<rt>ぐあい</rt></ruby>がよくないです。
주머니에 손 찌르고 다니지마.	[잔소리] ポケットに<ruby>手<rt>て</rt></ruby>つっこんで<ruby>歩<rt>ある</rt></ruby>かないの。
주목해!	<ruby>注目<rt>ちゅうもく</rt></ruby>!
주무세요.	☞ 안녕히주무세요.
주문 안 했는데요.	<ruby>注文<rt>ちゅうもん</rt></ruby>してないんですが。 = <ruby>頼<rt>たの</rt></ruby>んでないんですが。 // この<ruby>料理<rt>りょうり</rt></ruby>は<ruby>注文<rt>ちゅうもん</rt></ruby>してないんですが。 (이 요리는~)
주문하시겠습니까?	[종업원] ご<ruby>注文<rt>ちゅうもん</rt></ruby>はお<ruby>決<rt>き</rt></ruby>まりでしょうか。
주번이에요.	<ruby>日直<rt>にっちょく</rt></ruby>です。 // <ruby>来週<rt>らいしゅう</rt></ruby>からは<ruby>森君<rt>もりくん</rt></ruby>が<ruby>日直<rt>にっちょく</rt></ruby>です。 (다음주부터는 모리가~.)
주부입니다.	<ruby>主婦<rt>しゅふ</rt></ruby>です。
주사가 심해요.	☞ 술버릇이나빠요.
주사맞기 싫어요.	<ruby>注射<rt>ちゅうしゃ</rt></ruby>は<ruby>嫌<rt>いや</rt></ruby>です。

주사위는 던져졌다!	[운명] 賽は投げられた!

주세요!	① [주문] ください。= お願いします。
	// 二人前お願いします。(2인분~)
	② [어린이] ちょうだい!
	// おこづかい、ちょうだい! (용돈~!)

주소지가 변경되었습니다.	住所が変わりました。
주스 마실래.	ジュース、飲みたい。
주식에 손댔다 실패했어요.	株に手を出して失敗しました。
주 5일제에요.	週休2日制です。
주워 오세요.	拾って来てください。
주워 줘.	拾って。
주유소 들렀다 갈게.	ガソリンスタンド寄って行くね。
주의할게요.	[조심] 気をつけます。= 注意します。
주인공이 누구야?	主人公、誰? = 主人公って、誰?
주인을 찾고 있습니다.	① [사물] 持ち主を探しています。 ② [애완동물] 飼い主を探しています。
주저말고 말해 보세요.	遠慮せずに言ってみてください。 = 躊躇わずに言ってみてください。

ㅈ

주전자에 물 좀 올려줄래?	<mark>お湯沸かしてくれる?</mark>
주정뱅이!	酔っ払い!
주정이 심해요.	酒癖が悪いです。
주제 넘게 참견은!	<mark>口出しとは生意気だな!</mark>
주제를 벗어났습니다.	[테마]話が逸れました。 = 話がずれています。
주제 파악을 못 하는구나!	身の程を知らないな。 = 身の程知らずだな。
주제 파악 좀 해.	<mark>身の程をわきまえろ。</mark>
주중엔 늘 바빠요.	平日はいつも忙しいです。
주차금지입니다.	駐車禁止です。

죽고 싶냐!	死にたいのか! = 死にてぇのか!
죽는게 나아!	死んだほうがマシ! // こんな痛い思いをするくらいなら 死んだほうがマシ! (이렇게 아플거면 차라리~)
죽는 소리 마세요.	[무념]<mark>泣き言言わないでください。</mark>

죽도 밥도 아니다.	[어중간함] 中途半端だ。
죽마고우에요.	幼馴染みです。☞ 소꿉친구일뿐이야.
죽 먹을래요.	お粥にする。
죽 쒔어요.	[일을 망침] 最悪です。 = めちゃくちゃです。 ← 今日のテスト、どうだった? (오늘 시험 어땠어?)
죽어도 안 가!	死んでも行かない。
죽어라 해 봐.	死ぬ気で頑張れ。
죽여 버린다!	[협박] 殺すぞ! = ぶっ殺すぞ!
죽이는데!	[찬사] イカしてる! = イケてる! = すっげぇ!
죽지 않을 정도로 손 좀 봐줘.	死なない程度に痛め付けてやれ。

준

준걸 도로 빼앗냐!	[불만] あげといて返せはないだろ!
준결승까지 올라갔어요!	準決勝まで勝ち上がりました。
준다고 아무거나 덥석 받지마.	くれるからって何でも受け取んなよ。

준비가 덜 됐습니다.	準備ができていません。 = 準備が整っていません。 // まだ心の準備ができていません。 (아직 마음의~)
준비 됐어?	準備できた? = 用意できた? = 支度できた?
준비, 시작!	[달리기] 用意、ドン!

줄거리를 말해주세요.	あらすじを言ってください。
줄넘기 정도는 할 수 있어요.	縄跳びくらいならできます。
줄다리기가 시작됩니다.	綱引きが始まります。
줄무니 티셔츠 입고 있는 사람?	縞模様のTシャツ着てる人?
줄 서세요.	並んでください。
줄 수 없습니다.	あげられません。 = 差し上げることができません。

중간에 그만뒀어.	[중도포기] 途中でやめた。

중대발표가 있습니다.	<ruby>重大発表<rt>じゅうだいはっぴょう</rt></ruby>があります。
중도에 포기하지마세요.	<ruby>途中<rt>と ちゅう</rt></ruby>で<ruby>諦<rt>あきら</rt></ruby>めないでください。
중독 되었습니다.	<ruby>中毒<rt>ちゅうどく</rt></ruby>になりました。
중량 초과입니다.	<ruby>重量<rt>じゅうりょう</rt></ruby>オーバーです。
중립을 지키겠습니다.	[싸움·시합] <ruby>中立<rt>ちゅうりつ</rt></ruby>を<ruby>守<rt>まも</rt></ruby>ります。
중요하지 않습니다.	<ruby>重要<rt>じゅうよう</rt></ruby>じゃありません。 = <ruby>大事<rt>だい じ</rt></ruby>なことじゃありません。
중요한 것은 외모가 아니고 내면입니다.	<ruby>大事<rt>だい じ</rt></ruby>なのは<ruby>外見<rt>がいけん</rt></ruby>じゃなくて<ruby>内面<rt>ないめん</rt></ruby>です。
중요한 약속이 있어서 그만 가봐야겠습니다.	<ruby>大事<rt>だい じ</rt></ruby>な<ruby>約束<rt>やくそく</rt></ruby>があるので<ruby>失礼<rt>しつれい</rt></ruby>します。
중학교 동창입니다.	<ruby>中学<rt>ちゅうがく</rt></ruby>の<ruby>同級生<rt>どうきゅうせい</rt></ruby>です。
중학교에 다닙니다.	<ruby>中学校<rt>ちゅうがっこう</rt></ruby>に<ruby>通<rt>かよ</rt></ruby>っています。 = <ruby>中学<rt>ちゅうがく</rt></ruby>に<ruby>通<rt>かよ</rt></ruby>っています。

관련표현

<ruby>中学一年生<rt>ちゅうがくいちねんせい</rt></ruby> (중학교 1학년)
<ruby>中学二年生<rt>ちゅうがく に ねんせい</rt></ruby> (중학교 2학년)
<ruby>中学三年生<rt>ちゅうがくさんねんせい</rt></ruby> (중학교 3학년)

쥐

쥐구멍이라도 들어가고 싶은 심정입니다.	<ruby>穴<rt>あな</rt></ruby>があったら<ruby>入<rt>はい</rt></ruby>りたいほどです。

쥐났어.	つった。// 足^{あし}つった。(발에~)
쥐뿔도 모르면서.	何^{なに}も知^しらないくせに。
쥐어 박을까보다!	小突^{こづ}くぞ！
쥐 죽은 듯 고요합니다.	しんと静^{しず}まり返^{かえ}っています。

즉각 돌아오겠습니다.	直^{ただ}ちに戻^{もど}ります。 = すぐさま戻^{もど}ります。

즐거운 시간 되셨습니까?	楽^{たの}しかったですか。 = 楽^{たの}しんでいただけましたか。 = 楽^{たの}しいお時間^{じかん}になりましたか。 ➡ はい、とても楽^{たの}しかったです。 (네, 아주 즐거웠어요.)
즐거운 시간 되세요.	①[극장] ごゆっくりお楽^{たの}しみください。 ②[식당·술집] ごゆっくり、どうぞ。
즐거웠어요.	楽^{たの}しかったです。 // 一日中^{いちにちじゅう}とても楽^{たの}しかったです。 (하루종일 너무~)

| 즐겨찾기에 추가해 뒀어. | お気に入りに追加しといたよ。 |

증거가 부족해.	証拠が足りねぇ。
증명사진을 제출해야 합니다.	証明写真を提出しなければなりません。
증명서 발급해 주세요.	証明書を発行してください。 ※ 成績証明書 (성적증명서) 卒業証明書 (졸업증명서) 在職証明書 (재직증명서)
증상이 심각합니까?	症状が重いんですか。 ➡ いいえ、大したことないです。 (아니요. 큰 문제는 없습니다.)

지각이다!	遅刻だ! // どうしよう。また遅刻だ! (어떡해. 또~)
지각하면 야단맞을거야.	遅刻したら怒られるよ。
지각하지 마.	遅刻しないでね。= 遅刻するなよ。 = 遅刻しないように!

지갑과 여권을 도둑 맞았어요.	財布とパスポートを盗まれました。
지갑을 떨어뜨렸어요.	財布を落としました。
지갑을 잃어버렸어요.	財布をなくしてしまいました。 = 財布をなくしちゃいました。

지겨워!	① [짜증] うざい！ = うっとうしい！
	// あいつの行動、マジうざい。
	(쟤 행동 진짜~!)
	② [싫증] 嫌気が差すよ。
	// 毎日同じことの繰り返しで、嫌気が差すよ。(매일 똑같은 일의 반복으로~)
	③ [지속적 행동] うんざり！ = たくさん！
	// もう試験勉強なんか、うんざり！
	(이제 시험공부따위~!)

지금 갈게!	今行くね！
지금 막 시작했어.	ちょうど今始まったところだよ。 = 始まったばかりだよ。
지금 막 왔어!	ちょうど今来たところだよ。 = 今来たばかりだよ。
지금 몇 시입니까?	今何時ですか？ ☞ 몇시입니까?
지금은 부재중입니다.	[안내멘트] 只今留守にしております。
지금은 안정을 찾았어.	今は落ち着いてる。

지금 이대로가 좋아.	<ruby>今<rt>いま</rt></ruby>のままがいい。
지금이라면 조금은 알 것같아.	<ruby>今<rt>いま</rt></ruby>なら<ruby>少<rt>すこ</rt></ruby>し<ruby>分<rt>わ</rt></ruby>かる<ruby>気<rt>き</rt></ruby>がする。
지금 한 말 취소해.	<ruby>今言<rt>いまい</rt></ruby>ったこと<ruby>撤回<rt>てっかい</rt></ruby>して!
지긋지긋해!	うんざり(だ)! = こりごり(だ)! = たくさん(だ)!
지기 싫어 그러는 거야.	[말]<ruby>負<rt>ま</rt></ruby>けるのが<ruby>嫌<rt>いや</rt></ruby>でそんなこと<ruby>言<rt>い</rt></ruby>ってるんだよ。
지껄이면 죽는다!	ぬかしたら<ruby>殺<rt>ころ</rt></ruby>すぞ!
지나가나요?	[경로]<ruby>通<rt>とお</rt></ruby>りますか。 // このバスは<ruby>渋谷<rt>しぶや</rt></ruby>を<ruby>通<rt>とお</rt></ruby>りますか。 (이 버스는 시부야를~)
지나가는 길에 들렸습니다.	<ruby>通<rt>とお</rt></ruby>りすがりに<ruby>寄<rt>よ</rt></ruby>ってみました。
지나갈게요.	<ruby>通<rt>とお</rt></ruby>ります。 // ちょっと<ruby>後<rt>うし</rt></ruby>ろ、<ruby>通<rt>とお</rt></ruby>ります。(잠깐 뒤에~)
지난 달에 왔습니다.	<ruby>先月<rt>せんげつ</rt></ruby>来ました。
지난 번에는 어땠었지?	<ruby>前回<rt>ぜんかい</rt></ruby>はどうだったっけ?
지난 일은 잊어버려!	<ruby>過<rt>す</rt></ruby>ぎたことは<ruby>忘<rt>わす</rt></ruby>れなよ。 = <ruby>過<rt>す</rt></ruby>ぎたことは<ruby>忘<rt>わす</rt></ruby>れちまえよ。
지난 일이야!	<ruby>過<rt>す</rt></ruby>ぎたことだよ!

	= 終<small>お</small>わったことだよ!

지난 주에 어디 갔었어?	先週<small>せんしゅう</small>どこ行<small>い</small>ってたの。
	➡ 用事<small>ようじ</small>があってプサンに行<small>い</small>って来<small>き</small>ました。(볼일이 있어 부산에 다녀왔습니다.)
	
	〔관련표현〕
	昨日<small>きのう</small> (어제) // 今日<small>きょう</small> (오늘) // 明日<small>あした</small> (내일)
	先週<small>せんしゅう</small> (지난주) // 今週<small>こんしゅう</small> (이번주) // 来週<small>らいしゅう</small> (다음주)
	先月<small>せんげつ</small> (지난달) // 今月<small>こんげつ</small> (이번달) // 来月<small>らいげつ</small> (다음달)
	去年<small>きょねん</small> (작년) // 今年<small>ことし</small> (올해) // 来年<small>らいねん</small> (내년)

지당한 말씀입니다.	ごもっともです。 = ごもっともなお言葉<small>ことば</small>です。
지도 교수님이십니다.	指導教授<small>しどうきょうじゅ</small>です。
지도 편달 바랍니다.	ご指導<small>しどう</small>のほど、よろしくお願<small>ねが</small>いいたします。
지독합니다.	① [정도] ひどいです。 // 風邪<small>かぜ</small>がひどいです。(감기가~) ② [냄새] くさいです。
지랄하지 매!	〈속어〉ほざくな! = ぬかすな!
지레 짐작하지 마세요.	早<small>はや</small>とちりしないで。
지루하더라.	退屈<small>たいくつ</small>だった。
지면 딱밤맞기야.	負<small>ま</small>けたらデコピンね。

지명수배 중이라면서!	指名手配中だって?!
지방에 출장 중입니다.	地方に出張中です。
지어 낸 이야기입니다.	作り話です。 // それは私の作り話です。(그건 내가~)
지역 번호를 누르세요.	地域番号を押してください。
지옥에나 떨어져라.	地獄に落ちろ。
지워버릴까?	消しちゃおっか。= 消しちまう?
지저분하네요!	汚いですね!
지적인 사람입니다.	知的な人です。 // 彼女は優雅で知的な人です。 (그녀는 우아하고~.)
지지합니다.	支持します。

지켜 봅시다.	① [시도] 見守ってみましょう。
	// もう少し状況を見守ってみましょう。(좀 더 상황을~)
	② [배려·관심] 見守ってあげましょう。
	// 彼が成長していくのをみんなで見守ってあげましょう。
	(그가 성장해 가는 것을 다 같이~)

지켜봐 주세요.	見守ってください。

지켜줄게.	守^{まも}ってやるよ。= 守^{まも}ってあげる。 // 心配^{しんぱい}するな。俺^{おれ}が守^{まも}ってやるよ。 (걱정하지마. 내가~)
지퍼 열렸어.	ファスナー開^あいてる。 = チャック開^あいてる。
지하도를 건너 갑니다.	地下道^{ち か どう}をくぐって行^いきます。
지하철 3호선을 탑니다.	地下鉄三号線^{ち か てつさんごうせん}に乗^のります。
지하철역은 어디에 있습니까?	地下鉄^{ち か てつ}の駅^{えき}はどこにありますか。 ※ 最寄^{も よ}り駅^{えき} (가장 가까운 역)
지하철은 5분 간격으로 운행됩니다.	地下鉄^{ち か てつ}は5分^{ふん}おきに運行^{うんこう}しています。
지하철을 잘못 탔어요.	地下鉄^{ち か てつ}を乗^のり間違^{ま ちが}えました。

직

직설적이지요.	ストレートです。 // 彼^{かれ}の言^いい方^{かた}はかなりストレートで す。(그의 말투는 상당히~)
직업은 무엇입니까?	職業^{しょくぎょう}は何^{なん}ですか。 = お仕事^{し ごと}は何^{なに}をなさっていますか。 ➡ ⓐ 公務員^{こう む いん}です。(공무원입니다.) ⓑ 教師^{きょう し}です。(교사입니다.)

직장은 어디 다닙니까?	お勤め先はどちらですか。 = どこに勤めていますか。 ➡ 貿易会社に勤めています。 (무역회사에 다닙니다.)
직장을 찾고 있는 중입니다.	[구직] 仕事を探しています。 = 職場を探しています。
직접 말씀 드리는 게 좋을 것 같아서요.	直接申し上げるのが良いかと思いまして。
직접 물어봐요.	直接聞いてみてください。
직접 짠거야?	[머플러 · 스웨터] 手編み? = 自分で編んだの?
직진하다가 첫번째 골목에서 왼쪽으로 돌면 나옵니다.	まっすぐ行ってひとつ目の角で左に曲がればあります。
직진하세요.	まっすぐ行ってください。
직진해서 우회전 한 다음에 다시 직진하세요.	まっすぐ行って右に曲がったあと、またまっすぐ行ってください。

진도 전혀 안 나갔잖아!	全然進んでないじゃん!

진동으로 해놔야지.	マナーモードにしておかなきゃ。 // 携帯_{けいたい}をマナーモードにしておかなきゃ。(핸드폰을~)
진땀이 납니다.	冷_ひや汗_{あせ}が出_でます。 // あの時_{とき}のことを考_{かんが}えただけで今_{いま}も冷_ひや汗_{あせ}が出_でます。(그때만 생각하면 지금도~)
진부하잖아.	ありきたりじゃん。
진실이 지금 밝혀집니다!	真実_{しんじつ}が今_{いま}明_あかされる!
진심으로 사과 말씀드립니다.	心_{こころ}からお詫_わび申_{もう}し上_あげます。
진심으로 축하드립니다.	心_{こころ}からお祝_{いわ}い申_{もう}し上_あげます。
진심입니까?	本気_{ほんき}ですか。
진정하세요.	落_おち着_ついてください。
진지하게들어.	真剣_{しんけん}に聞_きけ。＝まじめに聞_きいて。
진지한 사람이 좋아.	まじめな人_{ひと}が好_すき。
진짜라니까!	① [물건·사람] 本物_{ほんもの}だって! ＝本物_{ほんもの}だってば! ② [말] 本当_{ほんとう}だって! ＝本当_{ほんとう}だってば! ＝マジだって!
진짜로 받아들이지 마세요.	[농담] 真剣_{しんけん}に取_とらないでください。

진짜 편하다!	楽ちん!
진짜 힘들었어.	マジつらかった。
진찰받으러 갑시다.	診察に行きましょう。 = 診察受けに行きましょう。
진통제 좀 주세요.	痛止、ください。
진행 중입니다.	進行中です。= 行われています。 // 只今裁判が行われています。 (현재 재판이~)

질

질게 뻔해.	負けるに決まってる。= 絶対負ける。
질겨서 못 먹겠어.	[음식] かたくて食べれないよ。
질렸어.	こりごりだよ。 // もう勉強なんてこりごりだよ。 (이제 공부파원~.)
질문 있습니까?	質問ありますか。 ➡ では、ひとつだけ。 (그럼 한가지만 하겠습니다.)
질문이 참 많네요.	本当に質問が多いですね。
질 뻔했어요.	負けるところでした。

// 危うく負けるところでした。(하마터면~)

질 순 없지.	負けるもんか。
질질 끌리잖아.	ずるずる引きずってるじゃん。
질질 짜지마.	[훌쩍훌쩍] めそめそしないで。 = めそめそすんなよ。
질투난다.	妬ける。= 嫉妬しちゃう(よ)。 = 妬いちゃう。
질투하는 거야?	嫉妬してんの。= 妬いてんの。

짐

짐 가지고 나올게.	荷物持ってくるよ。
짐 싸서 나와.	荷物まとめて出てきてね。
짐은 맡겨두고 가자.	荷物は預けて行こう。
짐 보관소는 어디에 있습니까?	お荷物保管所はどこにありますか。 ➡ ホールの左側にあります。 (홀 좌측에 있습니다.)
짐을 찾으면 바로 연락해 주세요.	荷物が見つかったらすぐに連絡して ください。 = 荷物が見つかり次第、すぐに連絡 お願いします。

짐작가는데 없어?	[실종·의문] 心当（こころあ）たりはないの。
짐작은 하고 있었어요.	予想（よそう）はしていました。 = 見当（けんとう）はついていました。 // 犯人（はんにん）が誰（だれ）なのか、大体見当（だいたいけんとう）はつい ていました。(범인이 누구인지 대충~)
짐작이 맞았네.	やっぱりね。
짐 좀 내려주시겠습니까?	荷物（にもつ）を降（お）ろしていただけますか。

집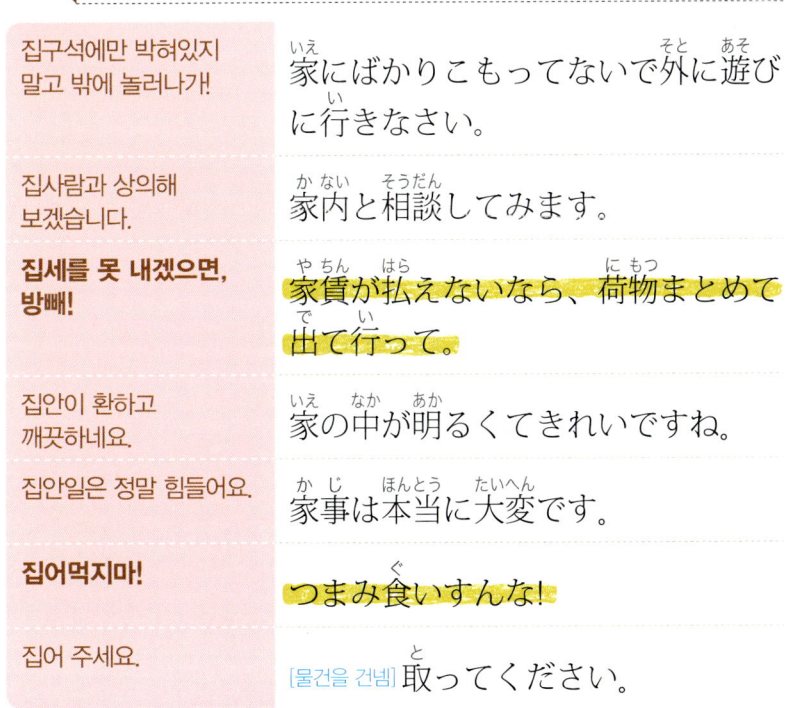

집구석에만 박혀있지 말고 밖에 놀러나가!	家（いえ）にばかりこもってないで外（そと）に遊（あそ）び に行（い）きなさい。
집사람과 상의해 보겠습니다.	家内（かない）と相談（そうだん）してみます。
집세를 못 내겠으면, 방빼!	家賃（やちん）が払（はら）えないなら、荷物（にもつ）まとめて 出（で）て行（い）って。
집안이 환하고 깨끗하네요.	家（いえ）の中（なか）が明（あか）るくてきれいですね。
집안일은 정말 힘들어요.	家事（かじ）は本当（ほんとう）に大変（たいへん）です。
집어먹지마!	つまみ食（ぐ）いすんな!
집어 주세요.	[물건을 건넴] 取（と）ってください。

	∥ そこの胡椒、取ってください。 (거기 후추 좀~)
집어 치워!	やめろ! = やめちまえ! ∥ そんなに勉強がしたくないんなら やめちまえ! (그렇게 공부하기 싫으면 ~!)
집에 가 봐야 합니다.	帰らなければなりません。
집에 가서 죽을 줄 알아!	[협박] 帰ったらただじゃおかないから ね!
집에 가셔서 푹 쉬세요.	帰ってゆっくり休んでください。
집에 계세요?	家にいらっしゃいますか。 = ご在宅ですか。
집에 데려다 줄게.	家まで送るよ。
집에 도둑 들었어요.	家に泥棒が入りました。 = 空き巣が入りました。
집에 돌아가는 게 좋겠어요.	帰ったほうがよさそうです。
집에 돌아가도 좋습니다.	帰ってもいいです。
집에 아무도 없어요.	家に誰もいません。
집에 연락했어요?	家に連絡しました?
집에 처박혀 있지만 말고 밖에 좀 돌아다녀.	家に引きこもってばかりいないで、 少しは外に出なさい。

집에 한번 놀러 오세요.	家に一度遊びに来てください。
집이 최고야.	家が一番! // なんだかんだ言っても家が一番! (이러니저러니 해도 ~)
집중해!	集中して!
집중해서 일을 할 수가 없어요.	集中して仕事が出来ません。
집합 5분 전!	集合5分前!
집행유예를 선고받았습니다.	執行猶予を言い渡されました。

징계처분 받았어요.	懲戒処分を受けました。
징그러워!	気持ち悪い! ＝ 気色悪い!

짚히는데 없어?	心当たり、ない?

짜!	[미각] しょっぱい!

짜리몽땅 해.	[키] ちびちびしてる。 = ちびっ子だよ。
짜릿짜릿해!	痺(しび)れるぅ!
짜서 쓰세요.	絞(しぼ)って使(つか)ってください。 = 絞(しぼ)ってお使(つか)いください。
짜증 나!	ムカつく! = うざい! = いらいらする!

짝사랑하고 있습니다.	片思(かたおも)いです。= 片思(かたおも)い中(ちゅう)です。
짝짝!	[박수 소리] パチパチ!
짝퉁이지?	にせものでしょ。= バッタもんでしょ。

짠!	① [건배] 乾杯(かんぱい)! ② [놀래킴] じゃじゃ〜ん!
짠거야?	[머플러 · 스웨터] ☞ 직접 짠거야?
짠것을 좋아합니다.	[음식] しょっぱいのが好(す)きです。 = 塩辛(しおから)いものが好(す)きです。
짠돌이에요.	ケチです。

| | // 社長は本当にケチです。(사장님은 정말~) |
| **짠했어.** | [감동·슬픔] うるっときたね。
// あの時はさすがにうるっときたね。
(그 땐 정말~.) |

짧게 깍지 마세요.	[두발] 短く切らないでください。
짧게 좀 잘라주세요.	[두발] 短くしてください。
짧게 할까요?	短くしましょうか。 // どのくらい短くしましょうか。 (얼마나~) ➡ これぐらいです。(이만큼요.)
짧아졌어요.	短くなりましたよ。 // もうだいぶ短くなりましたよ。 (이젠 많이~)
짧은 치마를 좋아해.	ミニスカートが好き。

| 짬뽕 하나 주세요. | ちゃんぽん一つください。 |

짭니다.	しょっぱいです。= 塩辛^{しおから}いです。
짭새 떴다! 튀어!	〈비속어〉ポリ公来^{こうき}やがった! ずらかれ!
짭짤한가보네.	[장사] 儲^{もう}かってるみたいだね。 = 儲^{もう}かってるみたいじゃん。

| **짱이다!** | 最^{さい}っ高^{こう}! = すげぇ! |

| 짹짹! | [참새 울음소리] ちゅんちゅん。 |

| 쨍그랑! | [물건 깨지는 소리] がちゃん! |

| 쩨쩨해! | ☞ 짠돌이에요. |

쫑

| 쪼그라들었어. | [세탁물] 縮んじゃった。 |
| 쪼그려 앉아! | しゃがめ! |

쪽

쪽!	[뽀뽀하는 소리] ちゅっ!
쪽지 남겨 둘게요.	メモを残しておきますね。
쪽 팔려!	[창피함] 恥ずかしい! = こっぱずかしい!
쪽 팔린 것도 모르냐!	[부끄러움] 恥ずかしくないの。

쫄

쫄딱 망한 모양이군.	落ちぶれたもんだな。
쫄았어!	[놀람·공포] びびった!
쫄지 마!	びびんな! = おびえるな!

쫑

| 쫑났어. | ① [과거·현재] 終わったよ。 |

549

② [미래] 終わりだよ。
// もう俺の人生終わりだよ。
(이제 내 인생~.)

쫑알대지마.	ぶつぶつ言うな。

쫓겨 났어요.	追い出されました。
쫓기고 있어요.	追われてるんです。
쫓아 가!	追っかけろ!
쫓아내지 마세요.	追い出さないでください。

쫙 빠졌네!	[몸매] スタイルいいね。
쫙 빼입었네.	気合い入ってるね!

쭉 가세요.	まっすぐ行ってください。

// 二番目の角までまっすぐ行ってください。(두 번째 모퉁이까지~)

쭉 드세요.

一気にいってください。

찌

찌개 다 식어요.

[재촉] チゲ冷めますよ。

찌그러뜨리면 안돼!

[변형금지] 潰したらダメだよ。

찌르듯이 아파요.

ちくちくします。

찍

찍소리도 못 했어요.

一言も言えませんでした。

찍습니다!

[사진] 撮りますよ!

찍어서 드세요.

ソースに付けてお召し上がりください。(소스에~.)

찍어 주세요.

[사진] 撮ってください。

// このカメラでも撮ってください。
(이 카메라로도 좀~)

찍었어!

[연애] 目付けたよ!

// その人、私が目付けたよ!
(그 사람 내가~)

551

찍찍!

[쥐소리] チューチュー。

찐 것 같아.

[체형변화] 太^{ふと}ったみたい。

찐하게 한 번 놀아 봅시다.

思^{おも}いっきり遊^{あそ}ぼう!

찔리는 거라도 있냐?

後^{うし}ろめたいことでもあるわけ?

찜질방이 최고야!

チムジルバンが一番^{いちばん}!
∥夜更^{よふ}かしして遊^{あそ}ぶにはチムジルバンが一番^{いちばん}! (밤 새 놀기엔~!)

찜찜해요.

[뒤끝] 後味^{あとあじ}が悪^{わる}いです。

찜했다!

☞ 찍었어!

찡그리지 마세요.

しかめないでください。

// かわいい顔しかめないでください。
(예쁜 얼굴~)

 찢

찢어졌습니다.

破れちゃいました。
// 引っ張り合ってたら破れちゃいました。(서로 잡아당겼더니~.)

찢어지는 듯합니다.

[마음·물건] 引き裂かれそうです。
// 心が引き裂かれそうです。(마음이~)

ㅈ

차가 막혀서 조금 늦을 것 같아요.	渋滞で少し遅くなりそうです。
차가 막히는 모양입니다.	渋滞しているようです。 = 道が込んでいるようです。
차가워!	冷た! = 冷たい!
차 가지고 왔어요.	車を持ってきました。
차감되었습니다.	差し引かれました。 // 100ポイントが差し引かれました。 (100포인트~)
차 돌려요!	車回して!.
차라도 좀 마십시다.	お茶でも飲みましょう。
차라리 내가 아픈 게 나아.	いっそ私が痛いほうがましだよ。
차렷!	きをつけ!
차례 차례 들어 오세요.	順番に入ってきてください。
차로 바래다 드릴게요.	車で送ります。
차를 렌트하려고 하는데요.	車をレンタルしようと思うんですが。
차를 저기에 세워도 될까요?	車をあそこに停めてもいいですか。

차멀미가 심해요.	車酔いが激しいです。 = 車酔いがひどいです。
차버렸어?	[연애] 振っちゃったの?
차별 받은 적 없어요.	差別を受けたことはありません。 // 韓国人だからって差別を受けたことはありません。 (한국사람이라고~)
차 봐!	[악세서리] つけてみなよ!
차분한 사람이더라구요.	[성격] 物静かな人でした。
차분히 잘 생각해 보세요.	落ち着いてよく考えてみてください。
차비가 비싼 편이에요.	交通費が高いほうです。
차선 좀 지켜서 운전해!	車線守って運転しろ!
차 세워!	車止めて! = 車止めろ!
차에서 내리세요.	車から降りてください。
차였어?	振られたの。 = 振られちゃったの。
차츰 차츰 회복되고 있어요.	次第に回復に向かっています。
차 타세요.	車に乗ってください。
차 한 잔 합시다.	お茶でもしましょう。

ㅊ

| 착각하지 마세요. | <ruby>勘違<rt>かんちが</rt></ruby>いしないでください。 |
| 착하지? | [아이에게] いい<ruby>子<rt>こ</rt></ruby>でしょ。
// いい<ruby>子<rt>こ</rt></ruby>でしょ。お<ruby>薬<rt>くすり</rt></ruby><ruby>飲<rt>の</rt></ruby>みましょうね。(~ 약먹자.) |

| **찬 밥 더운 밥
가릴 때야!** | <ruby>贅沢<rt>ぜいたく</rt></ruby><ruby>言<rt>い</rt></ruby>ってる<ruby>場合<rt>ばあい</rt></ruby>?
= <ruby>贅沢<rt>ぜいたく</rt></ruby><ruby>言<rt>い</rt></ruby>ってる<ruby>場合<rt>ばあい</rt></ruby>か! |
| 찬성합니까?
반대합니까? | <ruby>賛成<rt>さんせい</rt></ruby>ですか? <ruby>反対<rt>はんたい</rt></ruby>ですか? |

| **찰거머리처럼 달라
붙어서 갈 생각을 안해.** | まとわりついて<ruby>行<rt>い</rt></ruby>こうとしないんだから。 |

| 참가하고 싶어요. | <ruby>参加<rt>さんか</rt></ruby>したいです。 |
| 참견하지 마세요. | <ruby>口出<rt>くちだ</rt></ruby>ししないでください。 |

참고하면 좋을 것 같아서.	参考_{さんこう}にしたらいいかなと思_{おも}って。
참다못해 한 소리 해줬어.	<mark>たまりかねて一言_{ひとこと}言_いってやったよ。</mark>
참석해주셔서 감사합니다.	ご参加_{さんか}頂_{いただ}きありがとうございます。 // お忙_{いそが}しい中_{なか}ご参加_{さんか}頂_{いただ}き、ありがとうございます。(바쁘신데~)
참으세요.	我慢_{がまん}してください。
참을성이 좋네.	我慢強_{がまんづよ}いね。
참, 참, 참!	<mark>[게임]あっち向_むいて、ほい！</mark>
참하네.	[성격]おしとやかだね。

ㅊ

창가 쪽에 앉고 싶습니다.	[좌석예매]窓側_{まどがわ}の席_{せき}にしてください。
창문 좀 닫아 줄래요?	窓_{まど}を閉_しめてもらえますか。
창문 좀 열어도 되겠습니까?	窓_{まど}を開_あけてもいいですか。 ➡ どうぞ。(그러세요.)
창백해!	真_まっ青_{さお}だよ！ // 早_{はや}く病院_{びょういん}に行_いきなよ！真_まっ青_{さお}だよ！ (빨리 병원가봐!~)
창피해 죽겠네!	[체면]こっ恥_はずかしいな！

찾

| 찾아 볼게요. | 探^{さが}してみます。 |

探してみます。(探^{さが})

| 찾아오지 마세요. | 訪^{たず}ねて来^こないでください。
// 今後二度^{こんごにど}と私^{わたし}を訪^{たず}ねて来^こないでください。(앞으로 다시는 날~) |

| 찾았어요. | [발견]見^みつけました。
// この前言^{まえい}ってた物^{もの}、見^みつけました。
(지난 번 말씀하셨던 물건~) |

| 찾으면 연락
드리겠습니다. | 見^みつかったらご連絡^{れんらく}いたします。 |

채

| 채널을 바꿔도 됩니까? | チャンネル変^かえてもいいですか。
= チャンネル回^{まわ}してもいいですか。 |

| 채식주의자에요? | ベジタリアンですか。 |

| **채신머리없긴.** | だらしないなぁ。 |

책

| 책갈피로 쓰려고. | しおりに使^{つか}おうと思^{おも}って。 |

| 책상이 지저분해요. | 机^{つくえ}の上^{うえ}が汚^{きたな}いです。 |

	= 机の上が散らかっています。
책임감이 강해서 잘 할거에요.	責任感が強いから大丈夫です。
책임을 전가하지 마세요.	責任転嫁しないでください。
책 한 권 주세요.	[서점] 本一冊ください。

처

처음 듣는 말인데요.	☞ 금시초문입니다.
처음 본 순간 사랑하게 되었어요.	一目で好きになりました。
처음 뵙겠습니다.	初めまして。
처음부터 다시 시작합시다.	初めからもう一度やり直しましょう。 = 初めからもう一度始めましょう。
처음엔 다 그렇지 뭐.	[위로] 最初は皆そうだよ。
처참한 시체로 돌아왔습니다.	むごい死体となって戻ってきました。

척

척 보면 압니다.	一目見れば分かります。
척척박사네.	物知り博士だね。

척척 해내고 있어요.

てきぱきとこなしています。
// 難(むずか)しい仕事(しごと)も一人(ひとり)でてきぱきとこなしています。(어려운 일도 혼자~)

천

천국이 따로 없네.

極楽極楽(ごくらくごくらく)。= 天国(てんごく)だな。

천둥 벌거숭이같군.

無鉄砲(むてっぽう)だな。

천둥치니까 무서워.

雷鳴(かみなり な)ってるから怖(こわ)いよ。

천만에요!

① [감사] どういたしまして。
　← ありがとうございます。(감사합니다.)
② [과찬] とんでもありません!
　← もう君(きみ)に勝(まさ)る者(もの)はいないんじゃないか。(이제 널 이길 자는 없는 것 아니냐?)
③ [사과] いいえ。← すみません。(미안합니다.)
④ [사실과 부합하지 않음] とんでもありません。← 寝坊(ねぼう)しただろ? (늦잠잤지?)

천벌을 받은 거야!

天罰(てんばつ)が下(くだ)ったんだ!

천사같아.

天使(てんし)みたい。

천생연분인가 봐.

運命(うんめい)の赤(あか)い糸(いと)で結(むす)ばれてるみたい。

천연 기념물감이다.

[순진함] 天然記念物(てんねん き ねんぶつ)だね。

560

천재라니까!	<ruby>天才<rt>てんさい</rt></ruby>だよ! // もうしゃべってんの<ruby>見<rt>み</rt></ruby>たら<ruby>間違<rt>まちが</rt></ruby>いなく<ruby>天才<rt>てんさい</rt></ruby>だよ! (벌써 말하는거 보면 틀림없이~)
천정에 붙어 있어.	<ruby>天井<rt>てんじょう</rt></ruby>に<ruby>付<rt>つ</rt></ruby>いてる。
천천히 드세요.	ごゆっくりお<ruby>召<rt>め</rt></ruby>し<ruby>上<rt>あ</rt></ruby>がりください。
천천히 합시다.	ゆっくりしましょう。 = のんびりしましょう。
천하태평이군.	<ruby>呑気<rt>のんき</rt></ruby>だね。 <ruby>呑気<rt>のんき</rt></ruby>だな。

철

철들고 나서는 계속 함께 였어요.	<ruby>物心<rt>ものごころ</rt></ruby><ruby>付<rt>つ</rt></ruby>いてからはずっと<ruby>一緒<rt>いっしょ</rt></ruby>でした。
철면피네.	ずうずうしいな。
철썩같이 믿었었는데.	<ruby>固<rt>かた</rt></ruby>く<ruby>信<rt>しん</rt></ruby>じてたのに。
철인이다.	[튼튼함] <ruby>不死身<rt>ふじみ</rt></ruby>だね。 // <ruby>二日<rt>ふつか</rt></ruby><ruby>連続<rt>れんぞく</rt></ruby>で<ruby>夜明<rt>よあ</rt></ruby>かしなんて、<ruby>不死身<rt>ふじみ</rt></ruby>だね。(이틀 연속 밤샘이라니~)
철저히 조사하겠습니다.	<ruby>徹底的<rt>てっていてき</rt></ruby>に<ruby>調査<rt>ちょうさ</rt></ruby>します。
철 좀 들어라!	☞ 제발 철 좀 들어라.

첨

첨부파일로 보내 드릴게요.	添付ファイルで送りますね。

첫

첫눈에 반했어요.	一目惚れです。
첫눈이 내린대.	初雪が降るって。
첫사랑과 만났어.	初恋の人に会ったの。
첫인상이 좋았어요.	第一印象がよかったです。
첫차는 몇 시에요?	始発は何時ですか。
첫키스였단 말이야!	ファーストキスだったのに!

청

청개구리 같은 놈.	あまのじゃくめ!
청구서 와 있어요.	請求書が届いていますよ。
청바지 잘 어울린다.	ジーパン似合うね。
청소 좀 해!	掃除しなさい!

체온 좀 재봅시다.	体温を測ってみましょう。
체육대회에 뭐뭐 나가?	運動会で何と何に出場するの。
체중 엄청 늘었어.	体重超増えた。 = 体重すっごく増えた。
체크아웃하려고 하는데요.	[호텔] チェックアウトしたいんですが。
체크인해 주세요.	[호텔] チェックインしてください。
체했나?	胃もたれかな。
체형유지를 위해 매일 운동하고 있어요.	体形管理のために毎日運動しています。

쳇!	[불평] ちぇっ!

쳐다보지 마.	見るな。= 見ないで。

초 🌸 🌸 🌸

초능력을 보여 드릴게요.	超能力をお見せします。 = 超能力をご覧に入れます。
초대권이 없으면 들어갈 수 없어요.	招待券がなければ入れません。
초대해 주셔서 감사합니다.	ご招待いただき、ありがとうございます。 = お招きいただき、ありがとうございます。
초등학교에 다닙니다.	小学校に通っています。
초딩이냐?	小学生か!
초밥 중에 연어를 제일 좋아해요.	お寿司の中でサーモンが一番好きです。

まぐろ (참치) えび (새우) いか (오징어)
ほたて (가리비) いわし (정어리) たら (대구)
うなぎ (뱀장어) あなご (붕장어) たい (도미)
サザエ (소라) ひらめ (광어) たこ (문어)

초보한테 맡기면 어떡해!	素人に任せてどうすんだよ。
초승달을 제일 좋아해요.	三日月が一番好きです。
초음파로 위치를 파악합니다.	超音波で位置を特定します。

초인종 고장 났어요.	呼び鈴壊れてます。※ 呼び鈴＝ベル
초조해하지 마세요.	焦らないでください。
초췌해 보여.	やつれてるよ。
초호화 주택에 살고 있어요.	超豪華住宅に住んでいます。

촉

| 촉감이 부드럽고 좋네요. | 肌触りがなめらかでいいですね。 |
| 촉촉하다. | [감촉] しっとりしてる。 |

촌

| **촌구석에서는 절대 못 살아.** | 田舎で住むのは絶対無理! |
| 촌스러워. | ダサイ。
// その髪型、超ダサイ! (그 머리형 완전~!) |

촐

| **촐랑이!** | おっちょこちょい! |
| 촐싹거리지 좀 마! | 大人しくしなさい! |

총

총각입니까?	[미혼] 未婚ですか。
총총 걸음으로 어디 가?	急ぎ足でどこ行くの。

촬

촬영 중이니까 이따 전화할게.	撮影中だから後で電話するね。

최

최고다!	① [느낌·감상·평가] 最っ高!
	// あの映画マジ最っ高! (그 영화 진짜~)
	② [순위] 一番!
	// どんな姿だろうと、俺にはお前が一番! (어떤 모습이든 나한테는 너가~)

최단 거리로 가면 몇 시간 걸려요?	最短距離で行ったら何時間かかりますか。
최면에 걸린 것 같아요.	催眠術にかかったようです。
최선을 다 하도록!	全力を尽くすように!
최선의 선택을 하셨네요.	最善の選択ですね。

최소한 10시간은 걸립니다.	最低十時間はかかります。
최신 영화입니다.	最新映画です。
최신형 핸드폰이야.	最新型の携帯だよ。
최악이야!	最悪! // あいつにまでそんなこと言われるなんて、最悪! (개한테까지 그런 소리를 듣다니~)
최저가가 얼마에요?	最低価格はいくらですか。
최첨단 기술로 만든 거에요.	最先端技術で作られたものです。

ㅊ

추근덕거리지 마.	しつこくまとわりつかないで。
추남!	ブサイク! = ブ男!
추녀!	ぶす!
추리소설을 즐겨 읽어요.	推理小説をよく読みます。
추억이 많은 물건이에요.	思い出深いものです。
추우니까 감기 조심하세요.	寒いから、風邪引かないよう気をつけてください。

추워요!	寒<ruby>さむ</ruby>いです!
추월당한다.	追<ruby>お</ruby>い抜<ruby>ぬ</ruby>かれるよ。 // ぼやぼやしてたら追<ruby>お</ruby>い抜<ruby>ぬ</ruby>かれるよ。 (멍하니 있으면~)
추위를 잘 타요.	寒<ruby>さむ</ruby>がりです。= 寒<ruby>さむ</ruby>さに弱<ruby>よわ</ruby>いです。
추천 상품은 바로 이것입니다.	お薦<ruby>すす</ruby>め商品<ruby>しょうひん</ruby>はこちらです。
추태부리지마.	醜態<ruby>しゅうたい</ruby>をさらすな。

축구경기가 있는 날이에요.	サッカー競技<ruby>きょうぎ</ruby>のある日<ruby>ひ</ruby>です。
축제는 언제 시작합니까?	お祭<ruby>まつ</ruby>りはいつ始<ruby>はじ</ruby>まりますか。
축하드립니다.	おめでとうございます。

출구는 어느 쪽인가요?	出口<ruby>でぐち</ruby>はどちらですか。
출근 몇 시야?	何時出勤<ruby>なんじしゅっきん</ruby>?
출발할 때까지 산책이나 할까?	出発<ruby>しゅっぱつ</ruby>まで散歩<ruby>さんぽ</ruby>でもする?
출석 부를게요.	出席<ruby>しゅっせき</ruby>を取<ruby>と</ruby>りますね。

출세했네.	出世したね。
출입국 신고서를 써 주세요.	出入国申告書を書いてください。
출입 금지!	[경고] 出入り禁止!
출장갑니다.	出張に行きます。 // 明日から三日間日本に出張に行きます。(내일부터 3일간 일본으로~)
출혈이 멈추지 않아요!	出血が止まりません!

춤은 잘 못 춰요.	踊りは上手くありません。 ※ 踊り = ダンス

춥다. 난방 좀 키자.	寒いね。暖房付けよう。 ➡ あんまり寒くないけど? (별로 안추운데?)

충격이 컸던 것 같습니다.	ショックが大きかったようです。

충고 하나 할까?	ひとつ忠告するよ。
충동구매했어요.	衝動買いしました。
충분합니다.	十分です。
충분히 설명했으니까 알아 들었을거야.	十分説明したから分かったと思うよ。
충전기 좀 빌려 줘.	充電器貸して。
충치가 너무 아파.	虫歯がすごく痛むよ。

취

취급 주의!	[경고문] 取り扱い注意!
취미가 뭐에요?	趣味は何ですか。 ➡ ⓐ 映画鑑賞です。(영화감상입니다.) ⓑ 特にありません。(딱히 없어요.) ⓒ ドラマです。(드럼이요.)
취사선택 해.	[양자택일] どっちかにして。
취소할게요.	① [예약・일정] キャンセルします。 ② [철회] 取り消します。=撤回します。 // 今言ったこと、撤回します。 (지금 한 말~)
취업 축하해!	就職おめでとう!

취재 나왔는데요.	取材に来たんですが。
취조받고 있는 기분이야.	取り調べを受けてるみたい。
취직했어!	就職できた!
취한 것 같아.	酔っちゃったみたい。 = 酔ってるみたい。
취할때까지 마셔 보자.	酔いつぶれるまで飲もう。

치

치다꺼리 더 이상 못해줘!	これ以上面倒は見きれません!
치료 다 끝났습니다.	治療終わりました。
치마입은 게 더 예뻐.	スカートのほうがかわいいよ。
치매 걸렸어?	ぼけてる?
치사하다!	① [교활함] ずるい! ② [구두쇠] ケチ! ③ [비열함] 汚ねぇ!!
치아가 고르네요.	歯並びがきれいですね。
치약은 어디 있어요?	歯磨き粉はどこにありますか。 ➡ トイレです。(화장실이요.)

치우세요.	① [정리] 整理<ruby>せい<rt></rt>り<rt></rt></ruby>してください。 = 片付<ruby>かた<rt></rt>づ<rt></rt></ruby>けてください。 ② [제거] どけてください。 // そこの鞄<ruby>かばん<rt></rt></ruby>、どけてください。
치장에 얼마나 시간 걸리는 거야!	[외출준비] おめかしにどれだけ時間<ruby>じ<rt></rt>かん<rt></rt></ruby>かけ てんの。
치즈버거 하나 주세요.	チーズバーガーひとつください。
치켜세우니까 기고만장 해서는!	おだてれば調子<ruby>ちょう<rt></rt>し<rt></rt></ruby>に乗<ruby>の<rt></rt></ruby>りやがって。
치한이야!	痴漢<ruby>ち<rt></rt>かん<rt></rt></ruby>!

친

친구를 소개해 드리겠습니다.	友達<ruby>とも<rt></rt>だち<rt></rt></ruby>をご紹介<ruby>しょう<rt></rt>かい<rt></rt></ruby>します。
친구잖아.	友達<ruby>とも<rt></rt>だち<rt></rt></ruby>じゃん。= ダチじゃん。
친목도모 좀 하려구요.	親睦<ruby>しん<rt></rt>ぼく<rt></rt></ruby>を図<ruby>はか<rt></rt></ruby>ろうと思<ruby>おも<rt></rt></ruby>いまして。
친절한 사람이네.	親切<ruby>しん<rt></rt>せつ<rt></rt></ruby>な人<ruby>ひと<rt></rt></ruby>だね。
친정 다녀왔어.	実家<ruby>じっ<rt></rt>か<rt></rt></ruby>に行<ruby>い<rt></rt></ruby>ってきた。
친해?	親<ruby>した<rt></rt></ruby>しいの? = 仲<ruby>なか<rt></rt></ruby>いいの?
친환경 세제입니다.	環境<ruby>かん<rt></rt>きょう<rt></rt></ruby>にやさしい洗剤<ruby>せん<rt></rt>ざい<rt></rt></ruby>です。

침대에 누웠어요.	ベッドに入^{はい}りました。
침수 됐어요.	水浸^{みずびた}しになりました。
침착하세요.	落^おち着^ついてください。
침침해서 잘 안보여.	かすんでよく見^みえないよ。 = かすんではっきり見^みえないよ。
침 흘리지 마.	よだれ垂^たらさないで。 = よだれ垂^たらすな。

칫솔질 했어?	歯^は磨^{みが}いた?

칭얼거리지 마.	だだこねないで。= だだこねないの。
칭찬하는 거야? 비꼬는 거야?	褒^ほめてんの? 皮肉^{ひにく}ってんの?

카드 결재도 가능합니다.	[신용카드] カードでのお支払いも可能となっております。
카드 놀이 할까?	[트럼프] トランプする？
카디건이라도 걸쳐.	カーディガンでもかけたら？
카레가 몸에 좋대.	カレーが体にいいんだって。
카리스마 있다.	[감탄] カリスマあるね。
카운슬링 받으러 왔는데요.	カウンセリングを受けに来たんですが。
카운터에서 문의해 주세요.	カウンターでお問い合わせください。
카탈로그를 보내 주세요.	カタログを送ってください。
카페에서 보자.	[커피숍] カフェで会いましょう。

| 칵테일은 좋아하세요? | カクテルは好きですか。 |

칼

| 칼 같이 안다니까. | すぐ気付くんだよ。 |

// 何かなくなったらすぐ気付くんだよ。(뭐 없어진거~)

칼로리 엄청 높아!

<mark>カロリー超高い！</mark>

칼슘이 부족해요.

カルシウムが足りません。
= カルシウムが不足しています。

칼이 잘 드네.

① [식칼] 包丁よく切れるね。
② [커터칼] カッターよく切れるね。

칼칼해서 맛있어.

<mark>辛くておいしい。</mark>

캐물어도 모른다니까.

問いただしたって分からないってば。

캐주얼한 복장은 별로 안 좋아해요.

カジュアルはあまり好きじゃないんです。

캠프파이어 시간이 제일 분위기 좋아요.

[신님] キャンプファイヤーの時間が一番盛り上がります。

커리큘럼이 마음에 들어요.	カリキュラムが気に入っています。
커서 뭐 되고 싶어?	大きくなったら何になりたい?
커튼 좀 쳐 주세요.	カーテンを閉めてください。
커피 마실래?	コーヒー、飲む?
커피숍에서 보자.	☞ 카페에서 보자.

| 컨닝했어? | カンニングしたの。 |
| 컨디션이 안 좋아요. | 具合が悪いです。 |

| 컴맹이에요. | パソコン音痴です。 |
| 컴퓨터 좀 정도껏 해. | コンピューター、ほどほどにしなさい。
※ コンピューター ＝ パソコン |

| 컵라면으로 때웠어. | カップラーメンで済ませたよ。 |

컷

| 컷(Cut)! | [영화 촬영] カット！ |

케

| 케이크 먹으면 살쪄. | ケーキ食べたら太るよ。 |
| 케첩과 겨자를 넣어 주세요. | ケチャップとからしを入れてください。 |

코

ㅋ

코 골아서 잠을 잘 수가 없어.	いびきのせいで眠れないよ。
코를 납작하게 해줄테다!	ぎゃふんと言わせてやる！
코 앞이야.	[가까운 시일] 目の前だよ。 ☞ 편입 시험이 코 앞이야.
코웃음치는거 보니까 열 받더라고.	あざ笑うの見たらムカついてさ。
코 파지 마.	鼻くそほじらないで。
코피 터졌어!	鼻血出た！

| 콘서트 티켓 있는데 같이
보러 갈래? | コンサートのチケットあるんだけど、一緒に見に行かない？ |
| 콘택트 렌즈 껴요. | コンタクトつけています。 |

콜!	[제안을 받아들임] 乗った！
콜라 마실래?	コーラ、飲む？
콜록콜록!	[기침소리] ゴホンゴホン！ = コンコン！

| 콤플렉스에요. | コンプレックスです。
// 背が低いのがコンプレックスです。
(키 작은게~) |

| 콧노래까지 부르는
거 있지. | 鼻歌まで口ずさんでたよ。 |
| 콧물이 나요. | 鼻水が出ます。 |

// 風邪をひいたのか鼻水が出ます。
(감기 걸렸는지~)

콧수염 있는 남자가 좋아요.

口ひげのある男が好きです。

콩닥콩닥!

[심장 소리] ドキドキ!

쾌적한 환경에서 작업하고 싶어요.

快適な環境で作業したいです。

쿨쿨 잠만 자!

ぐうぐう寝てばっかり。

쿨한데?

[털털함] サバサバしてるね。

= クールだね。

퀴즈 낼 테니까 맞춰 봐.

クイズ出すから当ててみて。

크

크게 말씀해 주세요.	大きい声で言ってください。 ＝大きい声でおっしゃってください。
크기가 제각각이에요.	大きさがばらばらです。 ＝大きさがそれぞれです。
크림을 많이 넣어 주세요.	[제빵] クリームをたくさん入れてください。 ※ たくさん＝いっぱい

큰

큰 것 같아요.	[옷] 大きいです。
큰소리로 떠들지 마세요.	大きい声で騒がないでください。
큰소리치지 마.	[거만한 태도] 大口たたくな。
큰일 났네.	[곤란함] まいったなぁ。＝やばいなぁ。
큰일났다!	[당황함] 大変だ!
큰 코 다친다!	ひどい目にあうよ! ∥ そんなことしてて、今にひどい目にあうよ! (그러다 조만간~)

키

키가 몇이에요?	身長何センチですか。 しんちょうなん ➡ 180センチぐらいです。(180정도입니다.)
키다리네.	[장신] のっぽだね。
키스는 어떤 느낌일까?	キスってどんな感じだろう。 かん
키스해 줘!	キスして!
키워드를 입력해 주세요.	キーワードを入力してください。 にゅうりょく

킬

몇 킬로그램(kg)까지는 무료입니다.	[비행기 수하물] (何)キロまでは---。 なん
킬로미터(km)마다 1000원씩 추가됩니다.	一キロ当たり1000ウォンずつ加算 いち　あ　　　　　　　　　　　　　か さん されます。

ㅋ

타

타고난 거거든.	<mark>生まれつきなの。</mark>
타는 거 아니야?	[요리] 焦げてるんじゃない？ // 変なにおいするけど、もしかして焦げてるんじゃない？ (이상한 냄새 나는 데 혹시~)
타로 카드가 잘 맞는대.	タロットカードがよく当たるんだって。 = タロットカードがよく当たるそうだよ。 = タロットカードがよく当たるらしいよ。
타박상을 입고 입원 중입니다.	打撲傷を負って入院中です。
타살 가능성에 무게를 싣고 수사 중입니다.	他殺の可能性に重点を置き捜査を進めています。
타이르겠습니다	言い聞かせます。 // 今後、勝手に入らないようよく言い聞かせます。 (앞으로 멋대로 들어가지 않도록 잘~)
타이머 맞춰 두고 자자.	タイマー設定してから寝よう。
타이밍을 잘 노려 봐.	タイミングを見計らって。

타임!	[멈춤] タイム!

탁구 상당히 잘 치네.	卓球超上手いね。※ 卓球 = ピンポン
탁자 하나 있으면 좋겠다.	テーブルひとつあったらいいな。

탄 것 같아.	① [요리] 焦げたみたい。 ② [피부] 焼けたみたい。
탄탄한 복근이 매력적이에요.	==がっちりした腹筋が魅力的です。==

탈거야 안 탈거야?	乗るの、乗らないの。
탈모로 고민 중이에요.	==脱毛で悩まされています。==
탈부착 가능합니다.	取り付け可能です。
탈선 행위를 일삼고 있습니다.	非行に走っています。
탈세 의혹을 받고 있습니다.	脱税の疑惑をかけられています。

583

탈옥수가 이 주변에 숨어 있대요.	<ruby>脱獄囚<rt>だつごくしゅう</rt></ruby>がこの<ruby>近<rt>ちか</rt></ruby>くに<ruby>潜<rt>ひそ</rt></ruby>んでいるそうです。
탈의실은 어디에 있습니까?	<ruby>更衣室<rt>こういしつ</rt></ruby>はどこにありますか。
탈진상태에요.	[기진맥진] へとへとです。

탐

탐정소설을 좋아해요.	<ruby>推理小説<rt>すいりしょうせつ</rt></ruby>が<ruby>好<rt>す</rt></ruby>きです。
탐탁치 않은가 봐요?	<ruby>気<rt>き</rt></ruby>に<ruby>入<rt>い</rt></ruby>らないようですね。
탐험대가 미지의 땅을 개척했습니다.	<ruby>探検隊<rt>たんけんたい</rt></ruby>が<ruby>未知<rt>みち</rt></ruby>の<ruby>土地<rt>とち</rt></ruby>を<ruby>開拓<rt>かいたく</rt></ruby>しました。

탑

탑승구는 몇 번입니까?	<ruby>搭乗口<rt>とうじょうぐち</rt></ruby>は<ruby>何番<rt>なんばん</rt></ruby>ですか。
탑승권 좀 보여 주세요.	<ruby>搭乗券<rt>とうじょうけん</rt></ruby>を<ruby>提示<rt>ていじ</rt></ruby>してください。
탑승은 언제부터 합니까?	<ruby>搭乗<rt>とうじょう</rt></ruby>はいつからですか。 ➡ <ruby>午後三時<rt>ごごさんじ</rt></ruby>に<ruby>搭乗<rt>とうじょう</rt></ruby>を<ruby>開始<rt>かいし</rt></ruby>します。 (오후 3시에 탑승을 시작합니다.)
탑승자 명단에 없습니다.	<ruby>搭乗者<rt>とうじょうしゃ</rt></ruby>リストにありません。

탓

탓하지 마세요.	[문책] 責めないでください。 // 精一杯頑張ったんだから、あの人を責めないでください。 (최선을다했으니 그 사람을~)

탕

탕수육 있습니까?	酢豚ありますか。
탕엔 안들어가?	[욕조] お湯には浸らないの。
탕탕!	[총소리] バンバン!

태

E

태도가 마음에 안 들어.	態度が気に入らない。 = 態度が気に入らねぇ。
태아는 건강한가요?	胎児は元気ですか。
태양이 눈부시네요.	太陽が眩しいね。
태어난 지 몇 달 됐어요?	生まれて何ヵ月ですか。
태연하게 또 온것 좀 봐.	何事もなかったようにまた来てる。

태우지 마세요.	① [음식] 焦^こがさないで。 ② [승차] 乗^のせないで。
태워 줄게, 타고 가.	送^{おく}るから乗^のっていきなよ。
태클 걸지 마.	① [말] ケチ付^つけないで。 = ケチ付^つけんなよ。 ② [행동] 邪魔^{じゃま}しないで。 = 邪魔^{じゃま}すんなよ。
태평하게 그런 말하는 거 있지.	呑気^{のんき}にそんなこと言^いうんだよ。
태풍으로 지붕이 날라 갔어요.	台風^{たいふう}で屋根^{やね}が吹^ふっ飛^とびました。

택도 없는 소리!	むちゃだよ!
택배 회사에서 당신에게 배달 온 물건입니다.	宅配業者^{たくはいぎょうしゃ}からあなた宛^{あて}に届^{とど}いた物^{もの}です。
택시 타고 가자.	① [목적지] タクシーで行^いこう。 ② [귀가] タクシーで帰^{かえ}ろう。

터널에서 귀신 나온대.	トンネルで幽霊^{ゆうれい}が出^でるんだって。

터 놓고 얘기해 봅시다.	腹を割って話してみましょう。
터 놓고 지내는 사이에요.	気が置けない人です。
터무니 없는 소리하지 마!	でたらめなこと言うな!

턱

턱걸이로 붙었어.	ぎりぎり合格!
턱 없이 비싸요.	べらぼうに高いよ。

털

털끝하나 건드리기만 해!	指一本触れてみろよ!
털렸대.	[도둑]泥棒に入られたんだって。
털어놓고 말해 보세요.	打ち明けてください。 = 正直に話してみてください。
털털해서 좋아.	[호감]サバサバしてて好き。

텅

텅 비어 있어요.	①[사물]からっぽです。

// 財布の中がからっぽです。
(지갑 안이~)

② [공간] がらんとしています。
// 電車の中はがらんとしています。
(지하철 안은~)

테

테는 무슨 색으로 할까?	縁は何色にする?
테니스가 건강에 좋대.	テニスが健康にいいんだって。
테두리는 빨간색으로 해주세요.	周りは赤にしてください。 ※ 周り = 縁
테러리스트가 활동을 개시했습니다.	テロリストが活動を開始しました。
테마는 뭐로 잡았어요?	テーマは何にしました?
테마파크에 놀러갈 거에요.	テーマパークに遊びに行きます。
테이블 좀 치워 줘.	テーブルの上片付けて。
테이프 있어?	[스카치테이프] セロハンテープ、ある? = セロハンテープ、持ってる?
테트리스는 중독성이 있죠.	テトリスは病付きになりますよね。

텐

| 텐트치고 놀거야. | テント張_はって遊_{あそ}ぶつもりだよ。 |

텔

| 텔레비전 그만 보고 공부 좀 해! | テレビばかり見_みてないで勉強_{べんきょう}しなさい! |
| 텔레파시가 통했나봐! | テレパシーが通_{つう}じたみたい! |

토

토너먼트 식으로 진행됩니다.	トーナメント式_{しき}で勝_かち上_あがります。
토닥토닥.	[위로] よしよし。
토달지마!	つべこべ言_いうな!
토론 대회가 개최됩니다.	討論大会_{とうろんたいかい}が開催_{かいさい}されます。
토마토 엄청 달고 맛있어!	トマト、すごい甘_{あま}くておいしい!
토막 살인 사건이 발생했습니다.	ばらばら殺人事件_{さつじんじけん}が発生_{はっせい}しました。
토스트로 때우자.	トーストで済_すまそう。
토지 소유권은 누구에게 있나요?	土地所有権_{とちしょゆうけん}は誰_{だれ}にありますか。

E

토크쇼에 출연했어요.	トーク番組に出演しました。
토할 것 같아요.	① [구토] 吐きそうです。 ② [구역질] 吐き気がします。

톱

톱스타가 와 있대!	トップスターが来てるって!
톱으로 잘라 준대.	のこぎりで切ってくれるって。

통

통근 시간은 늘 밀려요.	通勤時間はいつも込んでいます。
통금시간 꼭 지키세요.	門限は必ず守ってください。
통닭 먹자!	チキン食べよう!
통역이 필요합니다.	通訳が必要です。
통이 크네.	気前がいいな。
통장을 만들려고 하는데요.	通帳を作りたいんですが。
통증이 완화됐어요.	痛みが和らぎました。
통지표 받은 거 가져와 봐.	通知表持ってきて。

통째로 먹어도 돼요.	丸ごと食べても構いません。
통통한 게 보기 좋은데 뭐.	ぽっちゃりしててかわいいよ。
통풍이 잘 되서 시원해요.	風通しがよくて涼しいです。
통화 중입니다.	通話中です。 = 電話中です。 = 話し中です。

퇴

퇴근 후에 한 잔 어때요?	帰りに一杯どうですか。
퇴원하고싶어 미치겠어!	退院したくてうずうずする!
퇴짜 맞았어요.	[거절] 断られました。 // デートを申し込んだんですが、断られました。(데이트신청했는데~)

투

투덜거리지 마.	ぶつぶつ言うな。
투명인간이 되면 뭐하고 싶어요?	透明人間になったら何がしたいですか。
투자가치는 있다고 생각합니다.	投資価値はあると思います。

| 투잡 뛰고 있어요. | [two-job] 掛け持ちで働いています。 |
| 투표로 결정합시다. | 投票で決めましょう。 |

| 툭! | [물건이 떨어지는 소리] ぽとり。 |
| 툭 하면 화낸다니까. | すぐ怒るんだから。 |

퉁겨서 소리를 내요.	弾いて音を出します。
퉁명스럽기 그지 없다니까.	そっけないんだから。
퉁 치자.	お相子としよう。

튀김은 바삭한 게 맛있지.	天ぷらはぱりっとしてるのがおいしいよね。
튀자!	[도망] 逃げるぞ! = ずらかるぞ!
튀지 않아요?	[눈에 띔] 目立ちませんか。

592

팅

| 팅기긴! | 釣れないなぁ。 |

 트

트렁크 좀 열어 보세요.	トランクを開けてください。
트렌스 젠더입니다.	ニューハーフです。
트림하지 마세요.	ゲップしないでください。
트위터하다보면 시간 가는 줄 모른다니까.	ツイッターやってたら、ついつい時 間を忘れちゃうよ。
트집 잡지 마.	けちつけんな。

 특

특기는 드럼이에요.	特技はドラムです。
특별대우를 해줄 수 없습니다.	特別扱いは出来ません。
특별한 밤을 만들어 줄게.	特別な夜にしてあげる。
특별히 이번만 봐주는 거야.	[면책] 今回だけは特別だからね。
특성을 살려 만들었습니다.	特性を活かして作りました。

특이한 애네.	変わった子だね。
특종이다!	[기사] スクープだ!
특징없는 얼굴이야.	特徴のない顔だよ。
특히 예뻐하셨어요.	特にかわいがっていました。

튼튼합니다.	丈夫です。

틀니로 바꾸셨대.	入れ歯に変えたんだって。
틀림없어.	間違いない。=間違いねぇ。 =違いない。 ∥あいつが持ち帰ったに違いねぇ。
틀에 박힌건 재미없잖아?	いつも一緒じゃ、つまんないじゃん?

티끌 모아 태산	塵も積もれば山となる。

티나!	[역력함] バレバレ。= バレバレだよ。 // 嘘バレバレ! (거짓말인거~)
티셔츠 좀 골라줄래?	T-シャツ、選んでくれる?
티켓을 구입할 수 있습니다.	チケットを購入することができます。

팁을 알려 줄게.	コツを教えてあげる。 // 上手にこなすコツを教えてあげる。 (잘할 수 있는~)

파 🌸

파격할인을 실시합니다.	破格販売を行います。 = 激安セールを開催いたします。
파김치가 됐어.	[피곤함] へとへとだよ。
파도가 높으니 바다에 들어가면 안되요.	波が高いので海に入ってはいけません。
파란만장한 삶이에요.	波乱万丈な人生です。
파랗게 질렸어.	青ざめてる。 // 怖さのあまり青ざめてる。 (너무 무서워서~)
파리채 좀 갖고 와.	はえたたき持ってきて。
파마해 주세요.	パーマしてください。
파업으로 영업이 중단 되었습니다.	ストで営業が中止されています。
파이팅!	ファイト! ☞ 기운내!
파토 났대.	[취소] キャンセルになったんだって。 = 取り消しになったんだって。
파트너는 구했어요?	パートナーは見つかりました？
파트일을 하고 있어요.	[파트타임] パートの仕事をしています。

596

파티하기로 했어요.	パーティーをすることになりました。 // 今週末、我が家でパーティーをすることになりました。 (이번 주말에 저의 집에서~)
파하고 뭐 할까?	終わってから何しようか。

판

판단 기준이 뭐예요?	判断の基準は何ですか。
판돈은 얼마나 걸거에요?	[노름판] いくら賭けますか。
판매가를 대폭 낮췄습니다.	販売価格を大幅に値下げしました。
판박이네~	[유사함] そっくりだね。

팔

팔 걷어 붙이고 뭐 해?	腕捲りして何やってんの。
팔굽혀 펴기 몇 번 할 수 있어?	腕立て伏せ、何回できる？
팔꿈치로 찌르지 좀 마.	肘でつつかないで。
팔렸습니다.	売れてしまいました。 = 売れちゃいました。

팔씨름은 이길 자신 있어!	腕相撲は勝つ自信あるよ!
팔았냐?	売ったの？ = 売ったのか。
	∥ いくらせっぱつまってるからって 俺を売ったのか。(아무리 급하다고 날~)
팔이 엄청 아파요.	腕がものすごく痛いです。
팔자걸음 좀 고쳐요.	外股で歩くの、直しなさい。 = 蟹股で歩くの、直しなさい。
팔짱끼고 가자.	腕組して歩こう。 = 腕を組んで歩こう。
팔찌 예쁘다!	ブレスレット、かわいい!

팝

팝니까?	売ってますか。
팝콘 사 갖고 들어가자.	ポップコーン買って入ろう。

패

패거리가 또 왔는데요.	連中がまた来たんですが。
패 다시 돌려요.	[고스톱·포커게임] 仕切りなおしてください。

패밀리 레스토랑보단 낫잖아.	ファミレスよりいいだろ。
패 버릴까?	[폭력] 殴ってやろうか。
패배를 인정합니다.	負けを認めます。
패자부활전을 실시합니다.	敗者復活戦を行います。

팩

팩스로 보내 주세요.	ファックスで送ってください。
팩스 받았나요?	ファックス受け取りました？
팩하고 자자.	[미용] パックして寝よう。

퍼

퍼뜨리면 죽어.	[협박] 言いふらしたら殺すぞ。
퍼렇게 멍들었어.	青アザできた。

펑

펑크 났어.	① [급작스러운 취소] ドタキャンされた。
	② [타이어] パンクした。

599

펜

펜 좀 빌려 주세요.	ペン貸してもらえますか。
펜팔하고 있어요.	文通しています。

펴

펴세요.	① [책] 開いてください。 ② [이불·돗자리] 敷いてください。

편

편 가르지 말자.	グループ分けするの、やめようよ。
편견을 버리기로 했어.	偏見は捨てることにしたから。
편도선이 부었어요.	扁桃腺が腫れています。
편도입니까, 왕복입니까?	[차표] 片道ですか、往復ですか。
편드는 거야?	味方してんの？＝肩持つの？
편리하네요.	[사용] 便利ですね。
편식하면 안돼.	好き嫌いはだめよ。 // 成長期なんだから好き嫌いはだめよ。(성장기니까~)

편안히 다녀오십시오.	お気をつけて行ってらっしゃいませ。
편애하지 마세요.	えこひいきしないでください。
편의점에서 사면 되지 뭐.	コンビニで買えばいいじゃん。
편입 시험이 코 앞이야.	編入試験が目の前だよ。
편지 부치려고 하는데요.	手紙を送りたいんですが。
편지지 있어요?	レターセットあります？
편하게 계세요.	[방문처] 気楽にしてください。 = 気楽にどうぞ。
편한 시간이 언제에요?	都合の良いお時間はいつですか。 ➡ いつでもかまいません。 (언제든지 다 됩니다.)
편히 쉬세요.	[취침] ごゆっくりお休みください。

평

평균 이상이에요.	[수준] 並み以上です。 // 実力だけ見た限りでは並み以上 です。(실력만 봐서는~)
평등하게 대해 주세요.	平等に接してください。
평범한데?	[평가] 普通だよ。= 平凡だよ。

평사원입니다.	平社員です。
평상복차림이면 돼요.	普段着でいいですよ。
평상시에는 뭐하고 지내요?	普段は何して過ごしてんの。
평생 당신을 잊지 않을 겁니다.	一生あなたを忘れません。
평생 소중히 대할게.	[프로포즈] 一生大事にする。
평일에는 일 때문에 바빠요.	平日は仕事で忙しいです。
평판이 안좋네.	評判悪いね。

폐교에서 하룻밤 보내기로 했어요.	[공포 체험] 廃校で一晩過ごすことにしました。
폐렴 증상을 일으키고 있습니다.	肺炎を起こしかけています。
폐를 끼쳐드려 정말 죄송합니다.	ご迷惑をお掛けして誠に申し訳ございません。
폐만 끼치네요.	迷惑ばかりかけていますね。

포기하지 마세요.	諦めないでください。

포기해!	<ruby>諦<rt>あきら</rt></ruby>めろ!
포동포동한 게 얼마나 귀여운지 몰라!	ぽっちゃりしててすごくかわいいんだよ!
포복절도 했어요.	[폭소] <ruby>大笑<rt>おおわら</rt></ruby>いしました。 = <ruby>爆笑<rt>ばくしょう</rt></ruby>しました。
포옹해 줘요.	<ruby>抱<rt>だ</rt></ruby>きしめてください。
포인트 카드 있으세요?	[점원의 질문] ポイントカードはお<ruby>持<rt>も</rt></ruby>ちですか。
포장이세요?	[패스트푸드점] お<ruby>持<rt>も</rt></ruby>ち<ruby>帰<rt>かえ</rt></ruby>りですか。
포즈 잡아!	ポーズとって!
포커하자.	[게임] ポーカーしよう。
포크로 찍어 먹어.	フォークで<ruby>刺<rt>さ</rt></ruby>して<ruby>食<rt>た</rt></ruby>べなさい。

폭

폭력을 휘두르면 안 되요.	<ruby>暴力<rt>ぼうりょく</rt></ruby>をふるってはいけません。
폭로해 버린다!	ばらすぞ!
폭발물 특별 단속기간입니다.	<ruby>爆発物特別取締期間<rt>ばくはつぶつとくべつとりしまりきかん</rt></ruby>です。
폭삭 늙었네.	<ruby>老<rt>ふ</rt></ruby>けたね。

폭소했어.	爆笑したよ。 // あの番組すごくおもしろくて爆笑 したよ。(그 방송 너무 재밌어서~)
폭탄세일 중입니다!	爆弾セール開催中!
폭행 죄로 연행 됐어요.	暴行罪で連行されました。

표

표 두장 구했습니다.	[티켓] チケットを二枚手に入れました。
표시해 뒀어요.	印を付けておきました。 // 大事なところに印を付けておきま した。(중요한 부분에~)
표정이 안 좋네.	[기분] 顔が暗いね。
표정 좋네.	いい顔してるね。

푸

푸념 좀 그만 해.	愚痴るのもいい加減にしなさい。
푸섭(push up) 몇 개나 할 수 있어?	腕立伏せ何回できる？

604

푹 삶아주세요.	[요리] 十分（じゅうぶん）に煮（に）てください。
푹 쉬세요.	ゆっくり休（やす）んでください。 // 明日（あした）に備（そな）えてゆっくり休（やす）んでください。(내일을 위해~)
푹푹 찐다, 쪄.	[한여름] 蒸（む）し暑（あつ）いね。

풀어 주세요.	[매듭] ほどいてください。
풀이 죽었어.	しょんぼりしてる。

품위가 없어!	品（ひん）がないね。= 下品（げひん）だね。
품위 있으시네요.	お上品（じょうひん）ですね。
품질은 보증합니다.	品質（ひんしつ）は保障（ほしょう）します。

풍경이 너무 아름답네요.	風景（ふうけい）がとても美（うつく）しいですね。

	= 眺^{なが}めがいいですね。
풍덩!	[물건이 물에 빠지는 소리] どぼん。
풍선도 몇 개 붙이자.	風船^{ふうせん}もいくつか付^つけよう。
풍족한 생활은 힘들 거에요.	豊^{ゆた}かな生活^{せいかつ}は期待^{きたい}できないと思^{おも}います。

프

프러포즈 했어요.	プロポーズしました。
프로 답다!	[칭찬] さすがプロ!

피

피가 거꾸로 솟는다. 진짜!	[분노] 頭^{あたま}に血^ちが上^{のぼ}る!
피가 자꾸 납니다.	[지혈] 血^ちが止^とまりません。
피검사도 해야 합니까?	血液検査^{けつえきけんさ}もしなければならないんですか。
피곤해~	疲^{つか}れた。= 疲^{つか}れちゃった。 // 一日中働^{いちにちじゅうはたら}いたら疲^{つか}れちゃった。 (하루 종일 일했더니~.)
피곤해서 먼저 잘게.	疲^{つか}れてるから先寝^{さきね}るね。

피나!	[출혈] 血出てる!
피도 눈물도 없는 놈!	血も涙もない奴め!
피로가 누적됐나 봐.	疲れがたまってるみたい。
피시(PC)방 가자.	==ネットカフェ行こう。==
피아노 잘 치는 사람 멋있더라.	ピアノの上手な人ってかっこいいよね。
피자 먹고 싶다.	ピザ食べたい。
피차 일반 아닌가?	==お互いさまでしょ?==
피치 못할 사정이 있나봐요.	どうしようもない事情があるようです。
피투성이가 돼서 돌아왔어요.	血まみれになって帰って来ました。 ※ 血まみれ = 血だらけ = 血みどろ
피하지 마세요.	[마주치기 꺼림] 避けないでください。
피해!	[몸을 숨임] よけろ!
피해자는 어떤 상태입니까?	被害者はどんな状態ですか。

필

필기시험 신청할거야?	筆記試験、申し込む?

필살기를 받아라!	必殺技(ひっさつわざ)を受(う)けろ! = 必殺技(ひっさつわざ)をくらえ!
필요 없어요!	① [불필요] 必要(ひつよう)ありません。 　= 要(い)りません。 ② [거절] 結構(けっこう)です。
필요하면 언제든 말씀하세요.	必要(ひつよう)でしたらいつでも言(い)ってください。 = 必要(ひつよう)でしたらいつでもお申(もう)し付(つ)けください。

핏

핏기가 가시는 줄 알았어요.	[놀람] 血(ち)の気(け)が引(ひ)く思(おも)いでした。
핏대 올려가며 싸울 필요없잖아?	なにも青筋(あおすじ)立(た)ててケンカすることないでしょ。

핑

핑계대지 마세요.	言(い)い訳(わけ)しないでください。

하

하겠습니다.	やります。＝します。 // 森^{もり}さんがやるなら僕^{ぼく}もします。 (모리씨가 한다면 저도~)

やります。＝します。
// 森さんがやるなら僕もします。
(모리씨가 한다면 저도~)

하고 싶은대로 해도 돼.

好^すきにすればいいよ。

하긴!!

[가벼운 동의] 確^{たし}かに!

하나 더 주세요.

もうひとつ、ください。

하나도 모르겠어요.

全然分^{ぜんぜん わ}かりません。
＝ さっぱり分^わかりません。
// 何^{なに}を言^いってるのかさっぱり分^わかり

ません。(무슨 말을 하는지~)

하나도 안 변했네.

全然変^{ぜんぜん か}わってないね。

하나, 둘, 셋, 됐어요.

[사진 촬영] 一^{いち}、二^にの三^{さん}。はい、いいです

よ。

하나 드셔 보세요.

おひとつ、どうぞ。

하나만 물어 봐도 돼?

ひとつだけ聞^きいていい？
＝ ひとつだけ聞^きいていいか。

하나에 얼마에요?

ひとつ、いくらですか。

하늘과 땅 차이지.

雲泥^{うんでい}の差^さだよ。

하늘에 맡기는 수 밖에 (없겠네).	天<ruby>天<rt>てん</rt></ruby>に<ruby>任<rt>まか</rt></ruby>せるしかないね。 // やるだけのことはやったんだか ら、<ruby>後<rt>あと</rt></ruby>は<ruby>天<rt>てん</rt></ruby>に<ruby>任<rt>まか</rt></ruby>せるしかないね。 (할 수 있는건 다 했으니 나머지는~.)
하늘에 맹세코 그런 적 없다니깐!	<ruby>天<rt>てん</rt></ruby>に<ruby>誓<rt>ちか</rt></ruby>ってそんなことしてないよ!
하다못해 문자라도 보내주지.	[일상] せめてメールだけでもくれれば いいのに。
하던대로 해.	<ruby>今<rt>いま</rt></ruby>まで<ruby>通<rt>どお</rt></ruby>りやりなよ。 = <ruby>今<rt>いま</rt></ruby>まで<ruby>通<rt>どお</rt></ruby>りやりなさいよ。 ← <ruby>告白<rt>こくはく</rt></ruby>されたら<ruby>妙<rt>みょう</rt></ruby>に<ruby>意識<rt>いしき</rt></ruby>しちゃっ て。(고백받고나서 괜히 신경쓰여서.)
하라는 대로 해.	[지시] <ruby>言<rt>い</rt></ruby>う<ruby>通<rt>とお</rt></ruby>りにしろよ。
하루에 몇 시간 공부하세요?	<ruby>一日<rt>いちにち</rt></ruby>に<ruby>何時間<rt>なんじかん</rt></ruby><ruby>勉強<rt>べんきょう</rt></ruby>してますか。 → 6<ruby>時間<rt>じかん</rt></ruby>くらいしています。 (6시간정도 해요.)
하루 종일 뭐 했어?	<ruby>一日中<rt>いちにちじゅう</rt></ruby><ruby>何<rt>なに</rt></ruby>してたの。 = <ruby>一日中<rt>いちにちじゅう</rt></ruby><ruby>何<rt>なに</rt></ruby>やってたの。
하마터면 큰일 날 뻔했네.	<ruby>大変<rt>たいへん</rt></ruby>なところだったよ。
하숙하고 있어요.	<ruby>下宿<rt>げしゅく</rt></ruby>しています。
하시겠습니까?	[선택] <ruby>致<rt>いた</rt></ruby>しますか。= しますか。 // どちらに<ruby>致<rt>いた</rt></ruby>しますか。(어느 것으로~)

하자는대로 할게.	言う通りにするよ。
하지 말라고!	やめろって!
하체가 부실해요.	下半身が弱いです。
하품만 계속 나와.	あくびばっかり出るよ。 // つまんないからあくびばっかり出るよ。(심심하니까~)
하필이면 왜 내가.	よりによって何で私が。 ※ 私 = 僕 = 俺
하하!	[웃음소리] はは!

학교 갔다 올게요.	[등교]学校行ってきます。
학교 빼 먹은 거야?	学校さぼったの？
학교 선생님입니다.	学校の先生です。
학교 정문에서 만나자.	学校の正門で会おう。
학생 할인으로 싸게 살 수 있어요.	学割で安く買えます。
학원 다녀요.	塾に通っています。
학점은 땄어?	単位は取った？

ㅎ

한

한 가지가 빠진 것 같습니다.	① [결여] ひとつ欠けているようです。 ② [분실] ひとつなくなったようです。
한 가지 물어 보겠습니다.	ひとつお尋ねします。
한가하게 수다나 떨고 있을 때야?!	のんびりおしゃべりしてる場合?!
한가하게 이러고 있을 시간이 없어요.	悠々としてる時間ありませんよ。 = のんびりしてる暇ないですよ。
한가하면 전화 좀 주세요.	暇なら電話ください。
한가하지 않아요.	暇じゃありません。 // そんなことに付き合ってるほど暇 じゃありません。(그런거 같이 해줄 만큼~)
한 개에 얼마입니까?	一個いくらですか。 = ひとつ、いくらですか。
한국 사람입니까?	韓国人ですか。= 韓国の方ですか。 ➡ ⓐ はい、私は韓国人です。 (예, 저는 한국사람 입니다.) ⓑ いいえ、私は日本人です。 (아니요, 저는 일본인입니다.)
한국어로 어떻게 말합니까?	韓国語で何て言いますか。
한국어를 잘 못합니다.	韓国語があまりうまくありません。

한국 음식은 뭐가 유명한가요?	韓国料理は何が有名ですか。
한 권밖에 없어요.	一冊しかありません。
한 귀로 듣고 한 귀로 흘려버려.	聞き流しなよ。
한 눈에 알아봤습니다.	一目で分かりました。
한다면 합니다.	すると言ったらします。 〃誰が何と言おうと、すると言ったらします。(누가 뭐라하든~)
한 동안 안 보인다 싶더니만.	しばらく見かけないと思ったら。
한류붐이 대단하다며!	韓流ブームがすごいらしいじゃん。
한 마디도 하지마.	一言も言うなよ。
한 마디만 하겠습니다.	一言だけ言わせていただきます。
한 말은 끝까지 책임집니다.	言ったことは最後まで責任を持ちます。
한 말 취소 해!	今言ったこと撤回して! (지금~)
한 바퀴 돌고 오겠습니다.	一周して来ます。 ※ 一周 = 一回り
한 발 늦었네요.	一足遅れましたね。
한 번 가 보세요.	一度行ってみてください。

ㅎ

613

한 번 더!	もう一回（いっかい）！
한 번 더 말씀해 주세요.	もう一度（いちど）言（い）ってください。 = もう一度（いちど）おっしゃってください。
한 번 더 시도해 보세요.	もう一度（いちど）試（ため）してみてください。
한 번도 본 적 없는데?	①［사물］一度（いちど）も見（み）たことないけど。 ②［사람］一度（いちど）も会（あ）ったことないけど。
한 번도 안 해봤어요.	［경험］一度（いちど）もしたことがありません。
한 번 봅시다.	一度（いちど）見（み）てみましょう。
한 번 엎지른 물은 다시 담지 못한다.	後悔先（こうかいさき）に立（た）たず。
한 번 해 봐요.	一度（いちど）やってみてください。 // だめで元々（もともと）ですから一度（いちど）やってみ てください。（밑져야 본전이니~）
한 병만 더 마시자.	もう一本（いっぽん）だけ飲（の）もう！
한 사람당 얼마씩 내면 돼?	一人当（ひとりあ）たりいくら？
한 사이즈 작을 걸로 주세요.	もうひとつ小（ちい）さいのをください。
한숨도 못 잤어요.	一睡（いっすい）もできませんでした。 // 昨日（きのう）は緊張（きんちょう）して一睡（いっすい）もできません でした。（어제는 긴장해서~.）

ㅎ

한숨 돌렸어요.	ほっとしました。 // 大^{たい}したことないみたいでほっとしました。(큰 일 없는 것 같아~)
한 시간 안에 마칠 수 있을 것 같아?	一時間以内^{いちじかんいない}に終^おわりそう？ ➡ 全部^{ぜんぶ}はたぶん無理^{むり}。(다는 아마 못할거야.)
한시름 놨네.	一安心^{ひとあんしん}だね。
한심한 녀석!	情^{なさ}けないやつ!
한심해.	① [본인] 情^{なさ}けないよ。 // 自分^{じぶん}で自分^{じぶん}が情^{なさ}けないよ。 (내 스스로가~.) ② [타인] 情^{なさ}けないなあ。
한 일은 책임을 지셔야죠.	やったからには責任^{せきにん}をとってください よ。
한 일을 이제와서 후회해 봤자지.	今^{いま}になって後悔^{こうかい}しても無駄^{むだ}だよ。
한 입 갖고 두 말하네.	言^いうことがコロコロ変^かわるな。
한 입 먹어봐!	一口^{ひとくち}食^たべてみて!
한 입 크기로 먹기 간편합니다.	一口^{ひとくち}サイズで食^たべやすくなっており ます。
한 잔 더 드세요.	もう一杯^{いっぱい}、どうぞ。

ㅎ

한 잔 더 합시다.	もう一杯(いっぱい)飲みましょう。
한 잔하고 가자.	[음주] 一杯(いっぱい)しに行(い)こう。
한 줄로 서세요.	一列(いちれつ)に並(なら)んでください。
한참 기다렸지?	随分(ずいぶん)待(ま)ってたでしょう。
한 턱 낼게.	おごるよ。 // 色々(いろいろ)手伝(てつだ)ってもらったし、今日(きょう)は私(わたし)がおごるよ。 (이것저것 도와줬고 하니 오늘은 내가~)
한 푼도 못 받았어요.	一銭(いっせん)ももらえませんでした。

할

할거면 확실히 해!	やるならちゃんとやって!
할거야? 말거야?	するの？ しないの？
할게요!	します！ ＝ やります！ // 発表(はっぴょう)なら私(わたし)がします！ (발표라면 제가~)
할 만한가요?	[번창] 儲(もう)かりますか。 // 不景気(ふけいき)ですけど儲(もう)かりますか。 (불경기인데~) ➡ ⓐ まあまあです。(그럭저럭이요.) ⓑ 思(おも)ったようにいきませんね。 (뜻대로 잘 안되네요.)

할 말 다 했냐?	<mark>言いたいことはそれだけ?</mark> = 言いたいことはそれだけか。
할 말 없습니다.	[사죄] 面目ありません。
할 말 있어?	[용건] 言いたいことでもあるの。
할 말 있으면 직접 하세요.	言いたいことがあるなら直接言って ください。
할 말 있으면 확실히 말해.	言いたいことがあるならはっきり言 って。
할머니에게 자리를 양보해 주세요!	おばあさんに席を譲ってください!
할부도 되나요?	分割払いもできますか。 ➡ もちろんです。(그럼요.)

할 수 없어요.	① [불가능] できません。
	= 仕様がありません。
	// 私の力では到底できません。
	(제 힘으로는 도저히~.)
	② [포기] 仕方ないです。
	= しょうがないです。
	// 急に頼んだことだし、未完成でも
	仕方ないです。
	(갑자기 부탁한거니 미완성이라도~.)

할 수 없잖아!	仕方ないじゃん。

ㅎ

	= しょうがないじゃん。 ← どうして諦(あきら)めるんだよ。 (왜 포기해 버리는 건데?)
할 수있어!	できる! // お前(まえ)ならできる! (너라면~)
할인권 있었을 걸?	たしか割引券(わりびきけん)あったと思(おも)うよ。
할 일 없어?	暇(ひま)なの？ = やることないの？ ➡ ⓐ いいえ、とても忙(いそが)しいです。 (아니요, 엄청 바빠요.) ⓑ 今(いま)はありません。(지금은 없습니다.) ⓒ 見(み)ればわかるでしょう。 (보면 몰라요.)
할 일을 한 것 뿐입니다.	当然(とうぜん)のことをしたまでです。
할 일이 그렇게 없어!	そんなにすることがないのか！
할 줄 몰라요.	できません。 // パソコンの修理(しゅうり)なんてできません。 (컴퓨터 수리 따위~)
할 줄 압니다.	できます。 // 英語(えいご)は少(すこ)しできます。(영어는 좀~)

함부로 만지지 마세요.	勝手(かって)に触(さわ)らないでください。

합격이래!	合格(ごうかく)だって!
합격 축하드립니다.	合格(ごうかく)おめでとうございます。
합계 얼마에요?	合計(ごうけい)いくらですか。 ➡ 全部(ぜんぶ)で2000ウォンです。 (모두 합해 2000원입니다.)
합석해도 될까요?	[대중 교통수단] 相席(あいせき)してもいいですか。 ➡ ⓐ どうぞ。(그러세요.) 　　ⓑ もちろんです。(그럼요.)

| 핫도그 두 개 주세요. | ホットドッグ2つください。 |

항공사에 전화해 봐.	航空会社(こうくうがいしゃ)に電話(でんわ)してみたら？
항공편 시간을 좀 알고 싶은데요.	航空便(こうくうびん)の時間(じかん)を知(し)りたいんですが。
항복해!	降参(こうさん)しろ!
항상 이런 식이라니까!	いつもこうなんだから!

해

해가 서쪽에서 뜨겠네.	^{あした}明日は^{あめ}雨が^ふ降るかもね。(내일은~)
해결하겠습니다.	^{なん}何とかします。=^{かいけつ}解決します。 // ^{わたし}私が^{せきにん}責任を^も持って^{なん}何とかします。 (제가 책임지고~)
해고 됐습니다.	クビになりました。=^{かい こ}解雇されました。
해도해도 끝이 없어!	いくらやっても^き切りがないよ。
해도해도 너무합니다.	ひどすぎます。
해 보겠습니다.	やってみます。
해보지 않으면 모르는 거잖아!	やってみなければ^わ分かんないじゃん。
해본 적이 없어요.	やったことがありません。 = したことがありません。
해외 전근 가게 될 것 같아.	^{かいがいてんきん}海外転勤になりそうなの。
해킹 당했어.	ハッキングされた。

핸

핸드폰도 꺼져 있어.	^{けいたい}携帯の^{でんげん}電源も^き切ってる。
핸드폰 배터리가 나갔어.	^{けいたいでん ち ぎ}携帯電池切れなの。

핸드폰 번호 몇 번이에요?	携帯の番号、何番ですか。
핸드폰 사용이 금지되어 있습니다.	[안내] 携帯電話のご使用はお断りして おります。
핸드폰으로 연락주세요.	携帯に連絡ください。 // 何かあったらすぐ私の携帯に連絡 ください。(무슨일 있으면 곧바로 제~.)

햄버거 하나와 콜라 한 잔이요.	[주문] ハンバーガーひとつと、コーラ 一杯ください。

햇병아리구나.	[신입·신참] 新米だな。
햇살이 따뜻해서 좋다.	陽が暖かくて気持ちいい。 = ぽかぽかして気持ちいい。

행방이 묘연합니다.	行方不明です。 = 行方がわかりません。

ㅎ

| | = 行方をくらましています。 |
| 행복해야 해. | お幸せに。 |

| 향수 뭐 쓰세요? | 香水は何をつけてますか。 |
| 향수병에 걸릴 것 같아요. | ホームシックにかかりそうです。 |

허겁지겁 달려 왔더니 왜 아무도 없어!	あたふたと駆け付けてみたら、何で誰もいないのよ!
허락해 주세요.	① [결혼] 許してください。 ② [승낙] 許可してください。
허리가 아픕니다.	腰が痛いです。
허리띠를 졸라매야 해!	節約しなきゃダメだよ。
허리 펴세요!	背筋を伸ばして!
허세 부리긴!!	見栄張っちゃって!
허술한 것 같아.	[작업이 소홀함] おろそかだね。

허튼 소리하지 마!	いい加減なこと言うな!
허풍인 게 분명해.	はったりに決まってる。
허풍쟁이!	ほらふきめ!

헉

헉!	[낭패한 일이 생겼을 때] げっ!

헌

헌팅 당했어.	ナンパされた。

험

험상궂게 생겼어요.	人相が険しいです。
험한 꼴 당하기 싫으면 가만히 있어!	痛い目に合いたくなかったらじっとしてろ!

헛

헛 걸음이었어.	無駄足だったよ。

헛 고생만 했습니다.	無駄骨でした。
헛 디뎠어요.	踏み外しました。 // 階段で足を踏み外しました。 (계단에서 발을~)
헛소리 하지 마!	いい加減なこと言うな! = たわごと言うな!
헛소문 퍼트린 게 누구야?	そんなデマ流したの、誰? (그런~)

헤

헤어졌어?	[이별] 別れたの?
헤어지자.	① [이별] 別れよう。 ② [해산] 解散しよう。
헤엄칠 줄 몰라요.	泳げません。
헤퍼 보여.	[몸가짐] 軽そう。

헬

헬로(Hello)!	ハロー!
헬스장 다닐래?	ジムに通おうか。

혀 깨물었어!	^{した} ^か 舌噛んだ!
혀를 내밀어 보세요.	[병원] ^{した} ^だ 舌を出してください。

현금 결제입니까, 카드 결제입니까?	^{し はら} ^{げんきん} お支払いは現金とカード、どちらに なさいますか
현금만 받습니다.	[결제] ^{げんきん} ^{し はら} 現金のみのお支払いとなります。
현명한거지, 뭐.	^{かしこ} 賢いんだよ。 // ^{けっ か てき} ^{かれ} ^{いちばんかしこ} 結果的には彼が一番賢いんだよ。 (결과적으로는 그가 제일~.)
현장에 가보자.	^{げん ば} ^い 現場に行ってみよう。

혈압이 낮습니다.	^{けつあつ} ^{ひく} 血圧が低いです。
혈압이 높아요.	^{けつあつ} ^{たか} 血圧が高いです。
혈액형이 뭐야?	^{けつえきがた} ^{なに} ^{がた} 血液型、何？ ➡ B型だよ。(B형이야.)

ㅎ

협

협동 작업이라 못 빠져나가.	協同作業だから抜け出せないの。
협박하는 거야?	脅してんの。 = 脅迫してんの。
협조해 주셔서 감사합니다.	ご協力ありがとうございます。

형

형제가 몇 명이에요?	何人兄弟ですか。 ➡ 三人兄弟です。(삼형제에요.)
형편 없던데?	[평가] ひどいもんだったよ。
형편이 어려워서요.	[경제사정] 経済的に苦しいんです。

호

호강하며 사네.	[부러움] 贅沢だなぁ。 = 贅沢な暮らししてるなぁ。
호기심을 자극하지 마.	好奇心をかき立てないで。
호들갑 떨지 마.	騒ぎ立てないで。
호랑이도 제 말하면 온다더니.	うわさをすれば。

호리호리하네.	[체형] すんなりしてるね。 = ほっそりしてるね。 = すらっとしてるね。
호빵맨 같아!	[얼굴] アンパンマンみたい!
호의를 무시하는 거야?	人の好意を無視するつもり?
호텔에서 하루 밤 묵으려구요.	ホテルで一泊するつもりです。

혹사당했어!	[부려먹음] こき使われた!
혹시나 해서 전화 드렸어요.	念のためにお電話しました。
혹시 모리 아니니?	もしかして、森さんじゃない?

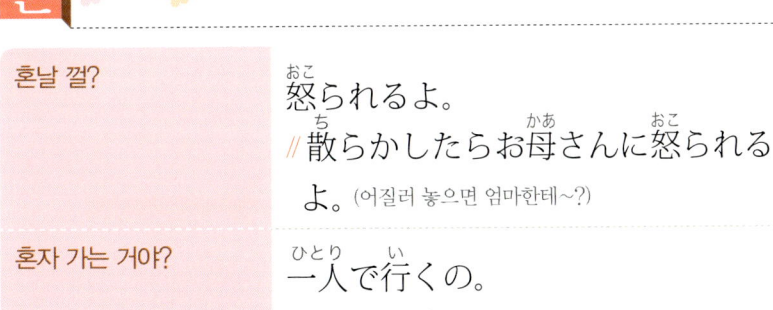

| 혼날 껄? | 怒られるよ。
//散らかしたらお母さんに怒られる
よ。(어질러 놓으면 엄마한테~?) |
| 혼자 가는 거야? | 一人で行くの。
➡ⓐ そうだよ。(그래.)
ⓑ いや、二人。(아니. 둘이.) |

혼자 살아?	一人で住んでるの。= 一人暮らし?
혼자서도 충분해요.	一人で十分です。
혼자 오셨어요?	お一人ですか。 = お一人でいらっしゃったんですか。
혼자있게 내버려 둬요.	放っといてください。 = 一人にしてください。
혼자 좀 있고 싶어.	ちょっと一人でいたいから。 = しばらく一人でいたいから。
혼혈이래.	ハーフなんだって。

 홈

홈페이지 있습니까?	ホームページ、ありますか。 ➡ もちろんありますよ。(물론 있지요.)

 화

화가 머리끝까지 났어!	[3자 입장] かんかんに怒ってるよ!
화끈거려 혼났네!	[부끄러움] 顔がほてって大変だったよ。
화끈하게 놀아 봅시다.	パーッと遊びましょう。

화내지 마.	怒^{おこ}らないで。 // 謝^{あやま}るからそんなに怒^{おこ}らないで。 (사과할테니까 그렇게~)
화 내지말고 들어.	怒^{おこ}らないで聞^きいてね。
화려한 싱글로 살기로 했어요.	花^{はな}の独身^{どくしん}で生^いきることにしました。
화면발은 잘 안받는 것 같아.	画面写^{がめんうつ}りはよくないね。 ※ 사진발 : 写真写^{しゃしんうつ}り
화상 입었어!	火傷^{やけど}した!
화이트 크리스마스네!	ホワイト・クリスマスだね!
화장실 좀 다녀 올게.	ちょっとトイレ行^いってくるね。
화장 안 해도 예뻐.	化粧^{けしょう}なんかしなくてもきれいだよ。
화장 좀 하세요.	少^{すこ}しは化粧^{けしょう}してください。
화장품 어디꺼 써?	化粧品^{けしょうひん}、どこの使^{つか}ってる?
화재에요!	火事^{かじ}です!
화제를 바꿉시다.	話題^{わだい}を変^かえましょう。
화제를 벗어났잖아!	話題^{わだい}からずれてるじゃん。
화 풀어~	機嫌直^{きげんなお}して。

ㅎ

화풀이하지 마세요.	<u>当</u>たらないでください。
	// 社長に怒られたからって、私に当たらないでください。 (사장님한테 혼났다고 저에게~)
화해하자.	仲直りしよう。

확대해 봐.	拡大してみて。
확신이 서지않아 고민하고 있어요.	確信が持てなくて悩んでいます。
확실하게 말해 주세요.	はっきり言ってください。
확실해?	[재확인] 間違いない？
확인해 보세요.	確認してみてください。 = 確かめてみてください。

환경오염이 진행되고 있어요.	環境汚染が進んでいます。
환경은 그런 대로 좋은 편이에요.	環境はそれなりにいい方です。
환불 됩니까?	払い戻しできますか。

➡ 払い戻しは致しません。
<ruby>払<rt>はら</rt></ruby>い<ruby>戻<rt>もど</rt></ruby>しは<ruby>致<rt>いた</rt></ruby>しません。
(환불은 해드리지 않습니다.)

☞ 반품해 주세요.

환율이 급변하고 있습니다.	<ruby>為替<rt>かわせ</rt></ruby>レートが<ruby>急激<rt>きゅうげき</rt></ruby>に<ruby>変動<rt>へんどう</rt></ruby>しています。
환전했어?	<ruby>両替<rt>りょうがえ</rt></ruby>した？

 황

황당한 소리하네!	<ruby>突拍子<rt>とっぴょうし</rt></ruby>もないこと<ruby>言<rt>い</rt></ruby>うな！
황송합니다.	<ruby>恐縮<rt>きょうしゅく</rt></ruby>です。

 회

회답을 드리겠습니다.	お<ruby>返事<rt>へんじ</rt></ruby>いたします。
회복이 늦어 걱정이에요.	<ruby>回復<rt>かいふく</rt></ruby>が<ruby>遅<rt>おく</rt></ruby>れて<ruby>心配<rt>しんぱい</rt></ruby>です。
회사 그만 뒀습니다.	<ruby>会社<rt>かいしゃ</rt></ruby>を<ruby>辞<rt>や</rt></ruby>めました。
회사원이세요?	<ruby>会社員<rt>かいしゃいん</rt></ruby>ですか。
회식이 있어서 늦을 것 같아.	<ruby>会食<rt>かいしょく</rt></ruby>があって<ruby>遅<rt>おそ</rt></ruby>くなりそう。
회의 중이에요.	<ruby>会議中<rt>かいぎちゅう</rt></ruby>です。
회화를 잘 했으면 좋겠어.	<ruby>会話<rt>かいわ</rt></ruby>が<ruby>上手<rt>うま</rt></ruby>くなりたいよ。

ㅎ

 **효**

효과가 있네!	こうか 効果あるね！
효력이 좋아요.	き よく効きます。
효자네요.	おやこうこう 親孝行なんですね。

  **후**

후덥지근합니다.	む あつ 蒸し暑いです。
후반 전이 방금 시작했습니다.	こうはんせん はじ 後半戦がついさっき始まりました。
후배가 들어온대!	こうはい はい く 後輩が入って来るんだって！
후식 드릴까요?	め あ デザート、召し上がりますか。
후유증이 생길까봐 걱정이에요.	こう い しょう しんぱい 後遺症が心配です。
후회하고 있어요.	こうかい 後悔しています。 じ ぶん こうかい // 自分のしたことを後悔しています。 (제가 저지른 일에 대해~)
후회해도 소용없습니다.	こうかい しか た 後悔しても仕方ありません。

훌

훌라후프가 뱃살 빼는데는 그만이지!	お腹の肉落とすには、フラフープが一番だよ!
훌륭하네요!	お見事ですね! = ご立派ですね! = すばらしいですね! = 最高ですね!
훌쩍거리지 마!	めそめそすんな! = めそめそしないで!

휙

| 휙 지나가서 잘 못 봤어요. | 速すぎて見えませんでした。 |

휠

| 휠체어로 생활하고 있어요. | 車いすにのって生活しています。 |

휴

| 휴가 언제 가? | 休暇はいつなの? |
| 휴대폰을 꺼 주세요. | 携帯の電源を切ってください。 |

ㅎ

휴식 후에 다시 시작하겠습니다.	休憩を挟んでからまた始めます。 <small>きゅうけい は さ はじ</small>
휴지 있어?	ティッシュ、持ってる？ <small>も</small>

흉내 내봐.	真似してみて。 <small>ま ね</small>
흉터 자국 남을 것 같아.	傷跡が残りそう。 <small>きずあと のこ</small>
흉흉하네요.	物騒ですね。 <small>ぶっそう</small> // 最近、犯罪が多くて物騒ですね。 <small>さいきん はんざい おお ぶっそう</small> (요즘 범죄가 많아~)

흐려서 잘 안 보여요.	[농도] 薄くてよく見えません。 <small>うす み</small>
흐린 거 보니 비 올 것 같아.	曇ってるの見たら、雨降りそう。 <small>くも み あめ ふ</small>
흐지부지 끝나 버렸어요.	うやむやに終わってしまいました。 <small>お</small>

흑심 있는 거 아니야?	[다른 의도] 何か企んでるんじゃない？ <small>なに たくら</small>

흔

흔들리지 마세요.	[마음] 迷^{まよ}わないで。 // 誰^{だれ}に何^{なに}を言^いわれようと、迷^{まよ}わないで。(누가 무슨 말을 하든~.)
흔들지 마.	[진동] 揺^ゆらさないで。 // 混^まざったらいけないから揺^ゆらさないでね。(섞이면 안되니까~.)
흔쾌히 맡아 주셨어요.	快^{こころよ}く引^ひき受^うけてくださいました。
흔하잖아.	有^ありふれてるじゃん。 ＝ 珍^{めずら}しくないじゃん。 ＝ ありきたりじゃん。

흠

흠뻑 젖었어!	びしょ濡^ぬれ! ＝ びしょびしょ!
흠집이 있습니다.	キズがあります。 // 新品^{しんぴん}なのに表面^{ひょうめん}にキズがあります。 (신품인데 표면에~)
흠칫 했다야.	ぎょっとしたよ。 // 幽霊^{ゆうれい}かと思^{おも}ってぎょっとしたよ。 (귀신인줄 알고~)

흡

| 흡수가 잘 안 되요. | あまり吸収（きゅうしゅう）されません。 |
| 흡연석으로 바꿔 주세요. | 喫煙席（きつえんせき）に変（か）えてください。 |

흥

흥!	[혐오·질책하는 소리] ふん!
흥미 없어요.	興味（きょうみ）ありません。 = 興味（きょうみ）ないっすよ。
흥분하지 마세요.	興奮（こうふん）しないで。= 落（お）ち着（つ）いて。
흥얼거려봐.	口（くち）ずさんでみて。 // 前（まえ）の部分（ぶぶん）だけちょっと口（くち）ずさんでみて。(앞 부분만 잠깐~.)
흥을 깨서 미안합니다.	しらけさせてすみません。

희

희롱하냐?	からかってるの? = ふざけてるの?
희미하게 기억이 나는 것 같아요.	うっすらと思（おも）い出（だ）せそうです。
희석시켜서 마셔봐.	薄（うす）めて飲（の）んでみて。

히

| 히든카드가 아직 남아있어. | まだ<ruby>隠<rt>かく</rt></ruby>し<ruby>札<rt>ふだ</rt></ruby>が<ruby>残<rt>のこ</rt></ruby>ってるよ。 |
| 히힝! | [말 울음소리] ヒヒーン! |

힌

| 힌트 좀 주세요. | ヒント、ください。 |

힐

| 힐끔힐끔 쳐다보지 마. | ちらちら<ruby>見<rt>み</rt></ruby>ないで。 |
| 힐 신고 왔더니 다리 아파. | <ruby>高<rt>たか</rt></ruby>いの<ruby>履<rt>は</rt></ruby>いてきたら、<ruby>足痛<rt>あしいた</rt></ruby>いよ。 |

힘

힘껏 밀어 봐!	<ruby>精一杯<rt>せいいっぱい</rt></ruby><ruby>押<rt>お</rt></ruby>してみて!
힘내!	☞ 기운 내!
힘 냅시다.	<ruby>元気出<rt>げんきだ</rt></ruby>しましょう。
	// いつまでもがっかりしてないで、<ruby>元気出<rt>げんきだ</rt></ruby>しましょう。 (언제까지나 풀 죽어있지 말고~)

ㅎ

힘든 일 있으면 언제든지 말해.	つらいことあったらいつでも言ってね。
힘들어 보여요.	① [피곤] 疲れて見えるよ。 ② [심적 아픔] つらそうに見えるよ。
힘들지?	大変でしょ。
힘 빼!	力抜いて！＝リラックス！
힘이 정말 세구나!	本当に力が強いんだね！ ＝本当に力持ちだね！
힘 주지 마!	力入れないで！

색인

색인